Proper Usage of Hangeul

우리말 편지

Letter of Korean Language

강희숙

소통

우리말 편지

발행일 | 2014년 12월 23일
지은이 | 강희숙
펴낸이 | 최도욱
펴낸곳 | 소통
주소 | 서울 영등포구 가마산로 61 나길 13
전화 | 070-8843-1172
팩스 | 0505-828-1177
이메일 | sotongpub@gmail.com, chio7417@hanmail.net
블로그 | http://blog.daum.net/dwchoi
ISBN 978-89-93454-88-8 03700
값 13,000원

잘못된 책은 바꾸어 드립니다.
이 책의 내용은 저작권법에 따라 보호받고 있습니다.

「이 도서의 국립중앙도서관 출판시도서목록(CIP)은 e-CIP홈페이지(http://www.nl.go.kr/ecip)와 국가자료공동목록시스템(http://www.nl.go.kr/kolisnet)에서 이용하실 수 있습니다.
(CIP제어번호: CIP2014031725)」

Proper Usage of Hangeul

우리말 편지

Letter of Korean Language

차례

머리말 ··· 8
1. '워크숍'과 '*워크샵' ··· 10
2. '콘텐츠'와 '*컨텐츠' ··· 12
3. '슈퍼마켓'과 '*수퍼마켓/*슈퍼마켙' ····································· 14
4. '메시지'와 '*메세지' ··· 16
5. '서머 타임'과 '*썸머 타임' ··· 18
6. '삼가다'와 '*삼가하다' ··· 20
7. '파이팅'과 '*화이팅~*홧팅' ·· 22
8. '취업률'과 '*취업율' ··· 24
9. '충원율'과 '*충원률' ··· 26
10. '인턴십'과 '*인턴쉽' ·· 28
11. '-로서'와 '-로써' ·· 30
12. '샛바람'과 '새바람' ··· 32
13. '장맛비'와 '*장마비' ·· 34
14. '갈맷빛'과 '*갈매빛' ·· 37
15. '개수(個數)'와 '*갯수' ·· 39
16. '뒤풀이'와 '*뒷풀이' ·· 41
17. '절체절명'과 '*절대절명' ·· 43
18. '엑센추어'와 '*엑센츄어' ·· 46
19. '프로'와 '퍼센트' ··· 48
20. '계좌'와 '*구좌' ·· 50
21. '될게요'와 '*될께요' ·· 52
22. '고이'와 '*고히' ·· 54
23. '표표히'와 '*표표이' ·· 57
24. '담그다'와 '담다' ··· 60
25. '담가'와 '*담궈' ·· 63
26. '잠가'와 '*잠궈' ·· 66

27. '들러서'와 '들려서' …………………………………………… 69
28. '돼요'와 '*되요' ……………………………………………… 72
29. '깨끗하지'와 '*깨끗치' ……………………………………… 75
30. '깨끗잖다'와 '*깨끗찮다' …………………………………… 78
31. '디뎌'와 '*딛어' ……………………………………………… 81
32. '가져'와 '*갖어' ……………………………………………… 83
33. '설'과 '구정(舊正)' …………………………………………… 86
34. '없음'과 '*없슴' ……………………………………………… 88
35. '베풂'과 '*베품' ……………………………………………… 91
36. '-습니다/-ㅂ니다'와 '-*슴니다/-*읍니다' ………………… 94
37. '설렘'과 '*설레임' …………………………………………… 97
38. '불리다'와 '*불리우다' ……………………………………… 99
39. 마침표의 문법 ……………………………………………… 102
40. 날짜와 시각의 표기 ………………………………………… 105
41. '주꾸미'와 '*쭈꾸미' ………………………………………… 107
42. '먹거리'와 '먹을거리' ……………………………………… 109
43. '우리 대학'과 '*우리대학' ………………………………… 111
44. '우리나라'와 '*우리 나라' ………………………………… 114
45. '그동안'과 '*그 동안' ……………………………………… 117
46. '한번'과 '한 번' …………………………………………… 119
47. '5·18'과 '*5.18' …………………………………………… 121
48. 조사(助詞)의 띄어쓰기 …………………………………… 123
49. 의존 명사(依存名詞)의 띄어쓰기 ………………………… 126
50. 조사와 의존 명사(依存名詞)의 구별 …………………… 129
51. 한자어 접사의 띄어쓰기 ………………………………… 131
52. 이름과 호칭의 띄어쓰기 ………………………………… 133
53. 의존 명사와 연결 어미의 구별 (1) ……………………… 136

차례

54. 의존 명사와 연결 어미의 구별 (2) ············ 139
55. '되다'의 용법과 띄어쓰기 ············ 142
56. '짜장면'과 '자장면' ············ 145
57. '괴발개발'과 '개발새발' ············ 148
58. '바람'과 '*바램' ············ 151
59. '빌리다'와 '빌다' ············ 153
60. '수놈'과 '*숫놈' ············ 156
61. '수퇘지'와 '*숫돼지' ············ 159
62. '호두'와 '*호도' ············ 162
63. '사돈'과 '*사둔' ············ 165
64. '해콩'과 '*햇콩' ············ 168
65. '메밀'과 '*모밀' ············ 170
66. '학교'와 '*핵교' ············ 173
67. '다르다'와 '틀리다' ············ 176
68. '양복쟁이'와 '양복장이' ············ 178
69. '웃어른'과 '*윗어른' ············ 181
70. '무'와 '*무우' ············ 183
71. '홀몸'과 '홑몸' ············ 186
72. '모둠'과 '*모듬' ············ 189
73. '빨강'과 '*빨강색' ············ 192
74. '염치불고'와 '*염치불구' ············ 195
75. '붇다'와 '불다' ············ 197
76. '붇다'와 '붓다' ············ 200
77. '송년회'와 '*망년회' ············ 203
78. '동짓달'과 '섣달' ············ 206
79. '새로워지라/새로워져라'와 '*새로워라' ············ 209
80. '먹느냐'와 '*먹냐' ············ 212

81. '알맞은'과 '*알맞는' ………………………………… 214
82. '-던'과 '-든' ……………………………………… 216
83. '-던지'와 '-든지' ………………………………… 219
84. '고까'와 '꼬까' …………………………………… 222
85. '며칠'과 '*몇일' …………………………………… 225
86. '-이에요'와 '-*이예요' …………………………… 227
87. '-아니에요'와 '-*아니예요' ……………………… 230
88. '무너뜨리다'와 '무너트리다' …………………… 233
89. '숙맥'과 '*쑥맥' …………………………………… 235
90. '머윗대'와 '*머굿대' ……………………………… 237
90. '개펄'과 '갯벌' …………………………………… 240
92. '목거리'와 '목걸이' ……………………………… 242
93. '그렇다'와 '그러다' ……………………………… 244
94. '그러고 나서'와 '*그리고 나서' ………………… 247
95. '대로(大怒)'와 '*대노' …………………………… 250
96. '마오(요)'와 '*말아요' …………………………… 253
97. '아니요'와 '아니오' ……………………………… 256
98. '예'와 '네' ………………………………………… 259
99. '우렛소리'와 '*뇌성소리' ………………………… 262
100. '앙케트'와 '*앙케이트' ………………………… 265
101. '비즈니스'와 '*비지니스' ……………………… 268
102. '대통령 ○○○'와 '○○○ 대통령' …………… 271
103. '뵈어'와 '*뵈워' ………………………………… 274
104. '오지랖'과 '*오지랍' …………………………… 277
105. '첫째'와 '첫 번째' ……………………………… 280

차례 7

머리말 /

이 책은 2012. 7. 2.(월)부터 2014. 6. 30.(월)까지 햇수로는 2년 동안, 주별로는 정확히 105주에 걸쳐 필자가 재직하고 있는 대학의 교직원들에게 매주 월요일 아침에 보낸 <우리말 편지>를 내용이나 순서의 조정이 없이 그대로 엮은 것이다. 애초에 필자가 <우리말 편지>를 쓰게 된 동기가 어디에 있었는지는 교직원들에게 보낸 다음과 같은 편지를 통해 짐작할 수가 있을 것이다.

교직원 여러분께!
  7월이 오면, 그리하여 제대로 방학이 시작되면, 해야겠다고 마음먹은 일이 한 가지 있었습니다. 우리의 하루를 열어 주는 포털 시스템의 공지 사항과 알림 마당 등을 통해 올라오는 글들 가운데 점검을 필요로 하는 우리말에 대한 글쓰기를 통해 우리말을 제대로 알리는 일을 실천해 보아야겠다는 생각이 바로 그것입니다.
  우리가 써 온 말들 가운데는 오류임에 틀림없는 것들이 종종 눈에 띄었던 것이 이러한 일을 하게 만든 직접적인 동기이긴 하지만, 국어사용의 다양한 모습을 관찰하고 기술하는 일을 전공으로 하는 사람이고 보니 그리 외람된 일은 아니겠다는 판단이 들기도 하였고, 또 제 스스로의 공부를 위해서도 나쁜 일 같지는 않아 보였습니다.
  언제까지 계속할 수 있을는지는 기약할 수 없지만, 매주 월요일에 한 번씩 첨부 파일로 된 우리말 편지를 올리도록 하겠습니다. 때로는 저의 눈을 비켜가는 문제도 있을 것이니 혹여 함께 생각해 볼 만한 문제가 있으면 질문을 주셔도 좋으리라 생각합니다. 아무쪼록 이 편지가 우리의 국어 생활에 조금이나마 도움이 되었으면 합니다.

7월의 첫 월요일 아침, 국어국문학과 강희숙 올림.

  이렇게 시작된 <우리말 편지>가 매주 월요일 아침에 전달될 수 있도록 바로 전날인 일요일 저녁에 이루어진 글쓰기 과정에서 필자는 시사적 성격의 뉴스나 한국 사회 또는 문화와 관련이 있는 화제를 가져다 머리말을 구성함으로써 교직원들의 관심과 흥미를 돋우려는 시도를 하였다. 따라서 이 책은 《한글 맞춤법》, 《표준어 규정》, 《외래어 표기법》 등의 어문 규정과 관련된 한국어 어휘의 정확한 의미나 용법을 파악하는 데 도움이 될 수 있음은 물론, 지난 2년간 우리 사회가 경험한 여러 가지 일 혹은 사건들이 갖는 의미와 함께 우리 한국인들이 면면히 지켜온 고유한 삶의 방식, 곧 한국 문화를 이해하는 데도 도움이 될 수 있으리라 본다.

바야흐로 우리는 오늘날 그 어느 때보다 언어에 대한 관심이 많은 시대에 살고 있다. 세계화의 시대, 이민의 시대라는 시대적 변화에 힘입어 언어 간의 접촉이 활발해 진 데 힘입은 결과라고 할 것이다. 당연히 한국어에 대한 세계인들의 관심이 적지 않은 시대를 살아가면서 우리들 또한 우리말의 표기나 어휘의 정확한 용법을 구별하는 일에 더 깊은 관심을 가져야 한다고 생각되는바, 이 책은 그러한 일에도 어느 정도 기여할 수 있을 것으로 기대한다.

이 책이 세상에 나오기까지 많은 분들의 도움을 받았다. 가장 먼저는 여러 가지로 부족한 면이 없지 않은 글을 통해서도 배운 것이 적지 않다며 감사의 글로써 필자에게 따뜻한 격려와 박수를 아끼지 않았던 교직원들의 공을 잊어서는 안 될 것이다. 마지막 편지를 보내 놓은 후 책으로 한번 엮어 보아야 겠다는 욕심으로 편집을 새로이 하는 과정에서 수고와 함께 조언을 아끼지 않은 제자 오현진 교수(기초교육대학)와 날카로운 눈으로 문제점을 지적해 준 박수연(언어교육원), 박주형(국립국어원) 선생에게도 이 자리를 빌려 감사의 말을 전한다. 이 책의 원고를 슬그머니 내밀었을 때 흔쾌히 출판을 허락해 주신 소통 출판사의 최도욱 사장님과 이랬다저랬다 변덕스러운 요구를 싫다 하지 않으시고 꼼꼼히 편집과 교정을 도맡아 해 주신 최남길 실장님께는 가장 많은 양의 감사를 드려야 할 것이다. 언제나 세상에서 가장 바쁜 척하며 비워 놓기 일쑤인 아내의 자리, 엄마의 자리를 묵묵히 참고 견뎌 준 남편과 딸아이에게는 차마 말로 다하지 못하는 감사의 뜻을 전한다.

2014년 10월의 마지막 날, 무등산 아래에서 필자 씀.

우리말 편지 1
(2012. 7. 2.)

'워크숍'과 '*워크샵'

지난 6월의 끝자락, 여러 대학들이 하계 연수를 개최한다는 공지를 하였습니다. 공과대학을 위시하여 전자정보공과대학, 외국어대학, 법과대학 등이 그 대표적인 예이지요. 그런데 네 대학이 똑같이 하계 연수를 '*워크샵'으로 채우겠다는 내용의 공지를 하였는데, 결론부터 말하자면, 이는 '워크숍'을 잘못 표기한 것입니다. 그렇다면 '워크숍'과 '*워크샵'은 어떤 차이가 있을까요?

주지하는 바와 같이, 영국 영어(British English, 이하 BE)와 미국 영어(American English, 이하 AE)의 발음에는 상당한 차이가 있을 수 있는데, 영어 단어 'workshop'의 발음 또한 마찬가지입니다. BE에서는 '워크숍'이라고 하지만, AE에서는 '*워크샵'이라고 하는 것이지요.

'워크숍'의 경우처럼 영어의 두 가지 주요 변종(變種)인 BE와 AE 간의 발음 차이는 우리말과 매우 중요한 관련이 있습니다. 그것은 영어에서 들어와 우리말로 쓰이는 영어 기원 외래어를 한글로 표기할 때 ― 이를《외래어 표기법》이라고 한답니다. ― 대부분의 경우 BE, 곧 영국 영어의 발음대로 적는다는 것이지요. '*컨텐츠' 대신 '콘텐츠'를, '*수퍼마켓' 대신 '슈퍼마켓'으로 적는 것도 그러한 연유에서입니다.

요컨대, 'workshop'은 '워크숍'으로, 그리고 만일 남의 나라 말에서 들어온 말이 별로 맘에 들지 않는다면, '공동 연수' 정도로 순화하여 쓰시면 우리말이 좋아할 것입니다.

단어	영국 영어	미국 영어
workshop	워크숍	워크샵
contents	콘텐츠	컨텐츠
supermarket	슈퍼마켓	수퍼마켓
??	??	??

추신. 빈칸에 들어갈 만한 또 다른 단어로는 어떤 것들이 있을까요??

우리말 편지 2
(2012. 7. 9.)

'콘텐츠'와 '*컨텐츠'

　첫 번째 우리말 편지에서는 '워크숍'과 '*워크샵'을 예로 들어 '워크숍'은 영국 영어, '*워크샵'은 미국 영어 발음에 해당하는 것으로, 둘 가운데 현행《외래어 표기법》에 따른 표준어는 '워크숍'이라는 사실을 제시하였습니다. 아울러 '콘텐츠'와 '*컨텐츠(더 정확하게는 '칸텐츠'임.)', '슈퍼마켓'과 '*수퍼마켓' 역시 영어의 대표적인 두 변종 간의 차이를 보여 주는 것이라는 것도 말씀드렸지요. 이러한 차이는 영어 기원 외래어 표기 원칙의 근간이 되는 것이니만큼 머릿속에 새겨 두면 좋으리라 생각합니다.

　이른바 '아날로그 시대'에서 '디지털 시대'로 전환함에 따라 가공할 만한 정보 처리 능력을 지닌 21세기를 새로이 맞이하면서, 우리에게 큰 화두가 되었던 것은 바로 '콘텐츠' 개발이었습니다. 이와 함께 '콘텐츠'가 맞는 건지 '*컨텐츠'가 맞는 건지 머리 아파하던 일도 기억에 새롭습니다.

　그러나 이제는 영어 'contents'의 표기에 관한 한, '콘텐츠'라고 쓰는 것이 옳다는 것을 정확히 알게 되셨을 것으로 생각합니다. 아울러 이번 기회에 '콘텐츠'의 의미까지도 분명히 해 두는 것이 좋으리라고 판단되는바, 국립국어원에서 편찬한 『표준국어대사전』의 정의를 제시해 보기로 하겠습니다.

> [콘텐츠]: 인터넷이나 컴퓨터 통신 등을 통하여 제공되는 각종 정보나 그 내용물. 유·무선 전기 통신망에서 사용하기 위하여 문자·부호·음성·음향·이미지·영상 등을 디지털 방식으로 제작해 처리·유통하는 각종 정보 또는 그 내용물을 통틀어 이른다.

'콘텐츠'가 바로 이런 뜻을 지니고 있는 것이고 보니, 지식과 정보의 처리가 국가 경쟁력을 좌우하는 시대라고 할 수 있는 오늘날, '콘텐츠' 개발의 중요성이 사회·문화적 화두가 될 수밖에 없었던 것으로 보입니다.

그렇다면 '콘텐츠'와 '*컨텐츠(칸텐츠)'의 대립처럼 영국 영어와 미국 영어의 차이로 인해 혼동이 야기될 수 있는 단어의 부류로는 또 어떤 것들이 있을까요? 다음이 그에 해당되는 것들입니다.

단어	영국 영어	미국 영어	비고
complex	콤플렉스	캄플렉스	슈퍼맨 콤플렉스/슈퍼우먼 콤플렉스
compact	콤팩트	캄팩트	콤팩트디스크(CD)/콤팩트 파운데이션
contest	콘테스트	칸테스트	동영상 콘테스트/디자인 콘테스트
body	보디	바디	보디빌딩/보디랭귀지/보디페인팅
top	톱	탑	톱클래스/톱기사/톱뉴스
Tom	톰	탐	톰 소여의 모험 (The Adventures of Tom Sawyer)

우리말 편지 3
(2012. 7. 16.)

'슈퍼마켓'과 '*수퍼마켓/*슈퍼마켇'

중국 여행을 다녀오신 분들이라면 우리와는 사뭇 다른 간판 이름 때문에 놀라워했던 경험이 종종 있었으리라 생각합니다. 예컨대 '초급시장(超級市場)' 또는 줄여서 '초시(超市)'라고 하는 것이 우리의 '슈퍼마켓'을 가리키는 것이니, 가히 놀랄 만한 일이기도 한 것이지요.

'초시(超市)' 외에도, 중국어에는 '초인(超人), 초남(超男), 초녀(超女)' 등의 어휘들이 있어, 각각 'superman, super boys, super girls'와 같은 외래어들을 대체하는 단어로 쓰이고 있으니, 이러한 어휘들은 우리말에서처럼 음차(音借)를 하기보다는 가능한 한 한자로 의역(意譯)을 해서 쓰려고 하는 중국인들의 언어 의식을 잘 보여 주는 예들이라고 할 수 있습니다.

문제는 한자로 '초(超)'의 뜻을 지닌다고 할 수 있는 영어 접두사 'super'의 발음이 앞서 얘기한 '워크숍/워크샵', '콘텐츠/칸텐츠'의 경우와 마찬가지로 영국 영어에서는 '슈퍼'로, 미국 영어에서는 '수퍼'로 발음한다는 것입니다. 다음과 같은 영어 외래어 단어의 표기를 모두 영국식 '슈퍼'로 적는 것도 바로 이러한 이유 때문입니다.

단어	영국 영어	미국 영어
supervision	슈퍼비전	수퍼비전
superstar	슈퍼스타	수퍼스타
supercomputer	슈퍼컴퓨터	수퍼컴퓨터
super-junior	슈퍼주니어	수퍼주니어

그런데 동네에 나가 보면, '슈퍼마켓'이 아닌 '*슈퍼마켙'과 같은 표기가 가끔 있을 수 있는데, 이는 무엇이 잘못된 것일까요? 답은 매우 분명해서 '마켓'을 '*마켙'으로 적은 것이 오류인데, 이는 외래어를 표기에 쓸 수 있는 받침이 별도로 정해져 있기 때문입니다. 즉, 현행《외래어 표기법》에 제시된 외래어 표기 기본 원칙 제3항에 따르면, 외래어의 받침으로는 'ㄱ, ㄴ, ㄹ, ㅁ, ㅂ, ㅅ, ㅇ'만을 적도록 되어 있는 것이지요. 다음 문장들에서 쓰인 외래어 표기를 오류라고 할 수 있는 근거가 바로 여기에 있으니 기억해 두시는 것이 좋겠지요?

(1) 원문은 A4용지 400매 분량으로 이미 *디스켙에 담았습니다.
(→디스켓)
(2) 이번 주말에 많은 분들이 저희 *커피숖을 찾아 주셨습니다.
(→커피숍)
(3) 저한테 맞을 만한 *라켙 추천 부탁드립니다.
(→라켓)
(4) 내가 자기와 생활 수준이 비슷한 줄 알고 '*굳모닝' 하며 말을 걸었다.
(→굿모닝)

우리말 편지 4
(2012. 7. 23.)

'메시지'와 '*메세지'

 지난 편지들에서는 영어의 대표적인 두 변종 영국 영어와 미국 영어 가운데 영국 영어의 발음에 따라 우리말 외래어 표기를 하는 경우가 적지 않다는 사실을 지적하였습니다. 그러나 두 변종이 언제나 발음상의 차이를 보이는 것은 아니라는 것을 경험적으로도 잘 알고 있으리라 생각합니다. 따라서 영어에서 기원한 국어의 외래어들을 표기할 때, 많은 경우에 표음주의(表音主義), 곧 해당 단어의 표준 발음을 충실하게 반영하는 방식으로 적어야 하는 것이 원칙이라고 할 수 있습니다.
 문제는 오늘날 우리가 사용하는 외래어 가운데는 정확한 영어 표준 발음을 제대로 반영하지 못하여 나타난 표기 오류가 적지 않다는 것입니다. 영어 단어 'message'를 그 발음대로 '메시지'로 적지 아니하고 '*메세지'로 적는 것이 그 전형적인 예입니다. 이 외에도 우리의 일상생활이나 대학 생활에 필요한 상당수의 외래어 표기가 잘못된 영어 발음에 근거를 둔 오류에 해당한다고 할 수 있습니다. 다음이 그 예들입니다.

단어	오류	올바른 표기	비고
sausage	*소세지	소시지	
biscuit	*비스켓	비스킷	
lobster	*랍스타	로브스터	바닷가재.
jacket	*자켓	재킷	
cardigan	*가디건	카디건	영국의 카디건 백작(Earl of Cardigan)의 이름에서 유래.
report	*레포트	리포트	보고서.
placard	*프랑카드/프랑	플래카드	현수막.
BASIC	*베이직	베이식	프로그래밍 언어.
manual	*메뉴얼	매뉴얼	설명서.

여기에서 보듯이, 우리들이 먹고 입는 것들, 즉 '*바베큐, *소세지, *비스켓, *랍스타' 등의 음식물명을 비롯하여, '*자켓, *가디건' 등 의류 이름에 대한 오류가 적지 않으며, 대학 생활에 필요한 '*레포트, *프랑카드, *베이직, *메뉴얼' 등 역시 모두 잘못된 외래어 표기라고 할 수 있으니 스스로 생각해 보아도 놀랄 만한 일이라고 할 것입니다.

특히, 현수막을 가리키는 '플래카드'를 '*프랑카드'로, 마이크로컴퓨터나 개인용 컴퓨터에 널리 사용되고 있는 프로그래밍 언어를 의미하는 '베이식'을 '*베이직'으로 쓰고 있는 것은 참으로 무신경한 일이라고 할 수 있으니, 언제나 그 어원과 발음, 표기 원칙 등을 확인한 후에 단어를 사용하려는 태도가 필요하다고 봅니다.

우리말 편지 5
(2012. 7. 30.)

'서머 타임'과 '*썸머 타임'

　주지하는 대로, 여름철, 긴 낮 시간을 효과적으로 이용하기 위하여 표준 시간보다 앞당긴 시간을 가리켜 서머 타임(summer time)이라고 합니다. 낮 시간을 앞당겨 에너지를 아끼려는 생각을 맨 처음으로 한 사람은 미국의 벤저민 프랭클린인데, 이에 적극적으로 동조한 인물은 바로 영국의 윌리엄 윌릿입니다. 윌릿은 1907년 <일광의 낭비>라는 글을 통해 서머 타임 제도를 적극 주장하였습니다. 시간을 앞당기면 그만큼 일찍 일을 시작하게 되고 일찍 잠을 자게 되므로 등화 절약이 된다는 경제적 이유와, 신선한 공기를 마시고 일광을 장시간 쬐면 건강 또한 증진된다는 것이 그 이유였지요.

　문제는 '서머 타임'을 두고, 많은 국어 사용자들이 '*썸머 타임'이ㅎ라고들 한다는 것인데, 이는 두 가지 점에서 오류라고 할 수 있습니다. 그 하나는 된소리(경음)가 아닌 예사소리(평음)로 적어야 할 외래어 단어를 된소리를 이용하여 적은 것이고, 다른 하나는 실제 발음이 아닌 알파벳만을 보고 '서머'가 아닌 '*썸머' 식의 표기를 하고 있다는 것입니다.

　이 가운데 첫 번째 오류, 곧 "된소리(경음)가 아닌 예사소리(평음)로 적어야 할 외래어 단어를 된소리를 이용하여 적은 것"은 현행 《외래어 표기법》의 기본 원칙과 관련하여 매우 중요한 언어적 사실을 말하여 주는 것이라는 점에서 주목할 필요가 있습니다. 우선 다음 문장에 쓰인 단어들을 보기로 하시지요.

(1) 흰색 *까운 좀 제게 갖다 주시겠어요? → 가운(gown)
(2) 나는 *빠리의 택시 운전사 → 파리(Paris)
(3) *삐에로는 우릴 보고 웃지. → 피에로(pierrot)
(4) 여기 *싸인 좀 해 주시겠어요? → 사인(sign)
(5) 신나는 *째즈 음악 몇 곡만 추천해 주세요. → 재즈(jazz)

위 예문들에 쓰인 단어의 용례를 통해 짐작할 수 있듯이, 국어 외래어 단어들의 표기에는 예외적인 몇몇 경우를 제외하고는 된소리를 쓰지 않는 것이 원칙입니다. 그리하여 된소리 대신 '가운'이나 '사인', 재즈'의 예와 같이 '예사소리'(평음)로 적거나, '파리', '피에로'처럼 '거센소리'(유기음)로 적어야 하는 것이지요.

그렇다면, 외래어인데도 불구하고 된소리를 쓸 수 있는 예외적인 단어로는 어떤 것들이 있을까요? 대표적인 것이 바로 '짜장면'입니다. 중국어 단어 '炸醬麵 [zhajiangmian]'의 표기를 두고 된소리를 쓰지 않는다는 원칙에 따라 '자장면'이라고 적기로 하자, 온 국민이 이를 실제 언어 현실에 어긋난다는 이유로 줄기차게 항의를 함에 따라 지난해 8월 31일부터 '자장면'과 '짜장면' 둘 다를 표준어로 삼기로 한 것이지요. '짜장면' 외에 '삐라, 껌, 빨치산, 히로뽕, 짬뽕' 등도 된소리 표기를 허용하는 예외적인 단어들에 속하는 것들이니 기억해 두는 것이 좋으리라 생각합니다.

우리말 편지 6
(2012. 8. 6.)

'삼가다'와 '*삼가하다'

아마 단수가 높으신 분께서는 이미 눈치를 채셨겠지만, 국가 차원에서 이루어지고 있는 언어 정책의 시행과 관련하여 편찬된 규범적 성격의 국어사전이 있으니, 이것이 바로 국립국어원(http://www.korean.go.kr)에서 간행한 『표준국어대사전』입니다. 국가에서 직접 편찬한 최초의 국어사전이기도 하고, 웹 서비스(http://stdweb2.korean.go.kr/main.jsp)를 통해 쉽게 접근할 수 있는 국어사전인 만큼, 그 표기나 정확한 의미를 확인하기 위해 자주 활용하셨으면 하는 바람입니다.

그렇다면, 『표준국어대사전』에서는 오늘의 주제 '삼가다'를 어떻게 정의하고 있을까요? 다음은 『표준국어대사전』에서 제시하고 있는 '삼가다'의 의미입니다.

<<삼가다>>

1) 몸가짐이나 언행을 조심하다.
2) 꺼리는 마음으로 양(量)이나 횟수가 지나치지 아니하도록 하다.

여기에서 보듯이, '삼가다'는 '몸가짐이나 언행을 조심하다.'라는 뜻으로 쓰이거나, '꺼리는 마음으로 양(量)이나 횟수가 지나치지 아니하도록 하다.'라는 뜻으로 쓰이고 있는바, 실제 용례를 제시하면 다음과 같습니다.

(1) ㄱ. 1592년부터 1598년까지 7년 동안 벌어졌던 임진왜란에 대한 경험과 사실을 기록하고 있는 유성룡의 『징비록(懲毖錄)』은 책으로는 드물게 우리나라의 국보인데요, '징비(懲毖)'란 '지난날의 잘못을 뉘우치고 삼가다.'라는 뜻을 가지고 있습니다.
ㄴ. 평소에 과식이나 고지방식, 커피나 초콜릿을 삼가고 야식을 하지 않는 것도 역류성 식도염을 예방하는 방법 가운데 하나입니다.

위 예문에서 쓰인 '삼가다'나 '삼가고' 외에 '삼가니/삼가며/삼가지만/삼가라/삼가야/삼가십시오/삼가시오'와 같은 형태들이 갖는 공통점은 어떤 경우에도 '하다'와 결합하여 쓰이지 않는다는 것입니다. 따라서 다음 문장들에서 쓰인 '*삼가하-' 형태들은 모두 잘못된 형태임을 기억해 두셨으면 합니다.

(2) ㄱ. '폭염주의보' 서울 33도 이상! 외출 *삼가하며 물 많이 자주 섭취!
→ 삼가며
ㄴ. 남이 보지 않고 홀로 있을 때의 행동을 *삼가하라. → 삼가라
(3) 마른풀이나 헝겊, 볏짚 등의 가연성 물질이 있는 장소에는 주정차를 *삼가하십시오. → 삼가십시오.

우리말 편지 7
(2012. 8. 13.)

'파이팅'과 '*화이팅/*홧팅'

지난달 27일부터 어제인 8월 12일까지 17일 동안 런던에서 열린 2012 하계 올림픽은 우리 선수단이 양과 질에서 역대 최고의 성적을 올린 멋진 올림픽이었습니다. 종합 5위의 성적이니, 동양의 작은 나라 대한민국이 다시 한 번 전 세계를 놀라게 한 사건이라고 해도 과언이 아니라고 할 것입니다.

문제는 손에 손에 태극기를 들고서, 아니면 기다란 플래카드를 흔들며 외치던 '*화이팅' 혹은 '*홧팅'이 우리의 국어사전에서는 찾을 수 없는 비표준어라고 하는 것입니다. 그렇다면 이 단어들은 표준어인 '파이팅'과 어떤 차이가 있는 것일까요? 우선 다음 표를 보기로 하겠습니다.

단어	오류	올바른 표기	비고
file	*화일	파일	컴퓨터 파일
fry	*후라이	프라이	계란 프라이(fry)
foundation	*화운데이션	파운데이션	
beef cutlet	*비후까스	비프커틀릿	
muffler	*마후라	머플러	
aluminium foil	*알루미늄 호일	알루미늄 포일	은박지
family	*훼미리	패밀리	패밀리 주스(family juice)
freesia	*후리지아	프리지어	붓꽃과의 여러해살이 풀.

이러한 단어들의 예를 통해 알 수 있듯이, 우리들이 일상적으로 쓰고 있는 외래어 단어 가운데는 '*화이팅'과 마찬가지로 'ㅍ'으로 적어야 할 것을 'ㅎ'으로 적음으로써 오류를 범하고 있는 예들이 적지 않습니다. '*알루미늄 호일'만 하더라도 '알루미늄 포일'로 적어야 올바른 표기라는 사실은 조금은 놀랄 만한 일이라고도 할 수 있겠지요.

그렇다면 이러한 오류는 어떻게 해서 나타난 것일까요? 놀랍게도 이러한 단어들의 표기 오류는 다름 아닌 일본어의 영향 때문입니다. 일본어를 공부해 보신 분들은 다 아시는 얘기이지만, 일본어에서는 'fighting'이나 'file'처럼 [f]를 구성 요소로 하는 외래어 단어들을 표기할 때 '하, 히, 후, 헤, 호' 등으로 적고 있습니다. 국어의 외래어 단어들 가운데는 다른 나라 말에서 직접 유입되지 않고 일본어를 거쳐 들어온 것들이 적지 않은데, '*화이팅'을 비롯하여, '*화일', '*후라이' 등 위의 표에 제시한 단어들이 그 전형적인 예입니다.

요컨대, '*화이팅' 또는 '*홧팅'을 외치는 순간 우리는 부지불식간 일본어식 외래어 발음을 하고 있다는 것인즉, 우리의 선택이 어떤 것이어야 할 것인지 마음에 와 닿는 점이 없지 않으리라 생각합니다. 그러므로 이제부터는 '파이팅!' 하고 외치거나 '힘내자!'라고 하는 편이 정확한 우리말을 쓰고 있다는 자부심을 느끼게 할 수 있는 것임을 기억해 주셨으면 합니다.

우리말 편지 8
(2012. 8. 20.)

'취업률'과 '*취업율'

우리의 통치자께서 청년 실업 문제를 해결해 보겠다는 굳센 의지를 보여 주신 것까지는 참 좋은 일이었는데, 그 불똥이 난데없이 대학으로 튀어 각종 대학 평가나 국책 사업의 평가 지표로서 취업률은 매우 중요한 비중을 차지하고 있습니다. 오늘날 많은 대학들이 졸업생 취업률을 높이기 위해 전전긍긍하고 있는 까닭이 바로 여기에 있다고 할 것입니다.

문제는 그러한 전전긍긍이 때때로 '취업률'인지 '*취업율'인지 하는 표기 문제로까지 번지는 경우도 없지 않다는 것입니다. 따라서 이번 편지에서는 일상적인 언어생활에서 매우 높은 빈도로 쓰이는 '률(率)'의 표기 원칙에 대해 살펴보기로 하겠습니다.

다음 표는 정부가 추진하고 있는 대학 구조조정 단계별 평가 지표 가운데 하나인 <정부 재정지원 제한 대학>의 지표입니다. 여기에 보면 '률(率)'이 '률'로 표기된 것이 있는가 하면, '율'로 표기되는 것도 있어서 이러한 표기의 원칙이 무엇일까 하는 관심을 유도하고 있습니다.

이해의 편의상 왼쪽의 표에 제시된 단어들 가운데 '률(率)'을 '률'로 표기한 경우와 '율'로 표기한 단어로 구분하여 제시해 보기로 하겠습니다.

취업률 20%
재학생충원율 30%
전임교원확보율 7.5%
학사관리 10%
장학금지급률 10%
교육비환원율 7.5%
등록금부담완화 10%
법인지표 5%

(1) 률: 취업률, 지급률
(2) 율: 충원율, 확보율, 환원율

위의 분류를 보면, '취업률'과 '지급률'에서는 '률(率)'을 '률'로 표기하고 있지만, '충원율, 확보율, 환원율' 등의 단어에서는 '율'로 표기하고 있음을 알 수 있습니다. 이를 좀 더 구체화해서 말하자면, (1)의 예처럼 '률' 앞에 오는 단어의 끝소리가 'ㄴ'을 제외한 자음인 경우에는 '률'로 적지만, (2)의 예처럼 단어의 끝소리가 모음이거나 자음 'ㄴ'이면 '율'로 적습니다. 다음 예들을 좀 더 보기로 하시지요.

(3) ㄱ. 선박 건조율, 스타크래프트 상위 랭킹 점유율, 초고속 인터넷 사용률, 컴퓨터 보급률, 인터넷 이용 시간, TFD-LCD 점유율, 제철 조강 생산량, 단일 원자력 발전소 이용률, 휴대폰 보급 성장률 등등을 살펴볼 필요가 있다.
ㄴ. 17대 총선 당선자의 당선율은 지방대 출신 비율이 종전보다 크게 높아졌다.
ㄷ. 미국은 하원의원의 재선율이 90%를 상회하고 상원의원의 재선율도 70%를 상회하는 등 현역 의원들의 재선율이 매우 높다.

여기에서 보듯이, '건조율, 점유율, 재선율' 등 '률(率)'이 모음이나 자음 'ㄴ' 뒤에 쓰인 경우에는 모두 '율'로 적지만, '사용률, 보급률, 이용률, 성장률' 등 'ㄴ'을 제외한 나머지 자음 뒤에서는 '률'로 적습니다. '취업률'을 '*취업율'로 적지 않는 이유가 바로 여기에 있는바, 이제 '*취업율 ~%' 때문에 고민할 필요는 없어야 할 것으로 보입니다.

그렇다면, 원래의 음이 '률'인 한자 '率'을 모음이나 'ㄴ' 뒤에서 '율'로 적는 이유는 무엇일까요? 그 이유는 우리말에 적용되는 '두음 법칙'이 확대 적용되고 있기 때문인데, 이에 대해서는 좀 더 자세한 설명이 필요하다고 판단하여, 다음 편지에서 이를 계속해서 다루도록 하겠습니다.

우리말 편지 9
(2012. 8. 27.)

'충원율'과 '*충원률'

지난번 편지에서는 원래의 음이 '률'인 한자 '率'을 '충원율, 확보율, 환원율' 등의 예에서처럼 모음이나 'ㄴ' 뒤에서 '율'로 적는 까닭은 우리말에 적용되는 '두음 법칙'이 확대 적용된 데 있다는 사실을 지적하였습니다.

주지하는 바와 같이 '두음 법칙(頭音法則)'이란 두음, 곧 단어의 첫 음으로 나타날 수 있는 소리에 제약이 있어, 만일 'ㄴ'이나 'ㄹ'과 같은 소리가 두음으로 쓰이게 되면 'ㄴ', 'ㄹ'을 탈락시키거나 'ㄹ'을 'ㄴ'으로 대체하는 현상을 말합니다.

(1) 익명은 본래 이름 혹은 본래 아이덴티티를 숨기는 것을 말한다.
    [닉명(匿名)→익명]
(2) 다른 가수의 앨범 작업을 노래와 연주로 도와주는 피처링이 최근 가요계에 유행처럼 번지고 있다. [류행(流行) → 유행]
(3) '네가 가라, 하와이'는 지상 최대의 낙원이라 불리는 환상의 섬 하와이 행 티켓을 걸고 펼치는 총 10단계의 게임이다. [락원(樂園) → 낙원]

위의 예를 보면, (1)에서는 '닉'을 '익'으로, (2)에서는 '류'를 '유'로 적고 있으며, (3)에서는 '락'을 '낙'으로 적고 있음을 알 수 있습니다. 이와 같은 표기 원칙은 현행《한글 맞춤법》제10항~제12항에서 제시되고 있는 것으로, 일정한 조건하의 'ㄴ'이나 'ㄹ'을 탈락시키거나 'ㄹ'을 'ㄴ'으로 바꿔 써야 한다고 규정하고 있는데, 이러한 표기 원칙은 바로 국어의 두음 법칙 때문임은 물론입니다.

문제는 두음 법칙이 단어의 첫 음으로 쓰일 때만 적용되는 것이 아니라, 비두음 위치에서도 적용되는 경우가 종종 있다는 것입니다. 다음을 보기로 하시지요.

원음(한자)	두음 법칙 적용	적용 환경
남존녀비(男尊女卑)	남존여비	합성어
년말년시(年末年始)	연말연시	〃
회계년도(會計年度)	회계연도	〃
신녀성(新女性)	신여성	접두사처럼 쓰이는 한자 뒤
비론리적(非論理的)	비논리적	〃
선렬(先烈)	선열	모음이나 'ㄴ' 뒤의 '렬, 률'
충원률(充員率)	충원율	〃

위의 표를 통해 알 수 있는 것처럼, 두음 법칙이 확대 적용되는 환경은 모두 세 가지입니다. 합성어인 경우, 접두사처럼 쓰이는 한자 뒤, 모음이나 'ㄴ' 뒤의 '렬, 률'이 바로 그것이지요. 결과적으로 '충원율, 확보율, 환원율' 등의 표기는 바로 두음 법칙의 확대 적용이 이루어지는 세 번째 환경, 즉 모음이나 'ㄴ' 뒤에서 '렬, 률'을 '열, 율'로 적기로 되어 있다는 것과 관련이 있습니다.

그렇다면, 모음이나 'ㄴ' 뒤에서 '렬, 률'이 아닌 '열, 율'로 적어야 하는 한자로는 어떤 것들이 있을까요? 다음이 그 예입니다.

(4) 렬 → 열: 列, 裂, 烈, 劣…

   예) 나열(羅列), 분열(分裂), 선열(先烈), 비열(卑劣)

(5) 률 → 율: 率, 律, 慄, 栗…

   예) 충원율(充員率), 선율(旋律), 전율(戰慄), 조율(棗栗, 대추와 밤)

우리말 편지 10
(2012. 9. 3.)

'인턴십'과 '*인턴쉽'

언어학을 전공하는 사람들에게 널리 회자되던 말이 있습니다. N. Chomsky라는 미국의 언어학자가 제창한 생성 문법의 표준 이론에 해당하는 『Aspects of the Theory of Syntax』를 "모르는 사람도 없는데 아는 사람도 없다."는 말입니다. 언어학의 획을 그은 이론으로 평가받고 있는 이 책을 누구나 아는 것처럼 말을 하기는 하지만, 정작은 이론의 토대며 핵심을 제대로 아는 사람은 드물다는 얘기였지요. 이와 같은 일이 비단 언어학과 같은 학문의 세계에서만 일어나는 것은 아닐 것입니다. 우리가 일상적으로 자주 사용하는 어휘들 가운데서도 '모르는 말도 아닌데, 아는 말도 아닌 것'들이 부지기수일 수도 있다는 것이지요. '인턴십(internship)' 역시 그러한 범주에 해당하는 말일 수도 있는 것이 아직은 국어사전에조차 오르지 않은 신어로 사용되고 있기 때문입니다.

그렇다면 '인턴십'은 어떤 의미로 쓰이는 단어일까요? 아마도 다음과 같은 뜻을 지니고 있다고 보면 거의 틀림이 없을 것입니다.

> 인턴십: 취직을 하기 전에 업무 내용을 파악하고 적성을 알아보기 위해 학생이 견습생 또는 연수생이 되어 일시적으로 체험·입사하는 것을 말한다. 대기업에서 중소기업까지 전 산업에 걸쳐 광범위하게 실시되고 있다.

문제는 '인턴십(internship)'처럼 '-ship'을 단어를 구성하는 요소로 가지고 있는 외래어 단어들을 '십'이 아닌 '*쉽'으로 표기함으로써 오류를 범하는 사례가 적지 않다는 것입니다. 결론부터 말하자면, 'internship'을 비롯하여 'leadership, membership, sportsmanship, partnership, showmanship'처럼 '-ship'을 구성 요소로 하고 있는 외래어 단어들은 모두 '*쉽'이 아닌 '십'으로 적어야 올바른 표기입니다.

단어	오류	올바른 표기	비고
internship	*인턴쉽	인턴십	
leadership	*리더쉽	리더십	지도력, 통솔력.
membership	*멤버쉽	멤버십	
sportsmanship	*스포츠맨쉽	스포츠맨십	
partnership	*파트너쉽	파트너십	
showmanship	*쇼맨쉽	쇼맨십	제 자랑, 허세.

그렇다면 위의 용례들에 등장하는 영어 접미사 '-ship'을 '*쉽'이 아닌 '십'으로 적어야 하는 근거는 어디에 있을까요? 이를 보여 주는 것이 바로 현행《외래어 표기법》제3장에 제시되고 있는 '표기 세칙'입니다. 이 '표기 세칙' 제3항에 따르면, 모음 앞의 [ʃ]는 후행 모음에 따라 '샤, 섀, 셔, 셰, 쇼, 슈, 시'로 적는 것이 원칙이므로, [ʃip]으로 발음되는 '-ship'은 '십'으로 적어야 올바른 표기입니다.

오늘날 '인턴십' 제도는 취직에 앞서 업무 내용과 함께 자신의 적성을 파악해 낼 수 있다는 긍정적인 측면이 있는가 하면, 이를 제도적으로 악용할 경우 심각한 사회적 양극화를 초래할 수도 있다는 점에서 문제가 되기도 합니다. 이러한 문제는 '*인턴쉽'을 '인턴십'으로 바로잡아 놓을 때 불식될 수도 있으리라는 기대를 해 보는 것이 어떨까요?

우리말 편지 II
(2012. 9. 10.)

'-로서'와 '-로써'

많은 한국어 사용자들이 구별하는 데 어려움을 겪고 있는 단어쌍 가운데 하나가 조사 '-로서'와 '-로써'라고 할 수 있습니다. 이는 지위나 신분 또는 자격을 나타내는 조사 '-로서'와 어떤 일의 수단이나 도구를 나타내는 조사 '-로써'가 그 형태적 유사성으로 인해 구분하기가 쉽지 않기 때문에 나타나는 현상입니다. 그렇다면 '-로서'와 '-로써'는 어떠한 기능상의 차이가 있을까요?

우선 지위나 신분 또는 자격을 나타내는 조사 '-로서'의 쓰임은 다음과 같습니다.

(1) 대한민국 대표 지식인 강준만이 대통령 <u>후보로서의</u> 안철수 자질론, 정권 교체론과 박근혜 대세론 등 가장 뜨거운 이슈들에 대해 논의한다.

(2) 진세연은 '각시탈'을 통해 차세대 스타 <u>여배우로서</u> 확고하게 자리 잡았다.

위 문장들에서 '-로서'는 '후보'나 '여배우'의 지위나 신분 또는 자격을 나타내는 기능을 하고 있음을 보여 주는바, 이러한 의미에서 '-로서'를 '자격격 조사'라고들 칭해 왔다고 할 수 있습니다. 이와는 달리 '-로써'는 어떤 일의 수단이나 도구를 나타내는 조사로서 다음과 같은 방식으로 쓰이고 있습니다.

(3) ㄱ. 리더는 어떻게 <u>말로써</u> 원하는 것을 얻는가?
 ㄴ. 이제는 <u>눈물로써</u> 호소하는 수밖에 없다.
(4) ㄱ. 왕위 다툼의 악순환을 <u>칼로써</u> 끊어 버린 임금이 바로 고려 광종이다.

ㄴ. 그것은 수식과 그림을 종이에 연필로써 완성한 것이었다.

위 문장들 가운데 (3)은 '-로써'가 '수단'을 나타내는 말로 쓰여, '말과 눈물을 수단으로 하여' 정도의 의미를 지니고 있는 반면, (4)는 '-로써'가 '도구'를 나타내는 말로 쓰여 '칼과 연필을 도구로 하여' 정도의 뜻을 갖고 있음을 보여 주고 있습니다. '-로써'를 가리켜 흔히들 '도구격 조사'라고 하는 이유가 바로 이러한 의미 기능 때문이라고 할 수 있습니다.

조사 '-로써'는 종종 '-함으로써'의 형식으로 쓰이기도 하는데, 이 경우 역시 수단이나 도구를 나타내는 기능을 합니다. 다음이 그 예입니다.

(5) ㄱ. 메인 메뉴가 조리되는 동안 반찬과 국을 미리 준비함으로써 고객들의 대기 시간을 줄이려고 노력하였습니다.
ㄴ. 세 번째 테마 <방황하고>는 단순한 멜로디와 현대인의 이상향을 노래함으로써 소외된 현대인의 가슴을 울리고 있다.

위 예문들에서 쓰인 '준비함으로써', '노래함으로써'의 의미를 좀 더 구체적으로 말하자면, '준비함'과 '노래함'을 수단으로 하여 정도가 된다고 할 것입니다. 따라서 여기에서 쓰인 '-으로써'는 결국 '-로써'와 동일한 기능을 수행하되, '준비함'이나 '노래함' 등 '~함'의 형식을 취하는 말 뒤에 쓰이고 있음을 알아 둘 필요가 있습니다. 말하자면, '*준비하므로써, *노래하므로써' 등과 같은 형식으로는 쓰이지 않는다는 것이지요.

또 한 가지 언급을 필요로 하는 것은 (3)~(5)의 '-로써'는 '-써'를 생략하여 '-로'만으로 쓸 수도 있다는 것입니다. 그리하여 (3)~(5)의 '말로써, 눈물로써, 칼로써, 연필로써, 준비함으로써, 노래함으로써' 등은 각각 '말로, 눈물로, 칼로, 연필로, 준비함으로, 노래함으로' 등으로 바꿔 쓸 수 있습니다.

우리말 편지 12
(2012. 9. 17.)

'샛바람'과 '새바람'

오늘 오전, 제주 동쪽 인근 해상에 가까이 접근한 후 낮이 되면 남해안으로 상륙할 전망이라고 하는 태풍 '산바'를 기다리는 것은 너무나 걱정스러운 일인 듯합니다. 중심 기압 955 헥토파스칼(hPa), 순간 최대 풍속 초속 41m, 강풍 반경 350㎞의 정체는 지난번, 제주도를 비롯하여 한반도의 서쪽을 강타한 볼라벤의 위력과 맞먹는 것이라고 하니 산산이 부서질지도 모를 아파트 유리창과 뿌리째 뽑히게 될 큰 나무들이 심히 염려스러울 수밖에 없는 것이지요.

그러나 '볼라벤, 덴빈, 산바' 등 듣기만 하여도 겁나는 바람 외에도 '장미원에 부는 샛바람'처럼 한없이 부드러운 바람도 없지 않으니, 이번에는 이 '샛바람'의 정체를 '새바람'과 대조해 보면서 우리말에 대한 이해를 좀 더 깊이 해보는 것이 어떨까 합니다. 짐작건대, '두 단어의 뜻이 어떻게 다르지?'하고 궁금해하실 분도 없지 않을 것 같으니 먼저 『표준국어대사전』의 정의를 빌려 두 단어를 구별해 보기로 하겠습니다.

(1) ㄱ. 샛바람[새빠람]: 뱃사람들의 은어로, 동풍(東風)을 이르는 말.
ㄴ. 새바람[새바람]: 새롭게 변하는 풍조.

위의 정의를 통해 알 수 있는 것처럼, '샛바람'은 '동풍'을 가리키는 순수한 고유어로, 뱃사람들이 주로 사용하는 말입니다. 그 반면, '새바람'은 '영화계에 부는 새바람'에서처럼 새롭게 변하는 풍조, 곧 새로운 풍조를 의미하는 말입니다.

문제는 이 단어들은 둘 다 '새+바람'의 구조로 이루어진 말이지만, '샛바람'에만 이른바 '사이시옷(ㅅ)'이 삽입되었으며, 그 결과 발음에도 차이가 생겨 [새바람]이 아닌 [새빠람]으로 발음된다는 것입니다. 그렇다면, 이러한 차이는 어떻게 해서 생겨난 것일까요?

  결론부터 말씀드리면, 동풍을 가리키는 '샛바람'은 '명사+명사'의 구조, 즉 '동쪽'을 뜻하는 명사 '새'에 명사 '바람'이 결합한 말인 반면, '새바람'은 '관형사+명사'의 구조, 즉 '새롭다'는 의미의 관형사 '새'에 명사 '바람'이 결합한 말입니다. 따라서 전자의 경우에는 사이시옷이 삽입되어 '새+ㅅ+바람→샛바람'이 된 반면, 후자의 경우에는 사이시옷이 삽입되지 않는 것이 원칙입니다. 말하자면, '햇살, 햇볕, 햇빛, 잇몸, 빗물, 뒷문, 나뭇잎, 댓잎, 깻잎' 등등 사이시옷이 삽입된 국어 어휘들은 원칙적으로 모두 '명사+명사'의 구조로 이루어진 단어들이라는 공통점을 지녔다는 것입니다. 따라서 우리는 일차적으로 국어의 사이시옷은 다음과 같은 기본 원칙에 의해 삽입된다고 할 수 있습니다.

  (2) 사이시옷 삽입의 기본 원칙: '명사+명사'의 구조로 이루어진 합성어

  앞으로 더 말씀드리겠지만, 예외 없는 법칙이라는 것이 별로 없어서 이러한 원칙에도 상당히 많은 예외가 있습니다. 그러나 만일 어떤 단어가 '명사+명사'의 구조로 이루어진 것이 아니라면 원칙적으로 사이시옷이 삽입되지 않아 '새바람'과 같은 방식으로 표기가 이루어져야 한다는 것을 기억해 두셨으면 합니다.

  실학자 이익의 『성호사설』에는 '높바람', '샛바람', '마파람', '하늬바람' 등의 어휘들이 등장하는바, 이들은 각각 '북풍, 동풍, 남풍, 서풍'을 의미하는 우리의 고유어들입니다. 북동풍을 뜻하는 '높새바람'은 바로 '높'과 '새'과 결합한 것이기도 하지요. 문제는 '샛바람', 곧 동풍이 봄이면 불어오는 따스한 봄바람을 뜻하는 것이니 '장미원에 부는 샛바람'은 다름 아닌 봄바람이라는 것입니다. 그리하여 미술대학에서 제시한 전시회 이름 '장미원에 부는 샛바람'은 결국 '9월에 부는 봄바람'이 되는 셈이니 뭔가 특별한 의도가 담겨 있지 않는 한 이 바람은 좀 수상한 (?) 바람이 아닐까 합니다.

우리말 편지 13
(2012. 9. 24.)

'장맛비'와 '*장마비'

　백로도, 추분도 지나고 추석이 내일모레로 가까이 다가오고 있으니 이제는 영락없는 가을입니다. 물론 가을을 타는 분들도 적지 않을 터, 가을이 오는 것이 마냥 반가운 일만은 아니겠지만, 큰바람도, 큰비도 이제는 크게 걱정하지 않아도 되리라 생각하면 조금 마음이 놓입니다. 그러나 '가을비 우산 속'에서 생각해야 할 '가을비'도 있는 것이고, 차가운 '겨울비'도 있는 것이니, 이번에는 지난번 편지에서 말씀드렸던 '샛바람'의 표기와 관련하여, '비'와 우리말 사이시옷 표기 원칙에 대해 다시 한번 말씀드리도록 하겠습니다.
　비의 종류를 가리키는 우리말은 과연 몇 개나 될까 한번 헤아려 보면, 내리는 형태는 어떠하며, 언제 내리는지, 또 어느 지역에 내리는지에 따라 실로 여러 가지가 있습니다. 예컨대, '안개비, 는개(안개비보다는 조금 굵고 이슬비보다는 가는 비), 이슬비, 가랑비, 여우비(볕이 나 있는 날 잠깐 오다가 그치는 비), 소낙비, 봄비, 여름비, 가을비, 겨울비' 등등 헤아리기가 쉽지 않을 만큼 많은 종류의 비가 있는 것이지요.
　그런데 비의 종류 가운데 하나로 '장맛비'를 하나 더 넣게 되면, 많은 분들이 당혹감을 느끼실지도 모르겠습니다. 아마도 그 당혹감은 수많은 날을 쉬지 않고 내리는 바람에 천지가 축축하게 젖어 있었던 지난여름에 대한 기억과 함께 '장맛비'인지, '*장마비'인지, 그렇다면 발음은 또 어떻게 하는 것이 좋은지 결정하기가 쉽지 않았다는 데 기인한 것일 수도 있을 것입니다.
　결론부터 말씀드리자면, '장마 때에 오는 비'는 '*장마비'가 아닌 '장맛비'이어야 하고, 그 발음은 [장마삐]이어야 합니다. 그렇다면 이러한 표기와 발음을 결정하는 데 관여하는 우리말의 특징은 무엇일까요?

'샛바람'과 '새바람'이라는 제목의 지난 열두 번째 편지에서는 '샛바람'에 삽입된 사이시옷은 '명사+명사의 구조로 이루어진 합성어'라는 조건을 충족하는 경우에 해당한다는 사실을 지적하였습니다. 이와 같은 원칙은 좀 더 정밀화되어야 할 필요가 있는데, 사이시옷은 '명사+명사의 구조로 이루어진 합성어'라는 조건 외에, 합성어가 만들어지는 과정에서 발음 변화가 수반되어야 한다는 것이 그것입니다. 말하자면, '명사+명사의 구조로 이루어진 합성어'라고 하더라도 단어가 만들어지는 과정에서 일정한 발음 변화가 일어나지 않는다면, 사이시옷은 삽입되지 않는다는 것입니다. 따라서 지난번에 말씀드렸던 사이시옷 삽입의 기본 원칙은 다음과 같이 수정되어야 합니다.

(1) 사이시옷 삽입의 기본 원칙: '명사+명사'의 구조로 이루어진 합성어가 만들어지는 과정에서 일정한 발음의 변화가 수반되는 경우

그렇다면, 여기에서 말하는 일정한 발음의 변화란 무엇일까요? 구체적인 사례를 들어 설명하자면 다음과 같은 세 가지 유형의 발음 변화가 있습니다.

(2) ㄱ. 경음화(된소리화): 장마+비[장마삐] → 장맛비
  ㄴ. 'ㄴ'이 덧남: 뒤+문[뒨문] → 뒷문
  ㄷ. 'ㄴㄴ'이 덧남: 나무+잎[나문닙] → 나뭇잎

여기에서 보듯이, 사이시옷 삽입을 위해서는 '명사+명사'의 결합에 의해 새로운 단어가 만들어지는 과정에서 발음의 변화, 곧 '경음화, 'ㄴ'이 덧남', 'ㄴㄴ이 덧남'이라는 세 가지 유형의 발음 변화가 수반되어야 합니다. 말하자면, 합성어라고 하더라도 단어가 만들어지는 과정에서 아무런 발음의 변화도 수반되지 않는다면, 사이시옷은 삽입되지 않는다는 것입니다. 앞에서 예

로 든 비의 종류 가운데 '여우비'가 좋은 예입니다. '여우비'는 '여우+비'의 구조를 가지고 있지만, 발음이 [여우비]로 아무런 발음의 변화가 일어나지 않는바, '*여웃비'가 아닌 '여우비'로 적어야 한다는 것이지요. 결론적으로 '샛바람'과 '장맛비'의 사이시옷은 '명사+명사' 구조의 합성어가 만들어지는 과정에서 나타나는 발음의 변화와 관련이 있음을 기억해 두실 필요가 있습니다.

우리말 편지 14
(2012. 10. 1.)

'갈맷빛'과 '*갈매빛'

추석을 지내었으니 톨게이트를 지나 본관 쪽으로 좌회전하여 고개를 조금만 들면 동쪽 하늘 아래 높이 솟아 있던 무등산도 이제는 갈맷빛이 아닌 가을산 빛깔을 한 채 우리를 맞아 주었으리라 생각합니다. 전쟁의 상처와 가난 속에서도 높은 정신적 풍요를 꿈꾸었던 미당 서정주 선생이 그 옛날, 남광주역 근처에서 우리 대학 본관을 향해 걷는 동안 수도 없이 마주하였을 짙은 초록빛의 무등산이 이제는 조금씩 가을빛을 띠게 되리라는 것이지요.

> 가난이야 한낱 남루(襤褸)에 지나지 않는다.
> 저 눈부신 햇빛 속에 갈매빛의 등성이를 드러내고 서 있는 여름 산 같은
> 우리들의 타고난 살결 타고난 마음씨까지야 다 가릴 수 있으랴.

이렇게 시작되는 시 <무등을 보며>는 잘 알려진 대로 미당이 6·25동란 시기, 세 학기를 우리 대학 국문과 교수로 재직하는 동안 창작한 시편들 가운데 하나입니다. 문제는 무등산에 서 있을 수많은 갈매나무처럼 진한 초록빛을 나타내는 말은 '*갈매빛'이 아니라 '갈맷빛'이라는 것인데, 이와 같은 표기 원칙은 2회에 걸쳐 말씀드린 사이시옷 삽입 원칙에 따른 것임은 물론입니다.

다시 한번 강조하여 말씀을 드리면, 사이시옷은 '명사+명사'의 결합에 의해 새로운 단어, 곧 합성어가 만들어지는 과정에서 나타나는 발음의 변화와 관련이 있습니다. 따라서 지난번에 언급한 '샛바람'과 '장맛비'의 경우와 마찬가지로 '갈맷빛' 역시 '갈매+빛'의 구조로 이루어졌으며, 그 발음은 [*갈매

빋]이 아닌 [갈매삗]이므로 '*갈매빛'이 아닌 '갈맷빛'으로 적어야 합니다. 다음 문장들에서 쓰인 '우웃빛'이나 '연둣빛'의 경우 또한 마찬가지이니 참고하시면 좋으리라 생각합니다.

> (1) ㄱ. 락투카리움(lactucarium)은 상추 줄기에 있는 <u>우웃빛</u> 유액에 함유된 매우 강한 쓴맛이 나는 성분으로 신경에 진정 작용을 하는 특성이 있다.
> ㄴ. '*<u>연두빛</u>'이 맞나요, 아니면 '<u>연둣빛</u>'이 맞나요?

이상에서 언급한 단어들, 곧 '샛바람', '장맛비', '갈맷빛', '우웃빛', '연둣빛'은 모두 사이시옷이 삽입된 단어들로서 합성어의 형성 과정에서 나타난 발음의 변화를 표시하기 위한 장치라는 공통점을 지니고 있습니다. 그렇다면, 합성어이면서도 발음의 변화와는 무관하여 사이시옷을 삽입하지 않는 단어들로는 어떤 것들이 있을까요? 다음이 그 예입니다.

> (2) ㄱ. 볕이 나 있는 날 잠깐 오다가 그치는 비를 일컬어 <u>여우비</u>라고 한다.
> → (*여웃비)
> ㄴ. 약 8000년 전 신석기 시대 조기(早期)에 물고기 잡이에 썼던 <u>나무배[木船]</u>와 노가 경북 울진군 죽변에서 발견됐다. → (*나뭇배)
> ㄷ. 기분 좋은 추석 <u>인사말</u>로는 어떤 말이 있을까요? → (*인삿말)
> ㄹ. 우리는 지금 인생이라는 책의 <u>머리말</u>을 쓰고 있다. → (*머릿말)

위 문장들에서 쓰인 '여우비, 나무배[木船], 인사말, 머리말' 등의 단어들은 모두 '명사+명사'의 구조로 이루어진 합성어임에도 불구하고 사이시옷을 삽입하지 않습니다. 이러한 단어들은 모두 새로운 단어가 만들어지는 과정에서 어떠한 발음의 변화도 발생하지 않았다는 공통점을 갖고 있음이 그 이유입니다.

우리말 편지 15
(2012. 10. 8.)

'개수(個數)'와 '*갯수'

　지난 10월 5일에 방영된 '고쇼'라는 이름의 SBS 토크쇼에서는 '누구네 집이 더 큰가?'를 두고 출연자들 간에 묘한 경쟁 구도가 형성됨으로써 급기야 진행자인 고현정 씨의 집 '화장실 개수'가 5개라는 사실까지 노출되는 해프닝이 발생하였습니다. 요 며칠 사이 '고현정 씨 집 화장실 개수'가 네티즌들의 흥미로운 얘깃거리로 회자되고 있는 것을 보면, '두 개만 있어도 충분하지 않나?'라는 생각으로 살아왔을 보통사람들로서는 가정집 화장실이 5개라는 사실이 여간 놀라운 일이 아니었던 모양입니다. 그러나 화장실이 몇 개든 그것은 어디까지나 남의 집 사정이고 보면, 우리의 관심은 어쩌면 '왜 *갯수가 아니고 개수인가'에 놓일 수도 있으므로, 이번 편지에서는 '개수'와 같은 한자어 명사의 사이시옷 표기 원칙에 대해 말씀드리겠습니다.

　결론부터 미리 말씀드리자면, 지난 3회에 걸쳐 언급한 사이시옷 표기 원칙은 좀 더 정밀화되어야 할 필요가 있습니다. 즉, '명사+명사'의 구조를 가진 단어이면서 발음의 변화를 수반하는 합성어라고 하더라도, 만일 그 단어가 순수한 한자어라면 사이시옷을 표기하는 데 매우 엄격한 제약이 따른다는 것입니다. 즉, 현행《한글 맞춤법》제30항 3목에 따르면 다음과 같은 6개의 한자어만 사이시옷을 표기하도록 되어 있는 것이지요.

곳간(庫間)　　셋방(貰房)　　숫자(數字)
찻간(車間)　　툇간(退間)　　횟수(回數)

한자어 단어에 적용되는 이러한 사이시옷 표기 원칙으로 인해 한자어 '個數'는 '*갯수'가 아닌 '개수'로 표기해야 함은 물론입니다. 이러한 표기 원칙으로 인해 일상생활에서 자주 쓰이는 다음과 같은 한자어 단어들 또한 사이시옷을 표기해서는 안 된다고 할 수 있으니 유의를 필요로 합니다.

한자어	표기 오류	올바른 표기	비고
時價	*싯가	시가	기준 <u>시가</u>.
視點	*싯점	시점	
焦點	*촛점	초점	
火病	*홧병	화병	=울화병.
汽車間	*기찻간	기차간	

이와 같은 표기 원칙으로 인하여 횟집과 같은 식당에 가서 마주칠 때마다 우리를 약간은 겁나게(?) 만들었던 '*싯가'는 '시가'로 써야 올바른 표기라고 할 수 있습니다. 그런데 위의 표에 제시한 한자어 단어들은 모두 그 발음이 된소리로 실현된다는 공통점이 있습니다. 예컨대, '時價'는 [시까]로, '視點'은 [시쩜]으로, '火病'은 [화ː뼝]으로 각각 발음된다는 것이지요. 아마도 이러한 발음상의 특징들 때문에 대부분의 국어 사용자들이 이러한 단어들을 '*싯가, *싯점, *홧병' 등으로 적어야 한다는 생각을 갖게 되었다고 할 수 있을 것입니다. 그러나 이러한 한자어 단어들은 위에서 언급한《한글 맞춤법》제30항 3목에 제시한 6개 한자어에 속하지 않으므로, '시가, 시점, 화병' 등으로 각각 적어야 올바른 표기입니다.

우리말 편지 16
(2012. 10. 15.)

'뒤풀이'와 '*뒷풀이'

　지난번 편지에서는 우리말의 어종(語種) 가운데 가장 높은 비중을 차지하는 한자어의 사이시옷 표기 원칙에 대해 다루었습니다. '곳간(庫間), 셋방(貰房), 숫자(數字), 찻간(車間), 툇간(退間), 횟수(回數)' 등 2음절로 이루어진 6개의 단어만 사이시옷을 적도록 하고 있어, 일상생활에서 자주 접하게 되는 '시가(時價), 시점(視點), 초점(焦點), 화병(火病), 기차간(汽車間)' 등의 단어들은 사이시옷을 표기하지 않는다는 것이 주된 내용이었지요. 이러한 원칙을 수학 용어인 '소수점(小數點)'과 '꼭짓점' 같은 단어의 표기에 적용해 보면, '소수점(小數點)'은 순수한 한자어이므로 사이시옷을 표기하지 않는 반면, '꼭짓점'의 경우는 '고유어+한자어'의 구조로 이루어진 합성어이면서 단어가 만들어지는 과정에서 발음의 변화가 생겨 [꼭찌쩜]으로 발음되므로 사이시옷을 표기해야 합니다.
　이번 편지에서는 한자어의 사이시옷 표기 원칙이 매우 제한적이라는 것과 비슷하게 사이시옷을 적지 않는 또 다른 부류의 합성어들이 있다는 사실에 대해 말씀드리고자 합니다. 우선 다음 예문들을 보기로 하시지요.

(1) 싸이, "말춤은 댄스팀 뒤풀이 장기자랑에서 나와"...탄생 비화 공개
(2) 본관 뒤편에 주차장이 있습니다.
(3) "여보시오, 개펄이 품어 키운 벌교 꼬막 맛 좀 보소."
(4) 후쿠시마 제1 원전 1호기의 건물 위쪽은 초대형 커버(천막)를 씌워서 멀쩡해 보였지만, 아래쪽은 쓰나미가 할퀴고 간 흔적이 그대로 남아

있었다.

(5) 지난 10월 5일 새벽, 국보 제67호로 지정된 전남 구례 화엄사 각황전 <u>뒤쪽</u> 문에서 방화로 추정되는 화재가 발생해 문짝 절반가량이 그을렸다.

위의 예문들을 통해 알 수 있는 대로 밑줄 친 '뒤풀이, 뒤편, 개펄, 위쪽, 아래쪽, 뒤쪽' 등의 단어들은 모두 사이시옷을 표기하지 않는다는 특징을 지니고 있습니다. 그렇다면, 이러한 단어들이 지니고 있는 공통점은 무엇일까요? 눈치가 빠르신 분들은 이미 짐작을 하셨겠지만, 이 단어들은 두 번째 명사의 첫소리가 거센소리이거나 된소리라는 점을 공통점으로 하고 있습니다. 이러한 언어적 사실에 근거하여 사이시옷 표기의 또 다른 원칙을 제시할 수 있는데, 이를 좀 더 명시적으로 밝히면 다음과 같습니다.

'명사+명사'의 구조로 이루어진 합성어라고 하더라도 두 번째 명사의 첫소리가 '뒤풀이, 뒤편, 개펄'등처럼 거센소리이거나 '위쪽, 아래쪽, 뒤쪽'의 경우처럼 된소리이면 사이시옷을 표기하지 않는다.

이러한 표기 원칙에 따라 '뒤풀이, 뒤편, 개펄, 위쪽, 아래쪽, 뒤쪽' 등의 단어는 '*뒷풀이, *뒷편, *갯펄, *윗쪽, *아랫쪽, *뒷쪽' 등으로는 표기하지 않습니다. '뒤통수, 뒤꿈치, 위채, 아래채, 위층, 아래층' 등 또한 두 번째 명사의 첫소리가 거센소리이거나 된소리이니 사이시옷을 표기하지 않는 것이 당연하다고 할 수 있습니다.

우리말 편지 17
(2012. 10. 22.)

'절체절명'과 '*절대절명'

우리가 일상적으로 사용하는 말 가운데는 곰곰이 헤아려 보니 무슨 말인지 잘 모르겠다는 결론이 나올 수밖에 없는 단어들이 적지 않은데, 그 가운데 하나가 '*절대절명'이라고 할 수 있습니다. '*절대절명'이라는 단어가 틀림없는 한자어이고 보면, 이는 '絶對絶命'을 한글로 표기한 것이고, 그 뜻을 애써 찾아보면 '절대적으로 목숨이 다함.' 정도의 의미를 지닌다고 할 것입니다.

문제는 '*절대절명'이라는 단어는 국어사전에도 없는 말임은 물론이거니와, '어찌할 수 없는 궁박한 경우'를 가리킬 때 쓰는 '절체절명(絶體絶命)'을 잘못 쓴 말이라는 데 있습니다. 따라서 지난 15일자 게시판에 올라온 다음과 같은 글 내용 가운데 '*절대절명'은 '절체절명'이라고 써야 올바른 표현입니다.

> 우리 대학은 학자금 대출 제한 대학이나 정부 재정 지원 제한 대학이라는 오명을 쓴 후 강제로 구조 개혁을 당할 것이냐 아니면 지금이라도 빨리 우리 스스로 구조 개혁을 통해 대학을 다시 일으켜 세울 것이냐 둘 중 하나를 선택해야 하는 *절대절명의 위기에 서 있습니다.

'절체절명'이라는 단어는 원래 문자 그대로 '몸도 목숨도 다 되었다'라는 뜻을 지니고 있습니다. 그러나 이 단어는 비유적으로 쓰여 어찌할 수 없는 궁박한 경우를 가리킬 때 주로 쓰는 말입니다. 연말 대선과 관련, "대선 승리는 절체절명의 과제이자 숙명" 운운하는 후보 진영의 발언들에서 쉽게 들을 수 있는 말이라고 할 수 있겠지요. 그럼에도 불구하고 많은 국어 사용자들이 '절체절명'을 '*절대절명'으로 잘못 쓰고 있는데, 이는 아마도 '절대'라는 말에 잘못 이끌린 결과라고 할 수 있을 것입니다.

'*절대절명'처럼 잘못된 말이 자주 회자되다 보니 우리 귀에 익숙해져서 올바른 말인 것처럼 사용되고 있는 한자어 단어들로는 다음과 같은 것들이 더 있습니다.

(1) 연이은 사업 실패로 그의 집안은 *풍지박산이 났다.
(2) 꽃 피고 새 우는 봄철이 지나가니, 만산 유금은 요동을 꾸며주고 *주야장창 노랫소리가 사면에서 들려온다.
(3) 대통령은 "먼 나라로 망명을 떠나, *야밤도주하듯 쫓겨난 다른 나라 지도자들과 노닥거리며 여생을 마치고 싶지 않았다."라고 했다
(4) 여러 버섯이 뭉쳐 있는 것과 달리 송이는 *홀홀단신임에도 사방을 자신의 향으로 가득 메워 버리는 존재감의 소유자다.

위의 예문들에서 쓰인 단어들은 모두 '*절대절명'처럼 잘못 쓰인 단어들입니다. 그렇다면, 이 단어들은 어떻게 쓰는 것이 정확하며, 또 이 단어의 정확한 의미는 무엇일까요? 다음 표를 보기로 하시지요.

오류	올바른 표기	의미
*풍지박산	풍비박산(風飛雹散)	사방으로 날아 흩어짐.
*주야장창	주야장천(晝夜長川)	밤낮으로 쉬지 아니하고 연달아.
*야밤도주	야반도주(夜半逃走)	남의 눈을 피하여 한밤중에 도망함.
*홀홀단신	혈혈단신(孑孑單身)	의지할 곳이 없는 외로운 홀몸.

여기에서 보듯이, '*풍지박산, *주야장창, *야밤도주, *홀홀단신' 등의 단어들은 각각 '풍비박산, 주야장천, 야반도주, 혈혈단신' 같은 사자성어들을 잘못 쓴 것들입니다. 이러한 오류는 단어의 뜻을 잘 몰라서, 또는 고유어 단어들과 혼동이 되어 나타난 것들이라고 할 것입니다. 특히 '*야밤도주'나 '*홀홀단신' 같은 경우, '밤'이나 '홀로'라는 고유어 단어와의 혼동이 그러한 오류의 원인이 되고 있다고 할 수 있는바, 정확한 한자어 단어를 알아 둘 필요가 있다고 생각합니다.

우리말 편지 18
(2012. 10. 29.)

'엑센추어'와 '*엑센츄어'

　주지하는 바와 같이, Accenture사는 아일랜드 공화국의 더블린에 본부를 두고 있는 다국적 컨설팅 회사로서, 현재 120개 국가에 257,000여 명의 컨설턴트를 두고 경영 컨설팅, 테크놀로지, 아웃소싱 서비스 제공 등의 업무를 담당하고 있는 곳입니다. 연간 30조 원 가까운 매출을 올리고 있다고 하는 것을 보면 가히 세계 정상급의 컨설팅 회사라고 할 수 있을 것입니다. 우리나라의 경우에도 지난 1986년 국내의 제1세대 컨설턴트 그룹으로 설립되어 국내 최대 컨설팅 경험을 보유하고 있는 것으로 알려져 있습니다.

　문제는 Accenture라는 용어를 단순히 컨설팅 회사 이름 정도로만 알고 넘어갈 수도 있지만, 막상 이러한 영어 단어가 어떤 의미를 담고 있는지, 발음은 어떻게 하며, 또《외래어 표기법》에 따라 적을 때 어떻게 적어야 올바른 표기인지와 같은 비교적 복잡한 문제들이 놓여 있어 우리로 하여금 꽤 진지한 고민을 하도록 만들고 있다는 것입니다. 우리의 경험에 비추어 보더라도 지금까지 '엑센추어'와 '*엑센츄어'라는 두 가지 표기가 공존하고 있어 적잖은 혼동이 야기되어 왔다고 할 수 있는바, 이번 편지에서는 이러한 문제에 대해 점검해 보기로 하겠습니다.

　우선, Accenture는 'Accent on the Future'라는 어원을 가지고 있으니, Accenture는 'accent+(fut)ure'의 결합에 의해 만들어진 일종의 합성어로서, 발음 또한 원칙적으로는 [엑센처]라고 하는 것이 맞다고 할 수 있습니다. 그렇다면, 이를《외래어 표기법》에 따라 적으면 어떻게 적는 것이 옳은 표기일까요? 이미 눈치를 채셨겠지만, Accenture는 '*엑센츄어'가 아닌 '엑센추어'로 적는 것이 올바른 표기입니다. 이와 같은 표기를 결정하는 요인으로는 두 가지를 들 수가 있는데, 그 하나는 어원을 고려하자면 발음 그대로 '엑센처'라고 표기하는 것이 옳지만, 이 단어가 우리말에 들어와 쓰이면서 '엑센추어'로 발음하고 표기하는 방식으로 그 관례가 굳어져 왔다는 것입니다.

Accenture를 '엑센추어'로 적어야 하는 두 번째 요인으로는 우리말이 가지고 있는 음소배열제약(phonotactic constraints), 즉 'ㅈ, ㅉ, ㅊ' 등의 구개자음 뒤에 'ㅑ, ㅕ, ㅛ, ㅠ' 같은 이중모음이 발음되는 경우는 없으므로, 'ㅈ, ㅉ, ㅊ' 뒤에 단모음 'ㅏ, ㅓ, ㅗ, ㅜ'가 결합하는 방식으로 적어야 한다는 원칙을 들 수 있습니다. 말하자면, 국어의 외래어 단어들에는 말소리 차원에서 'ㅈ, ㅉ, ㅊ + ㅑ, ㅕ, ㅛ, ㅠ'의 배열을 보이는 것은 전무하다고 할 수 있는바, '*엑센츄어'는 올바른 표기가 아니라고 할 수 있다는 것이지요. 구개자음 'ㅈ, ㅉ, ㅊ' 뒤에 이중모음 'ㅑ, ㅕ, ㅛ, ㅠ'가 올 수 없다는 제약은 매우 강력한 것이어서, Accenture 외에도 많은 외래어 단어에 그대로 적용되는 것이 원칙입니다. 결과적으로 국어의 외래어 단어에는 '쟈, 져, 죠, 쥬'나, '쨔, 쪄, 쬬, 쮸', '챠, 쳐, 쵸, 츄'와 같은 구조를 보이는 단어는 전무하다고 할 수 있는바, 일상적으로 자주 나타나는 몇몇 외래어 표기의 오류를 바로잡아 보면 다음과 같습니다.

단어	오류	올바른 표기	비고
charming	*챠밍	차밍	차밍스쿨
grandeur	*그랜져	그랜저	
laser	*레이져	레이저	레이저 프린터
vision	*비젼	비전	텔레비전, 아트비전
venture	*벤쳐	벤처	벤처 기업
gesture	*제스쳐	제스처	
chocolate	*쵸콜릿	초콜릿	
juice	*쥬스	주스	오렌지 주스/포도 주스
amateur	*아마츄어	아마추어	
Chaucer	*쵸서	초서	초서의 캔터베리 이야기
毛澤東	*마오쪄둥	마오쩌둥	모택동

우리말 편지 19
(2012. 11. 5.)

'프로'와 '퍼센트'

　5년 전, 이른바 MB 정부의 출범을 앞둔 시점에서 새로운 권력의 사령탑 역할을 맡게 되었던 이경숙 당시 대통령직 인수위원장은 우리의 외래어 표기법에 큰 문제가 있다면서 '오렌지'라는 발음 대신 '아린지'를 써야 한다는 주장을 제기하여 논란을 일으켰습니다. 주지하는 대로 그러한 주장은 대통령직 인수위원회가 들어서기 전부터 대두되었던 이른바 영어 몰입식 교육의 도입에 따른 영어 발음 교육의 획기적 전환의 필요성을 제시하기 위한 것임이 물론이었지요.

　그때 우리 국민들의 보편적 정서는 어땠을까요? 세계화 시대라 하니 영어를 제대로 습득하여 어떤 자리에서건 자유자재로 구사할 수 있었으면 하는 바람이 없지 않았지만, 솔직히 '아린지'는 좀 너무하지 않았나 하는 생각이 많았고, 결과적으로 영어 몰입식 교육의 전면 도입 또한 유보되도록 만들었습니다.

　'외래어'라는 것은 다른 나라의 말, 곧 '외국어'에서 빌려온 것입니다. 하지만, 오랫동안 우리말에 들어와 사용되다 보니 우리말처럼 굳어진 것들이 많아서 '오렌지'처럼 원어의 발음과는 거리가 멀어지거나, 원어의 일부만을 가져와 사용되는 것이 적지 않습니다. 백분율을 나타내는 단위인 '프로'의 경우도 마찬가지입니다.

　우리나라 감성마케팅의 대명사라고 할 수 있는 롯데 칠성 음료의 '2 프로 부족할 때'와 같은 광고 문구나 "대학 취업률, 과연 몇 프로나 될까요?"와 같은 문장에서 흔히 사용되는 '프로'는 그 어원이 네덜란드 어 'procent'입니다. 말하자면, 'procent'라는 네덜란드 어 단어를 차용하는 과정에서 첫 음절 'pro'만을 가져와 '프로'라고 적게 된 것이 오늘날까지 이 외래어 단어가 계속적으로 쓰이게 된 배경이라고 할 수 있답니다. 물론 영어 'percent'에서 기원한 '퍼센트'도 '프로'와 함께 쓰이고 있어, 두 외래어 단어는 현재까지 복수 표준어의 자리를 굳건하게 차지하고 있지요.

'프로'의 경우처럼 우리말 외래어 가운데는 원어의 일부분만을 가져와 쓰고 있는 단어들의 숫자가 적지 않습니다. 다음이 그 전형적인 예들입니다.

원어	외래어	비고
apartment	아파트	
permanent	파마	볼륨파마(o) / 볼륨펌(x)
auto bicycle	오토바이	
corded velveteen	코르덴	코르덴 바지(o) / 골덴 바지(x)
flared skirt	플레어스커트	
curried rice	카레라이스	
high heeled shoes	하이힐	
measuring cylinder	메스실린더	
remote control	리모컨	'원격 조정기'로 순화.

위의 예들을 통해 알 수 있는 대로, 우리의 외래어 가운데는 원어의 일부만을 가져온 단어들이 적지 않습니다. 그러면서도 우리는 이러한 외래어 단어들을 아무런 의심 없이, 그리고 매우 자연스럽게 사용해 오고 있는바, 외래어라는 것은 원래의 발음 또는 형태와 거리가 멀어진 것이 관용적으로 굳어져 쓰일 수 있음을 말하여 주고 있습니다. 또한 국가적 차원에서 진행되고 있는 외래어 순화 운동의 결과, '리모컨' 대신 '원격 조정기'로 쓰자는 안도 제시되고 있으므로, 이러한 순화어들이 세력을 얻을 수 있도록 자주 사용하려는 노력이 필요하다고 봅니다.

우리말 편지 20
(2012. 11. 12.)

'계좌'와 '*구좌'

지난주 우리말 편지에서는 '프로'와 '퍼센트'처럼 유입된 경로가 달라 오늘날까지 복수 표준어로 인정되고 있는 외래어 단어들이 있을 수 있다는 사실에 대해 말씀드렸습니다. 요컨대 '프로'는 네덜란드어 'procent'에서, '퍼센트'는 영어 'percent'에서 차용된 말로, 두 단어가 오늘날에도 비교적 자유롭게 사용되고 있다는 것이 그 주된 내용이었지요.

문제는 '프로'와 '퍼센트'같이 우리말에 유입된 이후 별다른 저항감 없이 계속해서 생명력을 유지하고 있는 외래어들이 있는가 하면, 가능한 한 순우리말이나 한국 한자어를 사용해야 한다는 뜻에서 순화 대상이 되고 있는 외래어들도 적지 않다는 것입니다. 이른바 우리말 다듬기 운동의 일환으로 전개되고 있는 외래어 또는 외국어 순화 운동의 결과, '네티즌'을 대신하여 '누리꾼'이, '인터체인지' 대신 '나들목'이, '갈라쇼' 대신 '뒤풀이 공연'이 널리 쓰이고 있는 것이 그 좋은 예들입니다.

우리말 다듬기의 대상이 되고 있는 외래어 혹은 외국어로는 일본어에서 유입된 것들도 적지 않은 비중을 차지하는데, 여기에 해당하는 예 가운데 하나가 바로 '*구좌'입니다. 지금도 '*구좌'가 낯설지 않은 것을 보면, 이 말은 우리말에 유입된 이후 상당히 오랫동안 사용되어 온 말이라고 할 수 있습니다. 그러나 현재는 '*구좌'를 대신하여 '계좌(計座)'가 널리 쓰임으로써 이제 '*구좌'는 잘못된 말이 되고 말았습니다.

다른 나라 말에서 들어온 말보다 일본어에서 들어온 말이 더 자주 순화 대상이 되는 까닭은 아무래도 우리 근현대사의 아픈 상처로 인해 일본어에 대한 우리 국민들의 정서가 썩 좋은 것만은 아니기 때문이라고 할 수 있습니다. 다음은 순화 대상이 된 일본어 기원 외래어의 또 다른 예들입니다.

일본어	순화어	비고
노견(路肩)	갓길	
가건물(假建物)	임시 건물	
도합(都合)	합계	
곤색	감색(紺色)	감색(어두운 남색) 양복
말소(抹消)	지움, 지워 없앰	주민 등록 말소
기스	흠	
나가리	유찰	
뗑뗑이	물방울	
마호병	보온병	
마키	김말이	김치 마키
지라시	낱장 광고	
레자	인조 가죽	영어 'leather'에서 기원.

위의 예들을 통해 알 수 있듯이, 우리말에 들어온 외래어 가운데는 일본어에서 들어온 단어들의 숫자가 적지 않습니다. 개화기 이후 워낙에 일본과의 문물 접촉이 활발했던 데다가 36년 동안 식민 통치를 경험한 터이고 보면 이러한 일본어의 유입은 어떤 면에서는 지극히 자연스러운 일이라고 할 수 있을 것입니다. 그러나 알면서도 쓰고, 모르면서도 쓰고 있는 일본어 기원 외래어를 순화함으로써 순우리말을 사용하거나 그 의미를 분명히 하려는 국가적 차원의 노력이 적지 않은바, 이러한 순화어를 널리 사용하려는 태도가 필요하다고 할 것입니다.

우리말 편지 21
(2012. 11. 19.)

'될게요'와 '*될께요'

흔히들 우리의 표기법 또는 한글 맞춤법은 소리대로 적는 것이 원칙이라고 생각하기 쉽습니다. 그러나 이러한 생각은 한글이라는 문자 체계의 특징과 한글로 우리말을 표기하는 원칙에 해당하는 한글 맞춤법의 특징을 동일시한 데서 오는 오해에서 비롯된 것이라고 할 수 있습니다.

잘 알려진 대로 우리의 문화유산 가운데 가장 빛나는 업적이라고 할 수 있는 한글은 음소 문자입니다. 음소 문자란 일본의 가나와 같은 음절 문자나 한자와 같은 단어 문자 혹은 표의 문자와 대립되는 것으로서, 글자 한 자 한 자가 자음이나 모음과 같은 음소를 표기하는 데 쓰이는 문자입니다. 이러한 문자 체계를 가지고 표기의 원칙을 제시하고 있는 것이 바로 한글 맞춤법인데, 현행《한글 맞춤법》총칙 제1항에서는 한글 맞춤법의 대원칙을 다음과 같이 제시하고 있습니다.

> 한글 맞춤법은 표준어를 소리대로 적되, 어법에 맞도록 함을 원칙으로 한다.

이러한 총칙의 내용을 구체적으로 분석해 보면, 한글 맞춤법은 두 가지 원리, 즉 '소리대로 적되'와 관련이 있는 표음주의 원칙과 '어법에 맞도록 함'과 관련이 있는 형태주의 원칙을 가지고 있음을 알 수 있습니다. 이러한 두 가지 표기 원칙을 잘 보여 주는 것이 바로 국어의 '-ㄹ게' 어미의 표기입니다. 다음 예들을 보기로 하시지요.

형태	원칙	용례	비고
-ㄹ게	형태주의	오늘 저녁 커피 한 잔 살게(요).	
-ㄹ걸	〃	내 말을 안 들었다가는 후회할걸.	
-ㄹ수록	〃	사돈집과 뒷간은 멀수록 좋다.	
-ㄹ지라도	〃	하루를 살지라도 겨울에는 눈이고 싶다.	
-ㄹ까	표음주의	콜레스테롤은 무조건 피해야 할까?	의문법
-ㄹ꼬	〃	누가 우리를 위하여 갈꼬?	〃
-ㄹ쏘냐	〃	김연아 막춤에 아이유도 '내가 질쏘냐?', 방송 최초 댄스 대결 공개!!	〃

위의 용례를 보면, 동일한 'ㄹ계' 어미, 곧 'ㄹ'로 시작하는 어미 가운데 '-ㄹ게, -ㄹ걸, -ㄹ수록, -ㄹ지라도' 등은 [ㄹ께, ㄹ껄, ㄹ쑤록, ㄹ찌라도]처럼 발음되더라도 그 원형을 밝혀 적음으로써 된소리를 표기에 반영하지 않는 반면, '-ㄹ까, -ㄹ꼬, -ㄹ쏘냐' 등의 의문법 어미는 된소리 그대로를 표기에 반영하고 있음을 알 수 있습니다. 이러한 어미의 표기 용례 가운데 '-ㄹ게, -ㄹ걸, -ㄹ수록, -ㄹ지라도' 등처럼 원래 형태의 모습을 밝혀 적는 것을 '형태주의', '-ㄹ까, -ㄹ꼬, -ㄹ쏘냐'처럼 소리대로 적는 것을 '표음주의'라고 하는바, 우리의 《한글 맞춤법》은 실제로 이와 같은 두 가지 표기 원칙이 어떻게 적용되는지를 구체적으로 제시한 것이라고 할 수 있습니다. 따라서 만일 다음 예처럼 '형태주의' 원칙에 따라 적어야 할 것들을 소리대로, 곧 '표음주의'에 따라 적게 되면 명백한 오류임을 알아 두셨으면 합니다.

(1) 얼른 일 끝내고 그곳으로 *갈께요. (→갈게요)
(2) 진즉 공부 좀 *할껄. (→할걸)
(3) 아무리 지혜로운 사람이라 *할찌라도 자기 스스로 자신의 등[背]을 볼 수는 없다. (→할지라도)

우리말 편지 22
(2012. 11. 26.)

'고이'와 '*고히'

이제 얼마 안 있으면 전직 대통령이라는 명함을 가지시게 될 우리의 이명박 대통령께서는 집권 초기에 훌륭한(?) 국어 실력을 자랑하시는 바람에 언론과 뭇 사람들의 입방아에 오르내린 적이 있었습니다. 2008년 5월 5일 어린이날 타계하신 한국 문학의 큰 기둥, 소설가 박경리 선생을 조문하는 자리에서 "이나라 강산을 사랑 하시는 문학의 큰별 께서 고히 잠드소서."라는 방명록을 남긴 것이 그 단적인 예였지요. 만일 이 문장을 "이 나라의 강산을 사랑하시던 문학의 큰 별이시여, 고이 잠드소서!"로 바로잡는다면, 문장 부호까지 합하여 무려 아홉 군데나 틀린 문장을 남겼으니 구설수에 오르게 된 건 너무나도 당연한 일이었지요.

이 대통령의 문장 속에 쓰인 '고히'는 물론 '고이'를 잘못 쓴 것인데, 네이버에만 들어가 보더라도 '고히'라고 적고 있는 국어 사용자들이 적지 않습니다. 이런 것을 보면, '고이' 잠들지 못한 채 '고히' 잠들어야 함으로써 눈을 제대로 감지 못하고 있는 영혼들이 적지 않을 것 같다는 생각이 들기도 합니다.

지난번 편지에서는 현행《한글 맞춤법》은 소리대로 적는 '표음주의'와 일정한 형태소의 원형을 밝혀 적는 '형태주의'라는 두 가지 대원칙을 가지고 있다는 사실에 대해 언급하였습니다. 그리하여 'ㄹ'로 시작하는 '-ㄹ계' 어미의 경우, '될게요.'나 '될수록', '될지라도' 등의 형태에서 쓰인 '-ㄹ게'나 '-ㄹ수록', '-ㄹ지라도' 같은 비의문법 어미들은 원형을 밝혀 적어야 하지만, '-ㄹ까, -ㄹ꼬, -ㄹ쏘냐'와 같은 의문법 어미들은 소리 나는 대로 적어야 한다는 지적을 하였었지요.

'고이 잠드소서.'나 '너그러이 이해해 주시길'과 같은 표현에서 쓰인 '고이'나 '너그러이'의 경우도 [고히]나 [너그러히]로 발음되지는 않으므로 '-히'로 적지 않고, '-이'로 적어야 합니다. 《한글 맞춤법》 제51항에서는 다음과 같이 부사 파생 접사 '-이', '-히'의 표기에 대해 규정하고 있습니다.

> 부사의 끝 음절이 분명히 '이'로만 나는 것은 '-이'로 적고, '히'로만 나거나 '이'나 '히'로 나는 것은 '-히'로 적는다

이러한 규정에 따르면, 부사 파생 접사 '-이', '-히'의 표기 원칙은 발음과 밀접한 관련이 있는바, [이]로만 소리가 나면 '-이'로 적고, [히]로 소리 나거나 [이]나 [히] 두 가지로 소리 나는 것은 '-히'로 적는다고 할 수 있습니다. 이러한 원칙에 따른 단어의 표기 용례를 제시하면 다음과 같습니다.

소리	표기	용례
[이]로만 나는 것	'-이'	가까이, 고이, 너그러이, 일일이, 틈틈이, 깨끗이, 따뜻이, 깊숙이, 촉촉이
[히]로만 나는 것	'-히'	딱히, 속히, 족히, 엄격히, 정확히
[이]나 [히]로 나는 것	'-히'	솔직히, 무단히, 꼼꼼히, 고요히, 쓸쓸히, 과감히

위의 표를 통해 알 수 있는 바와 같이, '-이', '-히'의 표기는 이러한 형태의 발음에 따라 결정되는 것이 원칙입니다. 문제는 이와 같이 분명한 원칙에도 불구하고 '-이'를 '-히'로 적거나 '-히'를 '-이'로 적는 오류가 상당히 자주 발생하고 있다는 것입니다. 우리의 대통령 각하께서 쓰신 '*고히'가 바로 그 전형적인 예이지요. 이외에도 '-이', '-히'의 표기 오류는 그 사례가 적지 않은데 다음과 같은 예들이 바로 그것입니다.

(1) '-이'→'*-히'

ㄱ. 바쁜 일상 속, *틈틈히 하는 운동 어떤 것이 좋을까?
ㄴ. 생선을 만지고 난 뒤에는 손을 *깨끗히 씻어야 합니다.
ㄷ. 그는 의자에 *깊숙히 몸을 묻고 비서의 보고를 계속 듣고만 있었다.
ㄹ. 겨울비가 *촉촉히 내리는 월요일 아침이었습니다.

(2) '-히'→'*-이'

ㄱ. *솔직이 저는 잘 모르겠군요.
ㄴ. 암 보험료 *꼼꼼이 따져 보아야 합니다.
ㄷ. 항구에는 팽나무와 느티나무 고목들의 그림자가 *고요이 잠들어 있습니다.
ㄹ. 창밖을 보니 예쁘게 물들었던 단풍이 비바람에 날려 낙엽이 되고 나뭇가지에 몇 개의 잎만이 *쓸쓸이 달려있다.

여기에서 보듯이, 부사 파생 접사 '-이', '-히'의 표기 오류는 그 사례가 적지 않습니다. 《한글 맞춤법》 제51항의 규정대로 하자면 단순히 발음에 따라 구별하여 적기만 하면 될 것 같은데도 불구하고, 이처럼 오류가 자주 발생하는 원인은 무엇이고 문제의 해결 방법은 무엇일까요? 이 문제의 해결은 다음 편지로 미루겠습니다.

우리말 편지 23
(2012. 12. 3.)

'표표히'와 '*표표이'

　대한민국 검찰의 위상이 더 이상 떨어질 곳도 없을 만큼 철저히 추락하고 난 다음에야 지난 30일, 한상대 검찰총장은 "이제 검찰을 떠납니다. 떠나는 사람은 말이 없습니다. 검찰 개혁을 포함한 모든 현안을 후임자에게 맡기고 표표히 여러분과 작별하고자 합니다. 여러분, 그동안 감사했습니다. 안녕히 계십시오."라는 말로 사퇴의 변을 마무리하였습니다. 이러한 인사말 가운데 '표표히'는 '표표(飄飄)하다'라는 형용사에서 파생한 부사로 "팔랑팔랑 나부끼거나 날아오르는 모양이 가볍게, 떠돌아다니는 것이 정처 없이."라는 뜻을 갖고 있으니, 짐작건대 한 검찰총장은 정처 없이 그냥 떠나겠다는, 가볍게 떠나겠다는 의미로 '표표히'를 사용한 것으로 보입니다.

　사실, 오랫동안 정권의 시녀 검찰, 정치 검찰의 역할을 충실히 해 온 데다 검찰 내부의 분열을 주도해 온 검찰총장의 퇴진이고 보면, 무거운 책임감을 담은 마지막 인사말이 더 어울릴 법한데도 '표표히'라는 단어를 선택한 것은 그다지 적절치 않다는 생각이 들었습니다. 그러나 지난번 우리말 편지에서 '고이'와 '너그러이'를 예로 들어 부사를 만드는 파생 접사 '-이'와 '-히'를 구별하여 적는 표기법에 대해 말씀드린 상황이고 보니, '표표히'의 표기가 우리의 고민을 해결해 주는 데 도움이 될 수 있겠다는 생각이 들기도 하였습니다.

　'고이'와 '너그러이', '표표히'를 예로 들어 생각해 보면, 앞의 두 단어 '고이'와 '너그러이'는 그 발음이 각각 [고이]와 [너그러이]로서 단어의 끝에 놓이는 부사 파생 접사 '-이'가 분명히 [이]로 발음되므로 '*고히'나 '*너그러히'가 아닌 '고이'나 '너그러이'로 적어야 합니다. 그러나 '표표히'는 [표표히] 또는 [표이]로 발음될 수 있는 단어이고 보니 '*표표이'가 아니라 '표표히'로 표기해야 합니다. 요컨대, 부사 파생 접사 '-이', '-히'의 표기는 《한글 맞춤법》의 대원칙 가운데 하나인 표음주의 원칙에 의해 결정되는 것으로, [이]로 발음되면, '이'로, [히]로 발음되면 '히'로 적되, [이]나 [히] 두 가지로 발음되면 '히'로 적어야 하기 때문이지요.

그러나 문제는 '-이', '-히'의 발음이라는 것이 원체 안갯속처럼 분명하지가 않아서 '고이'나 '너그러이'가 [고히], [너그러히]로 발음될 수 있는 것 같기도 하고, '표표히'는 [표표이]로만 발음되는 것처럼 여겨짐으로써 혼란을 야기하고 있다는 것입니다. 이러한 지경이고 보니, '-이', '-히'의 표기를 위해서는 또 다른 국어학적 지식을 필요로 한다고 할 수 있는데 다음에 제시하는 조건을 참고하시면 도움이 되시리라 생각합니다.

표기	조건	용례	비고
이	'-하다'가 결합할 수 없는 말	고이, 너그러이, 같이, 간간이, 일일이, 집집이, 틈틈이, 곰곰이, 히죽이 등.	
이	'-하다'가 결합할 수 있지만, 어기의 끝 받침이 'ㅅ'인 말	가붓이, 깨끗이, 의젓이, 반듯이, 산뜻이 등.	가붓하다, 깨끗하다, 의젓하다 등.
이	'-하다'가 결합할 수 있지만, 발음이 분명히 [이]로 나는 말	깊숙이, 촉촉이 등.	
히	'-하다'가 결합할 수 있는 말	표표히, 솔직히, 무단히, 각별히, 정결히, 과감히, 꼼꼼히, 답답히, 섭섭히 등.	표표하다, 솔직하다, 무단하다, 각별하다 등.

이러한 원칙을 면밀히 검토해 보면 결국 '-이', '-히'의 표기는 '-하다'의 결합 여부에 의해 결정된다고 할 수 있습니다. 따라서 만일 '-하다'가 결합할 수 있

는 말이라면 '히'로 적고, 그렇지 않다면 '이'로 적는다고 보면 절반 정도는 맞는 말입니다. 다만 예외 없는 법칙이란 성립하기 어려운 법이므로, '-하다'가 붙을 수 있는 말이더라도 '가붓이, 깨끗이, 의젓이, 반듯이, 산뜻이' 등처럼 'ㅅ'으로 끝나는 말이나 '깊숙이, 촉촉이'처럼 분명히 [이]로 발음되는 말은 '이'로 적는다는 것을 알아 두시면 나머지 절반이 해결될 수 있을 것입니다.

우리말 편지 24
(2012. 12. 10.)

'담그다'와 '담다'

    중학교 다니던 무렵이었으니 벌써 삼십 년하고도 오륙년 전 일의 이야기로 거슬러 올라가자면, 제 고향 장흥에서는 '김장'을 '짐장'이라고 하였습니다. '김치'를 '짐치'라고 했으니 그것은 너무도 당연한 일이었지요.
    어느 겨울날 오후, 10리 길은 족히 되었을 신작로를 걸어 배가 좀 구풋해진 상태로 집으로 돌아오면, 운 좋게도 아직 짐장이 한창일 때가 종종 있었습니다. 장꼬방 옆 샘가에서 쭈그리고들 앉아 갖은 양념으로 버무린 소를 통배추에 켜켜이 넣고 계시던 엄마와 이웃집 아짐들은 "얼른 이리 와서 맛 좀 봐라이."하며 성화를 대시곤 하셨지요. 부드러운 배추 속잎을 따로 떼어 낸 후 통깨를 듬뿍 뿌려서 입에 넣어주면, "아이고, 매워!"하면서 흰 쌀밥과 함께 김치 몇 가닥을 먹고 나면, 오후의 허기는 흔적도 없이 사라지고 입 안 가득 기분 좋은 매콤함과 고소함이 남게 되는 것, 이것이 바로 긴 세월의 저편에 오롯이 남아 있는 '짐장하는 날'의 기억입니다.
    '짐장하는 날'은 말 그대로 숭악한 전라도 말이라고들 너도나도 괄시를 하는 바람에 오늘날에는 '김장하는 날' 또는 '김치 *담는 날'이 그 자리를 차지하고 있다고 할 수 있는데, 문제는 '김치 *담는 날'의 '*담는' 또한 표준어가 아닌 방언이라는 데 있습니다. 먼저 다음 예문들을 보기로 하시지요.

  (1) 맛있는 김치 *담는 방법 좀 알려주세요. 이번에는 제가 직접 김치를 *담아 보려고 한답니다.
  (2) 교육 공동체 진로 체험의 일환으로 마련된 이날 봉사 활동에서는 김

장 김치 150포기를 *담아 가정 형편이 어려운 학생 20여 명의 가정에 모두 배달했다. <중앙일보>
(3) 바이엘, 지역 소외 이웃 위한 김장 김치 *담궈 <뉴스핌>
(4) 보육원 앞마당에 모인 사회봉사단은 눈이 내리는 영하의 추운 날씨에도 불구하고 약 3시간에 걸쳐 사랑이 담긴 김장 김치를 *담궜다. <일간스포츠>

이러한 문장들에서 쓰인 '*담는, *담아, *담궈, *담궜다'는 표준어가 아닌 방언형이거나, 잘못된 활용형을 사용하고 있다는 점에서 점검을 필요로 하는 형태들입니다. 즉, (1)~(4)의 밑줄 친 형태들은 각각 '담그는, 담가, 담가, 담갔다'로 적어야 올바른 표준형이 되는 것입니다.

(2), (3), (4)의 예문들이 모두 일간지 혹은 인터넷 디지털 신문에서 비롯된 것이라는 점에서, 김치를 제대로 '담그는' 일은 결코 만만치 않은 문제라고 할 수 있을 듯합니다. 이러한 문제를 해결하기 위해서는 먼저 '담그다'와 '담다'를 구별하는 일이 필요합니다.

<담그다>	<담다>
1. 【…에 …을】액체 속에 넣다. 시냇물에 발을 담그다/개구리를 알코올에 담가 두다/계곡물에 손을 담그니 시원하다.	1. 어떤 물건을 그릇 따위에 넣다. 쌀통에 쌀을 담다/술을 항아리에 담다/간장을 병에 담다/바구니에 나물을 가득 담다/과일을 접시에 담아 놓다/그는 흙을 화분에 담았다.
2. 【…을】김치·술·장·젓갈 따위를 만드는 재료를 버무리거나 물을 부어서, 익거나 삭도록 그릇에 넣어 두다. 김치를 담그다/매실주를 담그다/된장을 담그다/이 젓갈은 6월에 잡은 새우로 담가서 육젓이라고 한다.	2. 어떤 내용이나 사상을 그림, 글, 말, 표정 따위 속에 포함하거나 반영하다. 마음을 담은 편지/선물에 정성을 담다/그는 눈앞의 경치를 화폭에 담고 있었다.

이와 같은 『표준국어대사전』의 정의를 통해 확인할 수 있는 대로, '담그다'와 '담다'는 그 의미가 전혀 다른 단어입니다. 즉, '담그다'는 "액체 속에 넣다.", "김치·술·장·젓갈 따위를 만드는 재료를 버무리거나 물을 부어서, 익거나 삭도록 그릇에 넣어 두다."의 의미를, '담다'는 "어떤 물건을 그릇 따위에 넣다.", "어떤 내용이나 사상을 그림, 글, 말, 표정 따위 속에 포함하거나 반영하다."의 의미를 지니는 별개의 단어인 것이지요. 그럼에도 불구하고, (1), (2)의 예문에서처럼 '*담는, *담아' 형이 '담그는'과 '담가' 자리에 쓰이게 된 것은, '담다'가 전라도를 비롯한 강원도, 경상도, 평안도 등의 많은 방언들에서 '(김치를) 담그다'를 대신하여 쓰이고 있기 때문이라고 할 수 있습니다. 따라서 (1), (2)의 '*담는, *담아' 형은 표준어가 아닌 지역 방언형이라고 할 수도 있습니다.
　문제는 (3), (4)의 '*담궈', '*담궜다' 형은 방언형도 아닌 잘못된 활용형이라는 점에서 또 다른 관찰과 분석을 필요로 한다는 점입니다. 이러한 문제의 해결을 위해서는 새로운 지면이 필요하다고 할 수 있는바, 이 문제는 다음번 편지에서 다루기로 하겠습니다.

우리말 편지 25
(2012. 12. 17.)

'담가'와 '*담궈'

지난번 편지에서는 '(김치를) 담다'와 '담그다'와 같은 표현이 함께 쓰이게 된 것은 국어 방언 간의 차이 때문이라는 사실을 지적하였습니다. 즉 '담다' 형은 전라도를 비롯한 강원도, 경상도, 평안도 등 국어의 방언 지역에서 사용되는 것인 반면, '담그다' 형은 중앙어 또는 표준어 지역에서 사용되는 것이라고 할 수 있다는 것이었지요. 따라서 만일 표준어가 아닌 방언으로 말이나 글을 써야 하는 상황에서는 '담는, 담아'와 같은 활용형이 쓰일 수 있겠지만, 규범적 성격의 표준어를 써야 하는 상황에서라면 '담그다'를 기본형으로 하는 활용형들이 사용되어야 합니다. 이해의 편의를 위해 지난 편지에 예로 든 오류 문장들을 바로잡아 다시 한번 제시해 보기로 하겠습니다.

(1) ㄱ. 맛있는 김치 담그는 방법 좀 알려주세요. 이번에는 제가 직접 김치를 담가 보려고 한답니다.
ㄴ. 교육 공동체 진로 체험의 일환으로 마련된 이날 봉사 활동에서는 김장 김치 150 포기를 담가 가정 형편이 어려운 학생 20여 명의 가정에 모두 배달했다. <중앙일보>
ㄷ. 바이엘, 지역 소외 이웃 위한 김장 김치 담가 <뉴스핌>
ㄹ. 보육원 앞마당에 모인 사회봉사단은 눈이 내리는 영하의 추운 날씨에도 불구하고 약 3시간에 걸쳐 사랑이 담긴 김장 김치를 담갔다. <일간스포츠>

밑줄 친 단어들을 보면, '담그는, 담가, 담갔다'와 같은 '담그다'의 활용형들이 등장하는데, 여기에서 우리는 한 가지 중요한 언어적 사실을 발견할 수 있습니다. 다음을 보기로 하시지요.

(2)ㄱ. 담그는: 담그-+-는 → 담그는
ㄴ. 담가: 담그-+-아 → 담가 (어간 모음 'ㅡ' 탈락)
ㄷ. 담갔다: 담그-+-았-+-다 → 담갔다 (어간 모음 'ㅡ' 탈락)

활용형을 구성하는 요소가 무엇인가를 밝힌 위의 형태 분석을 통해 우리는 '담가'와 '담갔다'와 같은 활용형은 어간 '담그-'가 '-아'나 '-았-' 같은 '-아' 계열 어미들과 결합할 경우 어간 모음 'ㅡ'가 탈락함으로써 만들어진 것임을 알 수 있습니다.

어간의 모음이 'ㅡ'로 끝나는 국어의 동사나 형용사들 가운데는 '-아'나 '-았-', '-아서', '-아도', '-아라'처럼 '아'로 시작하는 어미 앞에서 'ㅡ'가 탈락하는 경우가 있는데, 이러한 현상을 가리켜 'ㅡ' 탈락 현상이라고 합니다. (1)~(4)의 예문에 나오는 활용형 외에도 '담그다'의 활용형으로 '담가서, 담가도, 담가라' 등이 쓰이는 것도 바로 'ㅡ' 탈락 현상 때문임은 물론이지요.

문제는 '-아' 계열 어미, 즉 '-아'나 '-았-', '-아서', '-아도', '-아라'처럼 '아'로 시작하는 어미들 앞에서 어간 모음 'ㅡ'가 탈락함으로써 형성된 '담가, 담갔다, 담가서, 담가도, 담가라' 대신 *담궈, *담궜다, *담궈서, *담궈도, *담궈라' 같은 잘못된 활용형들이 일상적인 국어 생활에서 매우 자주 사용된다는 것입니다. 다음 예문들을 좀 더 보기로 하시지요.

(3) ㄱ. 라나 워쇼스키 감독 "김치 직접 *담궈…" 한국에 대한 애정 크다.
　　ㄴ. 광주 무각사(주지 청학스님)도 소록도 주민들에게 전달할 김장을 *담궜다.
　　ㄷ. 김치 *담궈서 점심 먹자고요?
　　ㄹ. 7월에 된장 *담궈도 되나요?
　　ㅁ. 구더기 무서워도 장은 *담궈라.

　이러한 용례를 통해 다시 한번 알 수 있는 바와 같이, '담그다'의 활용형으로는 방언형 '담다'와 함께, 올바른 표준형과는 거리가 먼 '*담구다' 형이 또한 쓰이고 있어, 우리의 국어 생활을 상당히 혼란스럽게 하고 있습니다. 이러한 혼란은 '담그다'의 기본형을 '*담구다'로 잘못 분석하는 일종의 오분석(誤分析)의 결과라고 할 수 있습니다.

　그런데 흥미롭게도 '담그다'에 적용되는 오분석이 '(문을) 잠그다'나 '(시험을) 치르다'에도 적용됨으로써 '잠가/잠갔다/잠가라', '치러/치렀다/치러서'와 같은 올바른 활용형 외에 '*잠궈/*잠궜다/*잠궈라', '*치뤄/*치뤄서/*치뤘다' 등의 잘못된 형태가 널리 쓰이고 있습니다. 이러한 현상에 대한 분석은 또 다른 지면을 필요로 한다고 할 수 있으므로, 이에 대해서는 다음 편지에서 다루도록 하겠습니다.

우리말 편지 26
(2012. 12. 24.)

'잠가'와 '*잠궈'

지난번 편지에서는 '(김치를) 담그다'와 관련, 우리의 국어 생활에서는 '담다'(방언형)와 '*담구다'(오분석형/오류형)이 함께 사용됨으로써 혼란을 야기하고 있으며, 이와 같은 혼란이 '(문을) 잠그다'나 '(시험을) 치르다'에도 적용되고 있다는 언급을 하였습니다. 다음 예들에서 발견되는 오류는 바로 그러한 언어적 사실을 실증적으로 보여 주는 것들입니다.

(1) ㄱ. 문을 *잠구다가 맞는 말인가요? (→ 잠그다)
　　ㄴ. 안 쓰는 방 보일러를 *잠궈 놓으면 가스비가 절약 되나요? (→ 잠가)
　　ㄷ. 현관문을 *잠궜다가 안 열리는 바람에 (→ 잠갔다가)

(2) ㄱ. 큰일 *치루느라 고생이 많았습니다. (→ 치르느라)
　　ㄴ. 중등 교사 임용고시를 *치뤄서 합격이 되면 1급 자격증을 따게 되는 건가요? (→ 치러서)
　　ㄷ. 무엇이 문제인지 진지하게 고민하지 않은 대중은 항상 그 대가를 *치루었다. (→ 치렀다)

이러한 예들을 통해서 확인되는 바와 같이, '*잠구다/*잠궈/*잠궜다'나 '*치루느라/*치뤄서/*치루었다'와 같은 활용형들은 각각 '잠그다/잠가/잠갔다', '치르느라/치러서/치렀다'를 잘못 쓴 것들입니다. 이미 지적한 대로 이러한 오류들은 '잠그다', '치르다'의 기본형을 '*잠구다', '*치루다'로 잘못 분석한 데서 비롯된 것이라고 할 수 있습니다.

　언어 유형론적으로 첨가어에 속하는 우리말은 동사나 형용사가 어미변화, 곧 활용(活用)을 통해 일정한 문법적 기능을 담당하게 되는데, 기본이 되는 활용형을 일컬어 기본형이라고 합니다. 주지하는 대로, 동사나 형용사의 기본형은 '어간+-다'의 형식을 취하게 되며, 이러한 기본형이 사전의 등재어가 되는 것이 원칙입니다. '잠그다', '치르다'를 기본형이라고 하는 것도 바로 이러한 이유에서이지요. 따라서 지난번 편지에서 다룬 '담그다'를 비롯하여 '잠그다', '치르다'의 기본형을 '*담구다, *잠구다, *치루다' 등으로 분석하는 것은 명백한 오류에 해당하며, 결과적으로 이러한 형태를 국어사전에서 찾으려 하면 모두 '담그다', '잠그다', '치르다'의 잘못이라고 나온답니다.

　그런데 '담그다', '잠그다', '치르다'와 같은 동사의 기본형들은 흥미롭게도 어미를 변화시킬 때 매우 중요한 공통점을 지니고 있는데, 그것은 '아'나 '어'로 시작하는 어미와 결합하게 되면, 어간의 모음 'ㅡ'가 탈락하게 된다는 것입니다. 이른바 'ㅡ' 탈락 현상이라고 일컫는 규칙의 적용 결과 '담그다', '잠그다', '치르다'는 다음과 같은 방식으로 어미변화를 하게 됩니다.

기본형	-고	-니	-아서/-어서	-았-/-었-+-다	-아라/-어라
담그다	담그고	담그니	담가서	담갔다	담가라
잠그다	잠그고	잠그니	잠가서	잠갔다	잠가라
치르다	치르고	치르니	치러서	치렀다	치러라

　여기에서 보듯이, '담그다', '잠그다', '치르다'의 어간 '담그-', '잠그-', '치르-'는 '아'나 '어'로 시작하는 어미 '-아서/-어서'(연결 어미), '-았-/-었-'(과거 시제 선어말 어미), '-아라/-어라'(명령형 어미)' 등과 결합하게 되면, 어간의 모음 'ㅡ'를 탈락시킵니다. 그 결과 '잠그다'만을 예로 들어 볼 때 '잠가서, 잠갔다, 잠가

라' 등의 올바른 활용형들을 만들어 내게 되지요.

  우리의 기억을 더듬어 보게 되면 영어와 같은 외국어 공부를 처음 시작할 때 기본형을 찾고, 그 기본형을 토대로 활용이 어떻게 이루어지는가를 사전에서 확인하려는 시도를 끊임없이 해 왔었습니다. 그런데 우리말에 대해서는 이러한 시도를 잘 하지 않으면서 우리말이 지나치게 복잡하고 어렵다는 생각을 많이들 하고 있는 것으로 보입니다. 그러니 이제부터는 우리말에 대해서도 이런 단어의 기본형은 무엇이고 활용은 또 어떻게 이루어지는 것인지 사전을 열어 확인해 보는 습관을 들이는 것이 좋지 않을까 합니다.

우리말 편지 27
(2012. 12. 31.)

'들러서'와 '들려서'

사전의 표제어로 등재되는 동사나 형용사의 기본형 가운데 '담그다'나 '잠그다', '치르다'처럼 어간이 모음 'ㅡ'로 끝나는 어휘 가운데 하나로 '들르다'가 있습니다. "지나는 길에 잠깐 들어가 머무르다."의 의미를 지니는 '들르다'는 예컨대 다음 문장들에서와 같은 방식으로 쓰이는 것이 그 특징입니다.

(1) ㄱ. 태백선, 중앙선, 영동선이 만나는 순환 구간을 운행하면서 일대의 명소들을 두루 들르고, 승객들은 역에서 내려 주변의 관광지를 돌아본 뒤에 다시 다음 열차를 타는 방식으로 이용하게 된다.
ㄴ. 관악구청에 들르면 먼저 구청 정면에 붙여진 아름다운 글이나 시가 눈을 사로잡는다.
ㄷ. 언젠가 밀직 박천상(朴天常)이 여행길에 계림(雞林)에 들르자 윤승순이 술자리를 마련해 그를 위로한 일이 있었다.

(2) ㄱ. 퇴근길에 시장에 들러서 상인들과 포장마차에서 소주도 한잔 나누고, 젊은 사람들과 만나 호프도 한잔씩 하고, 또 어르신들과 막걸리도 나눌 수 있는 그런 대통령이 되겠습니다.
ㄴ. 게시물에 따르면 영화가 끝나자마자 하는 말 1위는 90%의 응답률을 나타낸 "나 화장실 들렀다 갈래."라고 한다.
ㄷ. 혹여 이 근처에 올 일이 있으면 나한테 꼭 들러라.

위 문장들을 통하여 알 수 있는 언어적 사실에 따르면, '들르다'의 활용형으로는 (1)의 '들르고, 들르면, 들르자'와 함께, (2)의 '들러서, 들렀다, 들러라' 등이 있습니다. 이러한 활용형들의 특징을 잘 살펴보면, (1)의 활용형들은 기본형 '들르다'의 어간 '들르-'가 그대로 쓰인 반면, (2)의 활용형들은 어간 모음 'ㅡ'가 탈락한다는 차이를 보이고 있습니다. 다시 말해, (2)의 '들러서, 들렀다, 들러라' 등은 다음과 같은 요소로 구성되어 있다는 것이지요.

(3)ㄱ. 들러서: 들르- + -어서 (연결 어미)
ㄴ. 들렀다: 들르- + -었- (과거 시제 선어말 어미) + -다
ㄷ. 들러라: 들르- + -어라 (명령형 어미)

이러한 분석을 토대로 하면 '들르-'의 끝음절 모음 'ㅡ'는 '-어서, -었-, -어라' 등 '어'로 시작하는 어미 앞에서 탈락하게 됩니다. 이러한 'ㅡ'탈락 현상은 두 차례에 걸쳐 다루었던 '담그-, 잠그-, 치르-' 등과 동일한 현상에 속한다는 점을 염두에 둘 필요가 있습니다.

문제는 (1), (2)에 제시한 '들르다'의 활용형 '들르고, 들르면, 들르자', '들러서, 들렀다, 들러라' 대신 '*들리고, *들리면, *들리자, *들려서, *들렸다, *들려라'와 같은 잘못된 활용형들이 매우 자주 쓰인다는 것입니다. 예컨대 다음과 같은 예가 그 전형적인 사례입니다.

(4)ㄱ. 입장권을 한 번 사면 한 달 동안은 입장료가 무료이다. 그만큼 더 자주 *들리면 될 것이다. <공감코리아>
ㄴ. 국경 너머에서 자전거를 타고 오는 젊은이도 있고, 인근 국가 우간다에서 귀국길에 *들려서 투표한 교민도 있다는 보도였다. <Break News>
ㄷ. KT, 올레 로밍 센터 *들려서 해외여행 혜택 받아 가세요!! <스포츠

월드>

ㄹ. 원하는 소셜 미디어 직업과 관련된 링크드인(LinkedIn), 트위터, 페이스북 사이트를 *들려라. <한국 IDG>

밑줄 친 단어 '*들리면(4ㄱ), *들려서(4ㄴ, ㄷ), *들려라(4ㄹ)'는 각각 '들르면, 들러서, 들러라'로 적어야 올바른 표기라고 할 수 있는 것들입니다. 흥미로운 점은 이러한 오류형들이 일정한 공통점을 보이고 있다는 것인데, '들르-'가 아닌 '들리-'로 어간을 재구조화하여 쓰고 있다는 것이 바로 그것입니다. 그러나 '들리-'는 '소리가 들리다' 또는 '귀신이 들리다', '가방을 들리다'와 같은 구문에서 주로 쓰이는 것으로 '들르-'의 의미, 곧 '지나는 길에 잠깐 들어가 머무르다'와는 전혀 다른 의미로 쓰이는 것이라는 점을 분명히 해 두어야 할 것입니다.

우리말 편지 28
(2013. 1. 7.)

'돼요'와 '*되요'

　아주 오래된 기억의 창고를 더듬어 보면, 초등학교 시절, 학교에서 돌아와 숙제를 하던 장면에 생각이 머무는 경우가 있습니다. 배를 깔고 엎드린 채 연필에 침을 발라 가며 국어 공책에 꾹꾹 눌러쓰던 낱말들 가운데는 반대말도 있었고 비슷한 말 또는 유의어도 있었는가 하면, 본딧말, 준말 등등이 있어 무릇 세상에 존재하는 낱말들은 어떤 식으로든 다른 낱말들과 관계를 맺고 있음을 알 수 있게 해 주었었지요. 그러한 깨달음은 대개 『표준전과』 아니면 『동아전과』의 도움에 힘입은 것이었는데, 그와 같은 깨달음 덕분에 그 시절엔 아주 선명하게 낱말들 간의 관계를 기억할 수 있었습니다.

　문제는 어른이 되어서는 그러한 깨달음이 갈수록 무디어지는 까닭인지, 두 낱말의 관계가 본딧말과 준말의 관계에 있다든지 반의 관계 또는 유의 관계에 있음을 알아차리기가 쉽지 않은 것처럼 보이는 경우가 종종 있습니다. 예컨대, "그러면 안 돼요."라는 문장을 구성하는 단어 '안'이나 '돼요'는 각각 '아니'와 '되어요'를 본딧말로 하는 준말이라고 할 수 있는바, "그러면 안 돼요."를 본딧말로 바꾸자면 "그러면 아니 되어요."의 형식으로 써야 하는 것이지요. 이와 같은 언어적 사실과 관련하여 한 번쯤 점검할 필요가 있는 단어가 바로 '되다'나 '뵈다', '쇠다', '쐬다'처럼 어간의 모음이 'ㅚ'인 단어들의 활용형과 그 활용형들의 준말입니다. 예를 들어 '되다'의 활용형들이 쓰인 다음 문장들을 보기로 하시지요.

본딧말	준말
음지가 양지 되고 양지가 음지 된다.	해당 없음.
잘 되면 제 탓, 못 되면 조상 탓	해당 없음.
중1 시험 부담 완화하되 폐지는 안 되어.	돼
컴퓨터가 자주 다운되어서 안타까워요.	돼서
어머니, 외삼촌에 이어 아버지마저 세상을 뜨면서 남매는 큰 아픔을 겪게 되었다.	됐다

　위 문장들을 통하여 우리는 '되다'의 활용형으로는 '되고/된다/되면', '되어/되어서/되었다' 등이 있으며, 이 가운데 첫 번째 부류, 즉 '되고/된다/되면'의 경우는 준말이 만들어지지 않지만, '되어/되어서/되었다'와 같이 '되다'의 어간 '되-' 뒤에 '-어, -어서, -었-' 등 '어'로 시작하는 어미가 오면 '돼, 돼서, 됐다' 등의 준말이 형성됨을 알 수 있습니다. 따라서 *돼고, *돼면'이나 *되, *되서, *됬다'와 같은 활용형들이 쓰인다면, 이러한 활용형들은 준말이나 본딧말이 아닌 분명한 오류형이라고 할 수 있습니다. 다음과 같은 형태들이 그 전형적인 예들입니다.

(1)ㄱ. TV도 *돼고 인터넷도 *돼고 화면 좋고 속도도 빠른 스마트 폰 뭐가 있을까요?
　ㄴ. 감 잘 받았어요. 빨리 홍시가 *돼면 좋겠네요.

(2)ㄱ. '오메가-6-지방산' 심부전 예방 도움 안 *되.
　ㄴ. *되서'와 '돼서'가 어떻게 다른가요?
　ㄷ. 말이 씨가 *됬다.

요컨대, '되다'의 활용형이 준말형으로 쓰일 수 있으려면 본딧말이 '되-+-어X'의 구조로 이루어져야 하므로 '되고, 되면' 등은 준말형이 있을 수가 없으며, '되어, 되어서, 되었다'만 '돼, 돼서, 됐다'와 같은 준말형이 만들어질 수 있게 됩니다. 이와 같은 언어적 사실 때문에 "*돼고, *돼면'이나 '*되, *되서, *됬다'와 같은 활용형은 잘못된 형태가 되는 것이지요.

중요한 것은 앞에서 언급한 대로 '되다'의 활용형을 통해 알 수 있는 준말 형성의 규칙은 '되다' 외에도 '뵈다', '쇠다', '쐬다'처럼 어간의 모음이 'ㅚ'인 다른 단어들에도 동일하게 적용된다는 것입니다. "조금 있다 *뵈요."와 같은 문장에서 잘못 쓰인 '*뵈요'를 '봬요'로 써야 하는 이유가 바로 여기에 있습니다.

우리말 편지 29
(2013. 1. 14.)

'깨끗하지'와 '*깨끗치'

　누구나 다 아는 얘기일 수도 있지만, '본딧말' 혹은 '본말'을 두고 사람들이 일상적 구어에서 '준말'을 자주 사용하게 되는 것은 최소 비용으로 최대의 효용을 꾀하려는 일종의 시장 경제 원리에 비유할 수 있습니다. 말하자면 화자는 자신이 목표로 하는 의사소통이 가능하기만 하다면, 발화에 드는 노력을 최소화하려는 시도를 끊임없이 하게 되는바, 이에 따라 다양한 유형의 준말들이 만들어지게 되는 것이지요. 지난번 편지에서 제시한 "그러면 아니 되어."(본말)라고 하는 문장을 줄여 "그러면 안 돼."(준말)라고 하거나, "조금 있다 뵈어요."(본말) 대신 "조금 있다 봬요."(준말)라고 하는 것도 사실, 2음절 혹은 3음절로 이루어진 단어를 1음절이나 2음절 단어로 줄여 쓰는 것이고 보면, 최소의 노력으로 최대의 효과를 얻으려는 노력의 일환이라고 할 수 있습니다.

　한정된 자원을 합리적으로 이용하여 최대의 만족을 얻기 위한 경제 행위에 해당하는 '최소 비용 최대 효용 원리'가 적용될 수 있는 우리말의 또 다른 준말 형성의 규칙의 예로는 이른바 'X + -하다'의 구조로 이루어진 단어들의 준말을 들 수 있습니다. 우선 다음 문장들을 보기로 하시지요.

본딧말	준말
(1) 자기 현시욕을 드러내는 사람들이 의외로 속마음은 <u>쓸쓸하지</u> 않을까?	(1)′ 자기 현시욕을 드러내는 사람들이 의외로 속마음은 <u>쓸쓸치</u> 않을까?
(2) 세계화 시대, 우리에게 변화라는 화두는 더 이상 <u>신선하지도</u> 낯설지도 않은 보편적인 주제가 되어버렸다.	(2)′ 세계화 시대, 우리에게 변화라는 화두는 더 이상 <u>신선치도</u> 낯설지도 않은 보편적인 주제가 되어 버렸다.
(3) 메기는 오염에 민감하지 않고 물이 <u>깨끗하지</u> 않아도 잘 살 수 있는 적응력 덕분에 우리나라 전 지역의 강에 두루 분포한다.	(3)′ 메기는 오염에 민감하지 않고 물이 <u>깨끗지</u> 않아도 잘 살 수 있는 적응력 덕분에 우리나라 전 지역의 강에 두루 분포한다.
(4) 아주 <u>섭섭하지는</u> 않게, 아주 물리지는 않게/자주 서럽고 자주 기쁜 것/그것은 사랑하는 이의 자랑스러운 변덕이라네.	(4)′ 아주 <u>섭섭지는</u> 않게, 아주 물리지는 않게/자주 서럽고 자주 기쁜 것/그것은 사랑하는 이의 자랑스러운 변덕이라네.

위 문장들을 보면, 'X + -하다'의 구조로 이루어진 단어들, 곧 '쓸쓸하지, 신선하지(도), 깨끗하지, 섭섭하지(는)' 등이 본딧말로, '쓸쓸치, 신선치, 깨끗지, 섭섭지' 등이 준말로 쓰이고 있음을 알 수 있습니다. 이와 같은 준말 형성 원칙에서 유의할 점이 있다면, '깨끗하지'나 '섭섭하지'의 경우, 흔히들 생각하듯이 '*깨끗치'나 '*섭섭치'가 아니라, '깨끗지', '섭섭지'가 준말로 쓰이고 있다는 점입니다. 다시 말해, '쓸쓸하지'나 '신선하지'의 경우는 '쓸쓸치, 신선치' 형태가 준말로 쓰이고 있다고 한다면, '깨끗하지'나 '섭섭하지'는 '깨끗지, 섭섭지'가 준말로 쓰이고 있어, 'X + -하다'의 구조로 이루어진 단어의 준말이 각기 다른 방식에 의해 만들어진다는 것이지요.

그렇다면, 'X + -하다'의 구조를 지닌 단어의 준말은 어떻게 만들어지는 것일까요? 이를 이해하기 위해서는 다음과 같은 두 가지 준말 형성 규칙을 알아야 합니다.

규칙	용례	조건	비고
<규칙 1> '-하다'의 어간 '하'의 모음 'ㅏ' 만 탈락	가(可)하다→가타 쓸쓸하지→쓸쓸치 신선하지→신선치 과감하지→과감치 조용하지→조용치	'하' 바로 앞의 소리가 유성음(모음/ㄹ,ㄴ,ㅇ,ㅁ)인 경우	유성음: 성대(vocal cords)가 진동하는 모음이나 유음 'ㄹ', 비음(ㄴ, ㅁ, ㅇ)을 말함.
<규칙 2> '-하다'의 어간 '하' 전체가 탈락	깨끗하지→깨끗지 섭섭하지→섭섭지 생각하지→생각지 익숙하지→익숙지	'하' 바로 앞의 소리가 무성음(ㅅ, ㅂ, ㄱ 등)인 경우	무성음: 성대가 진동하지 않는 순수 장애음(유음이나 비음이 아닌 자음).

여기에서 보듯이, 'X + -하다' 구성의 준말은 '하' 바로 앞의 소리가 유성음인지 무성음인지에 따라 '하'의 모음 'ㅏ'만 탈락시키거나(예 쓸쓸하지→쓸쓸ㅎ지→쓸쓸치), 아니면 '하'를 통째로 탈락시키는 방식(예 깨끗하지→깨끗지)에 의해 만들어지고 있음을 잘 기억해 둘 필요가 있습니다.

우리말 편지 30
(2013. 1. 21.)

'깨끗잖다'와 '*깨끗찮다'

인간이라는 존재를 다른 동물들과 구별하는 데 가장 중요한 기준이 되는 것은 언어를 사용할 줄 안다는 것이라고 할 수 있습니다. 물론 침팬지나 돌고래, 꿀벌들처럼 나름대로의 의사소통 체계를 갖고 있는 동물들이 없는 것은 아니지만, 인간의 언어에 비하면 지극히 본능적 수준의 제한적인 의사소통 체계에 지나지 않는다고 보면, 인간의 특징을 규명하는 데 언어를 빼놓을 수는 없을 것입니다. 인간을 가리켜 언어적 동물, 곧 호모 로쿠엔스(Homo Loquens)라고 하는 것도 바로 이런 이유에서라고 하겠지요.

본능적 수준의 제한적인 언어가 아니라 문화적 차원의, 무한한, 창조적인 성격의 언어를 사용하는 인간이기에 본딧말을 두고 1단계, 2단계의 준말을 만들어 쓴다고 할 수도 있습니다. '시원하지→시원치', '깨끗하지→깨끗지' 외에, '시원하지 않다→시원치 않다→시원찮다', '깨끗하지 않다→깨끗지 않다→깨끗잖다'와 같은 준말이 가능한 것도 바로 그러한 연유에서라고 할 것입니다.

지난번 편지에서는 'X + -하다'의 구조를 지닌 단어들의 준말 형성 과정에 대해 말씀드렸는바, '시원하다'나 '심심하다'처럼 '-하다' 바로 앞의 소리가 성대의 진동을 수반하는 유성음(모음/ㄴ, ㄹ, ㅇ, ㅁ)인 경우에는 '-하'의 모음 'ㅏ'만 탈락시키지만, '깨끗하다'나 '섭섭하다'처럼 '-하다' 앞의 소리가 성대의 진동을 수반하지 않는 무성음(ㄴ, ㄹ, ㅇ, ㅁ을 제외한 자음)인 경우에는 '-하'를 통째로 탈락시킴으로써 준말을 만들게 된다는 사실을 지적하였습니다. 이를 좀 더 쉽게 이해할 수 있도록 '시원하다'와 '깨끗하다' 활용형의 본말과 준말을 예로 들면 다음과 같습니다.

기본형	본말	준말
시원하다	시원하다 시원하지 시원하건대	시원타 시원치 시원컨대
깨끗하다	깨끗하다 깨끗하지 깨끗하건대	깨끗다 깨끗지 깨끗건대

위의 표를 통해 우리는 'X + -하다'의 구조를 지닌 파생어들의 경우, 기본형은 물론 여타의 활용형들 역시 두 가지 상이한 준말 형성 규칙의 적용에 따라 준말이 만들어지고 있음을 알 수 있습니다. 'X + -하다'의 구조로 이루어진 단어들에 적용되는 준말 형성 규칙은 '시원하지 않다', '깨끗하지 않다'와 같은 부정 표현들에도 그대로 적용되어 '시원치 않다', '깨끗지 않다'와 같은 준말이 또한 가능하며, 이러한 중간 단계의 준말들을 또 다시 줄여 '시원찮다', '깨끗잖다'와 같은 마지막 단계의 준말까지 만들어 낼 수 있습니다. 이러한 준말들이 일상생활에서 어떻게 쓰이고 있는지 실제 용례를 제시하면 다음과 같습니다.

본말	준말1	준말2
시원하지 않다	오늘은 대답이 영 <u>시원치 않다</u>.	신문 읽기가 대학 생활에서 얼마나 중요한가를 역설하지만 늘 반응은 <u>시원찮다</u>.
깨끗하지 않다	생각보다 흘러나오는 물이 <u>깨끗지 않다</u>.	내가 많이 취한 줄 알고 방심한 틈에 찍은 것이라 화면이 영 <u>깨끗잖다</u>.

요컨대, '-하다' 앞의 소리가 유성음이면 '-치 않-'→'-찮-', 무성음이면 '-지 않-'→'-잖-'과 같은 형식의 준말이 만들어지게 되는바, '시원하지 않다→시

원치 않다→시원찮다' 외에도 '심심하지 않다→심심치 않다→심심찮다', '만만하지 않다→만만치 않다→만만찮다' 같은 준말이 가능하며, '깨끗하지 않다→깨끗지 않다→깨끗잖다'를 비롯하여 '넉넉하지 않다→넉넉지 않다→넉넉잖다', '섭섭하지 않다→섭섭지 않다→섭섭잖다'와 같은 준말이 만들어짐으로써 우리로 하여금 최소의 노력으로 최대의 효과를 얻게 되는 경제적인 의사소통이 가능하도록 해 주고 있습니다.

우리말 편지 31
(2013. 1. 28.)

'디뎌'와 '*딛어'

　　최소 비용 최대 효용 원리, 곧 자신이 목표로 하는 의사소통이 가능하기만 하다면 발화에 드는 노력을 최소화하려는 의도에서, 본딧말을 구성하는 요소들의 음성적 특질까지를 고려하여 '시원치'와 '깨끗지', '시원찮다, 깨끗잖다'같은 단어의 존재를 가능하도록 만드는 우리말의 준말 형성 원리는 어휘에 따라 상당한 제약이 있는 경우도 있습니다. 그 대표적인 사례가 바로 '디디다'인데, 우선 '디디다'의 활용형들이 쓰인 문장을 몇 개 제시하면 다음과 같습니다.

(1) ㄱ. 길을 가다 얼음판인지 모르고 발을 디디다가/딛다가 미끄러져서 발목에 금이 갔습니다.
　　ㄴ. 한국 민주주의가 디디고/딛고 서야 할 것은 무엇일까요?
　　ㄷ. 다리 골절 수술 후 디디는/딛는 연습 과정에서 발목이 시큰합니다.

(2) ㄴ. 방아의 종류로는 지렛대의 원리를 이용하여 발로 디디어/디뎌 찧는 디딜방아, 물의 힘을 이용하는 물레방아, 그리고 소나 말 등 가축의 힘을 이용하는 연자방아 등이 있다.
　　ㄷ. 그는 멋쩍은 미소를 지으며 이층으로 오르는 계단에 발을 디디었다/디뎠다.

(3) ㄱ. 인적이 드문 해안가 모래 갯벌을 찾아 발을 디디면 모래 갯벌 전체가 들썩거리는 착시 현상을 경험하게 된다.
　　ㄴ. 우리 춤은 뒤꿈치부터 붙여야 자연스러운 곡선이 나오는데 거꾸

로 뒤꿈치를 들고 앞부터 디디니 그것이 잘못이지요.

위 문장들에서는 모두 7개의 '디디다'의 활용형들이 쓰이고 있는데, (1)에 쓰인 활용형과 (2)에 쓰인 활용형의 준말 형성 원리가 다르며, (3)의 활용형들은 아예 준말이 만들어지지 않는다는 점에서 상당히 특이하다고 할 수 있습니다. 이해의 편의를 위해 표를 하나 제시해 보도록 하겠습니다.

(1)		(2)		(3)	
본말	준말	본말	준말	본말	준말
디디다가 디디고 디디는	딛다가 딛고 딛는	디디어 디디었다	디뎌(*딛어) 디뎠다(*딛었다)	디디면 디디니	—(*딛으면) —(*딛으니)

여기에서 보듯이, '디디다'의 활용형들은 준말을 만드는 규칙에 관한 한 꽤 복잡한 양상을 보이고 있습니다. 이러한 복잡성은 우리가 일반적으로 생각하는 대로, '디디다'의 어간 '디디-'가 축약에 의해 '딛-'으로 줄어듦으로써 만들어지는 준말 형성 규칙은 (1)에만 적용이 되고, (2)나 (3)의 경우에는 적용되지 않는 데 그 원인이 있습니다.

그렇다면, (1)에는 적용되는 '디디-'→'딛-'이 (2)나 (3)에는 적용되지 않는 까닭은 무엇일까요? 이는 축약에 의해 형성된 어간 '딛-' 뒤에는 자음으로 시작하는 어미는 결합할 수 있는 데 반해, (2)나 (3)처럼 모음으로 시작하는 어미는 결합할 수 없기 때문에 나타나는 현상입니다. 다시 말해, 준말 어간 '딛-' 뒤에는 (1)의 '-다가, -고, -는'처럼 자음으로 시작하는 어미는 결합할 수 있지만, (2)의 '-어'나 '-었-', (3)의 '-으면, -으니'처럼 모음으로 시작하는 어미와는 결합할 수 없다는 제약으로 인해 '*딛어, *딛었다, *딛으면, *딛으니'와 같은 활용형은 불가능하게 되는 것이지요. 따라서 (2)의 '디디어, 디디었다'는 '디뎌, 디뎠다' 형식으로만 준말이 형성되며, (3)의 '디디면, 디디니'는 아예 준말이 형성되지 않는다는 것을 기억하셔야 합니다.

우리말 편지 32
(2013. 2. 4.)

'가져'와 '*갖어'

지난번 편지에서는 동사 '디디다'의 어간 '디디-'의 준말 '딛-'은 분포 환경에 상당한 제약이 있어 모음으로 시작하는 어미와는 결합이 불가능하다는 사실을 토대로 우리말의 '본딧말→준말' 형성 원리가 꽤 복잡할 수도 있다는 말씀을 드렸습니다. 우리의 기억을 새로이 하기 위해 다시 한번 언급을 하자면, '딛-' 뒤에는 '-다가, -고, -는'처럼 자음으로 시작하는 어미는 올 수 있지만, '-어'나 '-었-', '-으면, -으니'처럼 모음으로 시작하는 어미는 올 수 없는바, '*딛어, *딛었다, *딛으면, *딛으니' 같은 활용형은 각각 '디디어, 디뎠다, 디디면, 디디니'로 써야 올바른 활용형이라는 것이 그 요점이었지요.

'디디다'와 마찬가지로 준말의 형성이 일부 자음 어미 앞에서만 가능한 또 다른 국어 동사로는 '가지다, 머무르다, 서두르다, 서투르다' 등이 있습니다. 따라서 이 단어들의 어간 '가지-, 머무르-, 서두르-, 서투르-'의 준말, 곧 '갖-, 머물-, 서둘-, 서툴-' 등 역시 모음 어미 앞에서는 쓰일 수 없음이 특징입니다. 이러한 언어적 사실을 분명히 하기 위하여 '가지다'의 활용형들을 그 예로 들면 다음과 같습니다.

(1) ㄱ. '베를린'의 류승범은 "다른 언어를 쓰다 보면 자신감이 많이 위축된다. 그래서 나는 자기 확신을 가지고/갖고 연기하려고 노력하는 편이다."라고 말했다.

ㄴ. 퇴직 후 낚시, 등산만 취미로 가지다가/갖다가 최근 시작한 서예 배우는 재미에 푹 빠져 시간 가는 줄 모릅니다.

ㄷ. 인스턴트커피 대신 건강한 좋은 커피를 즐기고, 커피의 매력을 알고 마시기 위해서는 커피가 가지는/갖는 맛을 느낄 수 있어야 합니다.

(2) ㄱ. 美 헤이글, "북한, 실질적 핵 파워 가지어/가져 위협"
ㄴ. 모두가 별을 볼 수 있는 방법은 맨눈뿐이라고 생각할 때 갈릴레오는 거기에 의문을 가지었고/가졌고, 망원경으로 수많은 별을 봤다.

(3) ㄱ. 이강태 비씨카드 사장은 "내가 주인이라는 의식을 가지면 꿈과 목표가 생기고 열정적이며 주도적인 자세로 변한다."며 직원들에게 주인 의식을 불어넣기 시작했다.
ㄴ. 제한된 정원을 로스쿨들이 나눠 가지니 많은 로스쿨이 대학원으로서 재정적 독립을 이룰 수 없어 교육 기관으로서 제약이 있다.

'가지다'의 활용을 보여 주는 이러한 예문을 통해 알 수 있듯이, 어간 '가지-'의 준말 '갖-'은 (1)에서처럼 '-고, -다가, -는' 같은 자음 어미 앞에서만 쓰일 수 있습니다. 그리하여 여타의 환경에서는 (2)에서와 같이 '가지어→가져, 가지었다→가졌다' 형식의 또 다른 준말이 쓰이거나, (3)의 '가지면, 가지니'처럼 준말 형식은 아예 쓰이지 않음으로써 결과적으로 '*갖어, *갖었다, *갖으며, *갖으니' 같은 모음 어미 앞에서의 활용형들은 잘못된 활용형이 되는 것이지요. 그럼에도 불구하고 전문적인 언론 기사들에서도 잘못된 오류형들이 심심찮게 발견되는 것을 보면, 이러한 활용형들을 제대로 알고 쓰는 것이 결코 쉬운 일이 아닌 듯합니다.

(4) ㄱ. 박근혜 당선인, 전국 시도 지사와 만남 *갖어 <2013. 1. 31. 뉴시스>
ㄴ. 설을 맞이하여 신한금융그룹 직원들이 '등대지역아동센터'의 아이들과 직접 빚은 만두로 떡국을 만드는 봉사 활동을 *갖었다.

　　　　<2013. 1. 22. 환경일보>
　　ㄷ. 동일한 상품을 필요로 하는 사람들끼리 모여 공동 구매를 하고, 구입품을 각자 나눠 *갖으면 보다 저렴하게 구매할 수 있다. <2013. 1. 15. 뉴시스>
　　ㄹ. 1%가 되지 않는 회수율로, 이 금액을 양 기관이 나눠 *갖으니 헐값 매각이 아니라는 논리다. <2012. 9. 27. 디지털타임스>

　요컨대, 여기에서 쓰인 '*갖어, *갖었다, *갖으면, *갖으니' 등의 형태는 각각 '가져, 가졌다. 가지면, 가지니'로 적어야 올바른 표기라고 할 수 있습니다. 따라서 이러한 활용의 원칙은 '머무르다, 서두르다, 서투르다' 등에도 그대로 적용된다는 것을 기억하셨으면 합니다.

우리말 편지 33
(2013. 2. 11.)

'설'과 '구정(舊正)'

어른이 된 지금도 설날이면 혀끝에 맴도는 노래가 하나 있으니 <설날>이라는 노래가 바로 그것입니다.

까치 까치 설날은 어저께고요/우리 우리 설날은 오늘이래요
곱고 고운 댕기도 내가 들이고/새로 사온 신발도 내가 신어요

1절 가사만 적어 보면 이와 같이 까치들의 설날, 곧 '작은설'을 의미하는 '까치설'로 시작되는 이 노래는 일제 강점기인 1924년, 동요 작가이자 작곡가였던 윤극영 선생이 지은 곡입니다. 고운 댕기도 머리에 들일 수 있고, 새로 사온 신발도 신을 수 있는 설날이고 보면, 아이들의 마음은 더할 나위 없는 즐거움과 설렘으로 꽉 차 있었을 터, 오늘은 바로 우리들의 '설날'임을 큰소리로 외치고 싶었을 마음을 잘 형상화한 노래여서인지 오랜 세월이 흐른 지금에도 남녀노소가 함께 부르는 즐거운 명절 노래가 될 수 있었으리라고 생각됩니다.

흥미로운 것은 '설날'이라는 명칭입니다. 일제 강점기가 되면서 시행된 우리의 전통문화 말살 정책에 따라 '설날'이라는 명칭을 대신하여 '구정(舊正)'이라는 말이 쓰이기 시작하였음에도 불구하고, <설날>에는 우리의 '설날'이 그대로 쓰이고 있다는 것이지요. 이른바 '반달 할아버지'라는 애칭이 말하여 주듯, 한때는 우리의 민족 문화와 미래 지향적인 민족혼을 노래한 고마우신 선생님의 자리를 차지하기도 하였으나, 뒤늦게 드러난 친일 행적으로 인해

살아온 삶 전체를 재평가받아야 할 인물의 대열에 끼어 있음에도 불구하고, 작가가 <설날>에서는 일제에 의해 강요된 '*구정(舊正)' 대신 '설날'을 그대로 사용하고 있으니 그나마 다행한 일이라고 할 수 있을 듯합니다.

우리의 문화사를 잠깐 들춰 보면 오랫동안 달이 차고 기울어지는 현상을 기초로 하여 만든 달력에 해당하는 태음력, 곧 음력을 사용해 오던 우리나라가 달의 운동과는 무관하게 태양의 운행만을 기준으로 한 역법인 태양력을 사용하게 된 것은 갑오경장 이후 시기인 1896년 1월 1일부터입니다. 이러한 변화가 가져왔을 엄청난 사회·문화적 변혁에도 불구하고 우리의 전통 명절인 '설날'은 그대로 유지되었으나, 일제 강점기가 되면서 수난의 역사가 시작되었습니다. 즉, 일제는 우리의 전통 명절 무렵이 되면 떡 방앗간을 폐쇄하고 새 옷을 입고 나오는 아이들에게는 먹칠을 하는 등의 만행을 저지르면서 자신들의 방식대로 양력설, 곧 '신정(新正)'을 쇨 것을 강요하게 된 것이지요.

결국 '신정'이니 '구정'이니 하는 말 자체가 일제 식민 통치의 유습이라는 사실에 비추어 볼 때, 해방 이후에도 오랫동안 '신정'과 '구정'을 왔다 갔다 하다가 1989년에 이르러서야 '설날'이라는 본명을 되찾게 된 것은 결코 빠르지 않은 제자리 찾기였다고 할 수 있을 것입니다. 그럼에도 불구하고 아직 우리들의 머릿속에는 '설날'을 두고, '구정' 운운하는 표현이 불식되지 못하고 있는바, '설날'이 겪은 수난의 역사를 돌이켜 볼 때, '구정'은 이제 그만 깨끗이 잊어 주는 것이 좋지 않을까 합니다.

우리말 편지 34
(2013. 2. 18.)

'없음'과 '*없슴'

2년에 한 번씩 이루어지는 건강 검진 결과 "이상 없음으로 판정됨."이라는 의사의 소견서를 받아들었을 때 보통 사람들은 누구나 안도의 숨을 크게 쉬면서 당분간은 큰 걱정거리 없는 일상생활로 돌아갈 수 있게 될 것입니다. 그러나 모르긴 해도 전문적인 의사들조차도 '이상 없음'이라는 소견을 밝히면서 '이상 *없슴'이라고 적고 싶은 충동을 느꼈던 적이 없지 않았을 것입니다. 우리들 역시 '없음'과 '*없슴' 사이에서 갈등을 경험한 적이 없지 않기 때문이라고 할 수 있겠지요. 그렇다면, '*없슴'이 아닌 '없음'의 '-음'은 그 정체가 무엇일까요? 이번 편지에서는 이른바 명사형 어미라고 하는 '-음'의 용법에 대해 다루기로 하겠습니다.

명사형 어미라고 했으니 명사가 아닌 동사나 형용사로 하여금 명사인 것처럼 만드는 우리말의 명사형 어미 가운데 매우 자주 쓰이는 것으로는 '-음'이나 '-기'를 들 수 있습니다. ―영문법에 강한 분들이 많으실 것 같아 드리는 말씀이지만, 명사형 어미를 달리 동명사형 어미라고 할 수도 있습니다. 예컨대 "Seeing is believing."이라는 영어 동명사 구문에서 'seeing'이나 'believing'은 동사 'see'나 'believe' 뒤에 '-ing'가 결합하여 명사처럼 쓰이게 된 것인데, 우리말의 '-음'이나 '-기' 또한 영어 '-ing'와 비슷한 기능을 하는 것으로 볼 수 있기 때문입니다. 이러한 명사형 어미 가운데 '-음'은 문법적으로 크게 두 가지 방식으로 쓰이는데, 우선 그 용례부터 제시하면 다음과 같습니다.

(1)ㄱ. 보라, 동해에 떠오르는 태양/ 우리가 간직함이 옳지 않겠나?
ㄴ. 대담한 성격의 루 거스너가 수렁에 빠진 IBM을 회생시킬 적임자임을 게리 로셰는 첫눈에 알아보았다.

(2)ㄱ. 오전 10시에 회의 있음.
ㄴ. 2013년 2월 18일 무등산 아래서 필자 씀.
ㄷ. 나는 광주 지산동에서 삶.

위의 예들 가운데 (1)은 '-음'이 문장의 주어(1ㄱ)나 목적어(1ㄴ) 자리에, (2)는 '-음'이 문장의 서술어 자리에 쓰이되, 어떤 사실을 기록적으로 서술하거나 알리는 것을 나타내는 데 쓰인 것을 보여 줍니다. 이 두 가지가 바로 '-음'의 전형적인 용법이라고 할 수 있습니다.

그런데 (2ㄴ, ㄷ)에 나타나는 '씀'이나, '삶'을 보면, '-음'이 아닌 '-ㅁ'이 '쓰다'의 어간 '쓰-'나 '살다'의 어간 '살-' 뒤에 쓰이고 있음을 발견하게 되는바, 명사형 어미 '-음'과 동일한 문법적 기능을 하는 것으로 '-ㅁ'도 있음을 알 수 있습니다. 따라서 명사형 어미의 용법을 제시하고자 한다면, '-음' 뿐만 아니라 '-ㅁ'도 함께 묶어서 보아야 합니다. 일단 두 가지 어미의 분포 환경부터 보이면 다음과 같습니다.

형태	분포 환경	용례	비고
-음	어간의 말음이 '자음'일 때. 단 'ㄹ'은 제외.	있음, 없음, (손을) 잡음, (밥을) 먹음 등.	'슴'은 쓰이지 않음.
-ㅁ	어간의 말음이 '모음'이거나 'ㄹ'일 때.	(일을) 처리함, (광주역을) 떠남, (고추) 값, 나눔과 베풂의 미학.	'-시-' 뒤에서도 쓰임. 예 아버지는 아직 안 일어나심.

여기에서 보듯이, 국어의 명사형 어미 '-음'은 'ㄹ'을 제외한 자음 뒤에서, '-ㅁ'은 '모음'이나 'ㄹ' 또는 높임의 뜻을 가지고 있는 '-시-'—전문적인 용어로는 '주체 높임 선어말 어미'라고 함.—뒤에서 쓰이고 있습니다. 요컨대, 이러한 분포와 관련하여 두 가지 중요한 언어적 사실을 기억할 필요가 있습니다. '-*슴'이란 형태는 아예 없으므로, '*이상 있슴/*없슴'과 같은 표현은 명백한 오류라는 것과 '갈다'의 어간 '갈-'이나 '베풀다'의 어간 '베풀-' 뒤에 '-ㅁ'이 결합하게 되면, '갊'이나 '베풂'과 같은 형태가 만들어지게 된다는 것이 바로 그것입니다. 이 가운데 '갊'이나 '베풂'에 대해서는 별도의 기술이 필요하다고 할 수 있으므로, 다음 편지에서 자세히 다루기로 하겠습니다.

우리말 편지 35
(2013. 2. 25.)

'베풂'과 '*베품'

'웰빙(well-being)에서 힐링(healing)으로', 근래 들어 우리 사회가 경험하고 있는 문화 코드의 변화를 사회학자들은 이와 같이 표현하고들 있습니다. <힐링 캠프–기쁘지 아니한가>라는 이름의 SBS 예능 프로그램의 방영도 바로 그러한 문화 코드를 반영하는 것이고, 음식과 외식 산업, 건강과 여행 산업의 마케팅에서 힐링이 강조되고 있는 것 또한 바로 그러한 시대적 흐름을 반영하고 있다고 할 수 있지요.

문제는 이 시대를 살고 있는 사람들의 상처가 좋은 곳에서 맛있는 음식을 먹으며, 마음속 깊은 곳에 숨어 있던 절망과 좌절의 이야기들을 꺼내어 놓는 식의 하루 만의 위안을 통해서는 그 치유가 결코 쉽지 않다는 데 있습니다. 치유가 필요한 상처의 원인이 무엇인가를 깊이 헤아려 보면, 유럽발 경제 위기와 세계 경제의 침체 속에서 더욱 심화되고 있는 우리 사회의 양극화, 갈수록 높아지고 있는 청년 실업률과 비정규직의 증가 등 한 개인의 문제로 보기에는 어려운 사회 구조가 그 직접적인 요인이 되고 있다는 사실을 확인할 수 있게 되는바, 이와 같은 문제를 해결할 수 있는 근본적인 처방이 아니고서는 어떠한 힐링도, 몸과 마음의 치유도 어렵다고 할 수 있을 것입니다. 오늘날, 기업의 사회적 책임이나 사회 지도층의 노블리스 오블리주(noblesse oblige), 즉 높은 도덕성에 기반을 둔 나눔과 베풂의 실천이 강조되고 있는 것도 바로 이러한 이유 때문이라고 할 것입니다.

이른바 우리 사회 구성원들의 통합 혹은 공존을 위해 강조되고 있는 나눔 혹은 베풂을 두고, '*베품'이라는 형태가 자주 사용되고 있는 것은 어떤 이유에서일까요? 우선 몇몇 사례를 제시해 보기로 하겠습니다.

(1) 김복규 이사장은 격려사를 통해 "장학생으로 선발된 학생들이 진취적이고 적극적인 사고로 각 분야에서 최고가 될 수 있도록 노력하고, 오늘을 계기로 나보다 남을 배려하는 마음과 *베품의 미덕을 실천하는 훌륭한 사회의 일원으로 성장하여 의성 발전의 주역이 되어주길 바란다."고 말했다. <2013. 2. 22., 경북신문>

(2) 특히 지역의 소외된 이웃들에게 나눔과 *베품을 위해 2006년부터 젊은 잎사귀 사랑 나누미 봉사단을 설립해 1기부터 15기까지 독거노인, 불우 아동, 장애인 시설 등 총 480여 회의 봉사 활동을 펼쳤다. <2013. 2. 19., 광주일보>

이러한 용례에서 보면, 몇몇 지역의 주요 일간지들에서조차도 '*베품'이라는 명사형을 사용하고 있는데, 이는 앞에서 이미 전제해 온 것처럼 '베품'을 잘못 쓴 예입니다. 즉, '*베품'은 '베풂'으로 적어야 올바른 표기인데, 이와 같은 언어적 사실을 이해하기 위해서는 지난번 편지에서 언급한 명사형 어미 '-음/-ㅁ'의 표기 원칙을 상기할 필요가 있습니다. 이해의 편의를 위해 다시 한번 표기 원칙과 함께 용례를 제시하면 다음과 같습니다.

형태	분포 환경	용례
-음	어간의 말음이 '자음'일 때. 단 'ㄹ'은 제외.	있음, 없음, (손을)잡음, (밥을) 먹음, (눈을) 감음, (손을) 씻음.
-ㅁ	어간의 말음이 '모음'이거나 'ㄹ'일 때.	(일을) 처리함, (광주역을) 떠남, (고추) 갊, (얼굴이) 깊, (하늘을) 낢, (얼굴이) 둥긂, (지점토) 만듦, 나눔과 베풂의 미학, (지산동에서) 삶.

위의 표를 보면, 명사형 어미 '-음/-ㅁ'의 표기는 어간 말음의 음운론적 조건에 따라 달라지며, 어간 말음이 'ㄹ' 이외의 자음인 경우에는 '-음'을, 어간 말음이 모음이거나 'ㄹ'인 경우에는 '-음'이 아닌 '-ㅁ'을 쓰는 것이 그 원칙입니다. 결론적으로 '갈다, 길다, 날다, 만들다, 베풀다, 살다'처럼 어간의 말음이 'ㄹ'인 경우, 말음 'ㄹ'을 그대로 유지하여 '갊, 긺, 낢, 둥긂, 만듦, 베풂, 삶'으로 적어야 하며, 만일 'ㄹ'을 탈락시켜 '*감, *김, *남, *둥금, *만듬, *베품, *삼'으로 적게 되면 올바른 형태가 아니라는 것을 기억하셔야 할 것입니다.

우리말 편지 36
(2013. 3. 4.)

'-습니다/-ㅂ니다'와 '-*습니다/-*읍니다'

시내의 어느 식당에서 지인들과 점심을 하고 나오면서 한 양품점 옆 벽면에 도종환 시인의 <다시 오는 봄>이라는 제목의 시가 적혀 있는 것을 보았습니다.

> 햇빛이 너무 맑아 눈물 납니다
> 살아 있구나 느끼니 눈물 납니다
> 기러기 떼 열 지어 북으로 가고
> 길섶에 풀들도 돌아오는데
> 당신은 가고 그리움만 남아서가 아닙니다
> 이렇게 살아 있구나 생각하니 눈물 납니다

이 시를 마주하노라니 문득 유난히도 추웠던 지난겨울을 견뎌 내고 다시 새봄을 맞이하게 된 것이 시간의 흐름에 따라 가고 오는 평범한 일상이 아니라, 실로 엄청난 기적일 수도 있다는 생각이 들었습니다. 겨울을 견디는 일이란 단순히 영하의 수은주를, 차가운 눈보라를 온몸으로 견디는 일로만 그치는 것이 아니라, 전 세계적인 경제 위기의 여파 속에서 무한 경쟁의 위협이 후퇴를 모르는 군대처럼 진격을 해 오고 있는 상황에서의 생존이니, 참으로 감격스러운 일이 아닐 수 없다는 느낌에 사로잡혔던 것이지요. 어쨌든 햇빛이 너무 맑아서, 이렇게 살아 있어서 얻게 되는 감개무량이 쉽게 사그라지지 않도록 그 어느 때보다 힘찬 발걸음으로 3월을 살아야지 하는 다짐을 하기도 하면서 이번 편지에서는 종결 어미 '-습니다/-ㅂ니다'의 쓰임과 표기에 대해 말씀드리려 합니다.

'-습니다'와 '-ㅂ니다'는 이른바 '아주높임 등급의 설명법 종결 어미'에 속한다는 점에서 공통점을 갖고 있습니다. 말하자면 이 둘은 분포 환경에서만 차이가 날 뿐 그 문법적 기능에는 아무런 차이가 없는 이형태(allomorph)라는 것이지요. 그렇다면 이 두 가지 어미의 분포 환경은 어떠할까요?

형태	분포 환경	비고
-습니다	어간 말음이 자음일 때. 단, 'ㄹ'은 제외.	
-ㅂ니다	어간 말음이 모음일 때와 'ㄹ'일 때.	말음이 'ㄹ'인 경우, 'ㄹ'탈락 수반.

이러한 분포와 관련하여, 몇 가지 중요한 국어학적 사실을 확인할 필요가 있습니다. 일단 다음 예문들을 좀 더 보겠습니다.

(1) ㄱ. 페이지에 오류가 있습니다.
　　ㄴ. 전 짜장면을 안 먹습니다.
　　ㄷ. 햇빛이 너무 맑아 눈물 납니다. (←나다)
　　ㄹ. 새는 하늘을 납니다. (←날다)

(2) ㄱ. 이번 설에는 고향을 못 *갔읍니다.
　　ㄴ. 정성 가득한 선물 *고맙습니다.
　　ㄷ. 연락 주시면 곧 *갑니다.

여기에서 보듯이, '-습니다'는 어간의 말음이 자음인 경우에 쓰며(1ㄱ, 1ㄴ), 어간 말음이 모음이거나 'ㄹ'일 때에는 '-ㅂ니다'를 씁니다(1ㄷ, 1ㄹ). 그러나 만일 (2ㄱ)처럼 '-*읍니다'를 쓰거나, (2ㄴ, ㄷ)처럼 '-*슴니다'나 -*ㅁ니다'를 쓴다면, 명백한 오류에 해당합니다. 그리고 (1ㄹ)의 경우, 어간 '날-'의 말음 'ㄹ'이 '-ㅂ니다' 앞에서 탈락한 결과 '납니다'가 되고 있는데, 이는 지난 편지에서 다룬 명사형 어미 '-ㅁ'의 경우와는 차이를 보인다는 점을 주목할 필요가 있습니다. 요컨대 '날다, 갈다, 살다, 둥글다, 베풀다' 처럼 어간 말음이 'ㄹ'인 형태들의 경우, 명사형 어미 '-ㅁ' 앞에서는 'ㄹ'이 탈락되지 않아 '낢, 갋, 삶, 둥긂, 베풂' 등으로 표기하지만, '-ㅂ니다' 앞에서는 'ㄹ'이 탈락한 결과 '납니다, 갑니다, 삽니다, 둥급니다, 베풉니다' 등으로 표기해야 한다는 것을 잘 기억해 두셨으면 합니다.

우리말 편지 37
(2013. 3. 11.)

'설렘'과 '*설레임'

일정한 단어들을 동원하여 문장을 구성하고 글을 써내려 가는 동안, 무언가 있어야 할 것이 빠진 것 같아 첨가하는 것 가운데 '이'가 있습니다. 그렇게 함으로써 사실은 우리 국어의 어휘 체계에는 없는 단어를 잘못 만들어 내는 결과를 가져 오는 데도 말이지요. '설레다' 대신 '*설레이다'를 쓰는 것이 전형적인 사례인데 문제는 이러한 현상들이 '설레다'에만 한정되지 않고, '이'를 잘못 삽입하여 쓰는 단어들이 적지 않다는 것입니다. 우선 다음 예들을 보도록 하겠습니다.

(1) ㄱ. 어떤 *개인 날
　ㄴ. 발은 동상과 물집으로 부어오르고 얼굴은 전체가 불에 *데인 듯 화끈거렸다.
　ㄷ. 친구는 아까부터 계속해서 같은 말만 *되뇌이고 있답니다.
　ㄹ. 그리움에 목이 *메이다를 영어로 어떻게 쓰죠?
　ㅁ. 초등학교 3학년 때부터 어머니의 권유로 일기 쓰는 습관이 몸에 *배이다 보니 어쩌다 일기를 안 쓰는 날은 마치 한 끼 식사를 거른 것처럼 마음이 헛헛하다.
　ㅂ. 때는 엄동설한이라 바람이 살을 *에이는 듯 거칠게 불어왔다.
　ㅅ. 혹시 야외 박물관으로 통하는 길이 있을까 해서 *헤매이다 보니 무릎까지 자란 날카로운 풀잎들이 다리에 상처를 낸다.

위의 밑줄 친 단어들은 모두 '이'를 가지고 있다는 공통점이 있는데, 이들은 모두 잘못 삽입된 '이'입니다. 특히 (1ㄱ)의 '어떤 *개인 날'의 경우, 푸치니의 오페라 <나비 부인(Madame Butterfly)>에 나오는 유명한 아리아 'Un Bel Di(One Fine Day)'를 우리말로 번역하면서 생겨난 오류임에도 불구하고 오늘날까지도 계속해서 우리들의 기억 속에 생생하게 전해 오고 있는 구절인데, 이는 '어떤 갠 날'로 적어야 올바른 표기입니다. 이러한 사례를 포함하여 (1)에서 잘못 쓰인 단어들을 바로잡아 보면 다음과 같습니다.

오류형	수정형	의미	비고
*개인	갠	흐리거나 궂은 날씨가 맑아지다.	'어떤 갠 날'
*데인	덴	불이나 뜨거운 기운으로 말미암아 살이 상하다.	
*되뇌이고	되뇌고	같은 말을 되풀이하여 말하다.	
*메이다	메다	어떤 감정이 북받쳐 목소리가 잘 나지 않다.	
*배이다	배다	버릇이 되어 익숙해지다.	
*에이는	에는	칼 따위로 도려내듯 베다.	
*헤메이다	헤매다	갈 바를 몰라 이리저리 돌아다니다.	

　이러한 사례들을 통해 확인되는 것처럼 우리들이 일상적으로 사용하는 국어 단어들 가운데는 '이'가 잘못 삽입된 예들이 적지 않습니다. 그렇다면, 이러한 예들에서 잘못 삽입된 '이'의 정체는 과연 무엇일까요? 결론적으로 말하자면 이 '이'는 어떤 문장의 주어 혹은 주체가 다른 힘에 의하여 움직이게 될 경우에 첨가하는 '피동 접미사'입니다. 그러나 '설레다'를 비롯하여 (1)에서 쓰인 단어들은 모두 피동형이 아닌 능동형, 즉 주체가 자발적으로 움직이는 것을 표현할 때 쓰는 형태들로서 '이'를 삽입해서는 안 되는 것들입니다.
　요컨대 '마음이 한없이 설레는 새봄'과 같은 표현에서 '설렘'의 주체는 '(우리들의) 마음'으로서 다른 누군가에 의한 또는 어떠한 힘에 의한 피동적인 움직임이 아니라 주체의 의지에 의한 자발적인 움직임을 보여 주는 말이라고 할 수 있습니다.

우리말 편지 38
(2013. 3. 18.)

'불리다'와 '*불리우다'

지난번 편지에서는 '설레다'를 예로 들어, 주체의 의지에 의한 자발적인 움직임을 보여주기 위해서는 피동형이 아닌 능동형을 써야 하므로, '*설레이다'와 같은 피동형은 올바르지 않다는 사실을 지적하였습니다. 이와 동일한 성격의 단어들로는 '설레다' 외에도 '개다, 데다, 되뇌다, 메다, 배다, 에다, 헤매다' 등 상당히 많은 단어들이 있어, '*개이다, *데이다, *되뇌이다, *메이다, *배이다, *에이다, *헤매이다' 등 또한 잘못된 형태라는 사실과 함께였지요.

그러나 일정한 개별 언어의 문법에는 피동법이라는 범주가 엄연히 존재하는 법이어서, 우리말의 경우, 다음과 같은 두 가지 방식으로 동사의 피동형을 만들게 됩니다.

(1) 동사 어간 + 피동 접미사 '이/히/리/기'
  예 '보이다', '물리다', '불리다', '잡히다', '안기다', '업히다' 등.
(2) 동사 어간 + 아/어/게 + 지다/되다'
  예 '풀어지다, 써지다, 밝혀지다, 알려지다, 받게 되다, 일하게 되다, 입게 되다' 등.

이와 같은 피동법 가운데 (1)의 방식에 의한 피동법을 일컬어 접미 피동법, (2)의 방식에 의한 피동법을 '-어지다'피동법이라고 합니다. 이러한 피동법을 좀 더 분명히 이해하기 위해서는 실제 피동형 문장의 제시가 필요하다고 할 수 있는바, 몇몇 문장의 예를 보이기로 하겠습니다.

(3) ㄱ. 무등산이 여기서 정말 가까이 보인다.
　　ㄴ. 김병만이 아마존 독충 공가개미에 물렸다.
　　ㄷ. 현지시간으로 내일 물러나는 교황 베네딕토 16세는 앞으로 '명예 교황'으로 불린다.

(4) ㄱ. 마침내 뱀파이어의 비밀이 모두 풀어졌다.
　　ㄴ. 명필은 붓을 가리지 않는다고 하지만 사실 좋은 붓으로는 글도 잘 써진다.
　　ㄷ. 목포시가 올해 국비 예산 1,002억 원을 확보, 현안 사업 추진에 탄력을 받게 되었다.

　이러한 피동형 문장의 쓰임과 관련하여 국어 사용자들이 흔히 범하는 오류 가운데 하나가 바로 '부르다'의 피동형 '불리다' 대신 어간 '불리-'에 '우'를 잘못 첨가하여 '*불리우-' 형을 사용하거나, '불리-'에 다시 '-어지다'를 첨가하여 '*불리어지다' 형을 사용하는 것인데 다음과 같은 예가 그 전형적인 사례입니다.

(5) ㄱ. 또한 제주는 돌, 여자, 바람이 많아 '3多도'라 *불리운다.
　　ㄴ. 그는 박근혜 정부의 인수 위원이 되었고, 문화계의 실세라 *불리우고 있다.

(6) ㄱ. 흔히 에너지 절약은 불, 석유, 원자력, 신재생 에너지에 이어 제5의 에너지원이라고 *불리어진다.
　　ㄴ. 식전 공연은 전 세대를 아우르는 시대 통합 차원에서 건국 이후부터 현재까지의 각 시대상을 반영하는 영상과 함께 시대별 대표곡이 *불리워진다.

위의 예들 가운데, (5)에서는 '*불리우-' 형이, (6)에서는 '*불리어지다' 또는 '*불리워지다' 형이 쓰임으로써 잘못된 피동형이 된 것입니다. 이러한 오류는 피동형 '불리다'에 '우'나 '-어지다'를 또 다시 첨가함으로써 결과적으로 이중 피동형을 만듦으로써 나타난 것인바, '불리다'만으로 피동형으로 쓰는 데 아무런 부족함이 없다는 것을 잘 알아 두어야 할 것입니다.

우리말 편지 39
(2013. 3. 25.)

마침표의 문법

전남 장흥의 대덕읍 쪽에서 천관산으로 올라가는 길에는 약간 생뚱맞은 크기의 천관산 문학관이 자리 잡고 있는데, 그곳에선 시인 이대흠이 문학관 지기라는 낮은 직급의 일을 하고 있습니다. 문학에 대해서라면 거의 문외한이나 다름없는 필자이고 보니 그의 시 세계를 두고 이러쿵저러쿵 말할 수 있는 처지가 못 되긴 하지만, <마침표를 먼저 찍다>라는 제목의 시에서 ".세상살이의 시작이 막장이고 보니 난 어쩜 마침표를 먼저 찍은 문장 아닌지"라고 시작하고 있는 것을 보면, 한때 우리 시단의 젊은 시인군 중에 매우 독특한 시법을 가진 시인으로 평가를 받아 온 사실만큼은 자신 있게 말할 수 있을 듯합니다. 무릇 '마침표'(.)라 함은 문장이 끝난 뒤 맨 마지막에 찍는 것이 보편적 용법이라고 할 수 있는데, 이대흠 시인은 '마침표'를 먼저 찍은 문장으로 시작함으로써 평범한 일상을 뒤집어엎는 혁명을 시도하고 있는 것이지요.

그러나 시의 언어가 아닌 우리의 일상어로 돌아와 보면 '마침표'는 문장의 맨 끝에서 쓰여 문장이 이른바 평서문으로 끝났음을 보여 줍니다.

(1) ㄱ. 만약 전용 백신으로 진단되는 악성 코드가 있다면 이미 디스크가 손상되어 부팅이 안 될 수 있으니 중요 데이터는 우선 백업을 받으시기를 권해 드립니다.
ㄴ. 김 안보실장은 지난 1월 2일 기자를 만나 "전시에 합참의장이 대통령 보좌 기능과 합동군 사령관 역할을 동시에 수행하기 어렵다."면서 "합참과 별도로 합동군사령부를 두는 게 필요하다."라고 주장했다.

이러한 예를 통해 알 수 있듯이, '마침표'는 언어의 문법 단위 가운데 하나인 문장이 끝났음을 보여 주며, 특히 (1ㄴ)에서처럼 인용문 안에서도 문장이 끝나면 맨 끝에 찍는 것이 가장 일반적 용법입니다. 단, 문장이 끝난 경우에도 마침표를 안 찍는 경우가 있는데, 다음과 같은 두 가지 경우가 바로 그것입니다.

 (2)ㄱ. 나는 다만 조금 느릴 뿐이다
  ㄴ. 난폭 운전 눈물 주고 양보 운전 웃음 준다

위의 예 가운데 (2ㄱ)은 최근 베스트셀러 대열에 끼어 든 방송 작가 강세형 씨의 책 제목이고, (2ㄴ)은 교통사고 예방을 위한 표어 가운데 하나입니다. (1)의 경우와 마찬가지로 (2)의 문장들 역시 평서문으로 끝났음에도 불구하고 마침표를 찍지 않은 것은 책이나 장 제목으로 쓰는 표제어나 표어의 경우에는 마침표를 찍지 않는다는 원칙을 따른 것입니다.

 마침표의 문법적 기능은 단순히 문장이 끝났음을 보여 주는 데 그치는 것이 아니라, 연월일을 표시하거나 단어의 준말을 표시하는 데도 쓰이는데 다음이 그 예입니다.

 (3)ㄱ. 2013. 3. 25. 우리 대학 관련 언론 보도
  ㄴ. 지난주에는 여러 학과가 M.T.를 다녀오는 바람에 교정이 비어 있
   는 듯 고요하였다.

위의 예들은 마침표가 단순히 문장의 종결 부호로만 쓰이지 않고, (3ㄱ)처럼 연월일을 대신하거나 (3ㄴ)처럼 원래의 단어를 줄여 이른바 두문자어(acronym)를 만드는 경우에도 쓰일 수 있음을 잘 보여 주고 있습니다. 이와 같이 마침표를 연월일을 대신하거나 준말을 표시할 때 유의해야 사항이 있

는데, 그것은 점을 하나하나 마지막까지 잘 찍어 주어야 한다는 것입니다. 이해의 편의를 위해 표를 하나 만들어 보이도록 하겠습니다.

연월일/원어	올바른 표기	잘못된 표기	비고
2013년 3월 25일	2013. 3. 25.	① 2013. 3. 25 ② 2013. 03. 25	
Membership Training	M.T.	① M.T ② M·T	A.D./B.C. 등도 동일.

여기에서 보면, '2013년 3월 25일'에 쓰인 '년, 월, 일'은 마침표로 대신할 수 있게 되는데, 이 경우 '2013. 3. 25.'처럼 맨 마지막에도 마침표를 찍음으로써 '일'을 대신할 수 있도록 하는 것이 올바른 표기입니다. 그러지 않고 '2013. 3. 25'처럼 마지막에 점을 안 찍거나, '2013. 03. 25'처럼 3월을 '03'으로 쓰는 것은 올바른 표기가 아닙니다. 또한 'Membership Training'을 M.T.가 아닌 *M.T나 *M·T로 쓰는 것 역시 잘못된 표기임을 기억해야 할 것입니다.

우리말 편지 40
(2013. 4. 1.)

날짜와 시각의 표기

4월의 첫 아침입니다. 오늘 아침 문득 박목월 시인의 <4월의 노래>를 떠올릴 수 있었다면, 우리의 마음은 아마도 흰 꽃봉오리를 등불처럼 밝혀 든 목련꽃 그늘 아래서 베르테르의 편지를 읽거나, 멀리 떠나 이름 없는 항구에서 배를 타고 싶었을지도 모릅니다. 그러나 언감생심, <4월의 노래>도 까마득하게 잊은 채 강의와 행정으로 그 어느 때보다도 바쁜 하루를 보내야 하는 날이라고 한다면, '2013. 4. 1.(월) 09:00~17:00', 우리의 오늘은 이와 같이 기록되는 하루가 될 수밖에 없겠지요.

'2013. 4. 1.(월) 09:00~17:00'라는 우리의 공적인 하루를 눈여겨보면, 날짜를 적는 법과 시각을 적는 법에 일정한 원칙이 있음을 알 수 있습니다. '마침표의 문법'이라는 제목으로 보내 드린 지난 39번째 편지의 말미에서는 마침표의 기능 가운데 하나가 바로 연월일을 대신하는 것이라고 하면서 다음과 같은 표기 원칙을 제시하였습니다.

연월일	올바른 표기	잘못된 표기	비고
2013년 3월 25일	2013. 3. 25.	① 2013. 3. 25 ② 2013. 03. 25	

요컨대, 지난 월요일이 2013년 3월 25일이었으니, 이를 마침표를 사용하여 적을 때에는 '2013. 3. 25.'이라고 적어야 한다는 것이 원칙이었는데, 유감스럽게도 지난 1주간에 걸쳐 올라온 우리 대학의 공문서나 공지 사항들 대부분이

이러한 원칙에서 벗어나 있는 것이 눈에 띄었습니다. 다음이 그 예입니다.

사례	제목	관련 내용
1	우리대학 관련 언론보도(03.29)	우리 대학 관련 2013년 03월 29일(금) 언론보도 내용입니다.
2	2013 정부해외인턴사업 순회설명회 개최 안내	3. 행사 일시 : 2013. 4. 10(수) 오후 2시~5시
3	법인카드사용 금액 결제	2013년 3월중에 사용한 개인형 법인카드사용 대금은 2013년 4월15(월)까지 해당 지출결의서를 재무팀에 접수하여 주시기 바랍니다.

위의 표 내용 가운데 붉은색으로 쓴 것들은 모두 공적인 서류에서 갖춰야 할 날짜와 시각의 표기 원칙에 어긋난 것들입니다. 이러한 오류를 바로잡기 위해 <국립국어원>에서 제시하고 있는 날짜와 시각 표기 원칙을 보이면 다음과 같습니다.

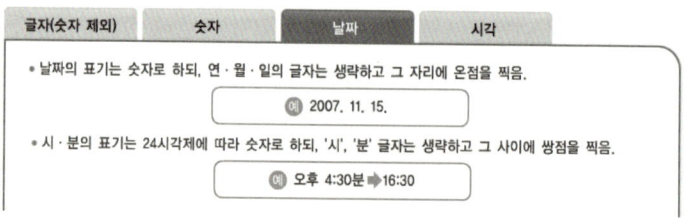

여기에서 보듯이, 날짜를 표기할 때 연월일의 글자는 생략하고 그 자리에 온점(마침표)을 찍으며, 시각은 24시각제에 따라 숫자로 적되, 시와 분 사이에는 쌍점(:)을 찍는 것이 원칙입니다. 이에 따라 오늘 우리에게 주어진 하루는 '2013. 4. 1.(월) 09:00~17:00'가 되는 셈이지요.

무릇 대학의 행정이란 지극히 공적인 차원에서 이루어지는 일이라고 볼 때, 공문서에 필요한 날짜와 시각 또한 공적인 영역에서 사용하는 언어 규범 또는 약속을 지키는 것이 더 낫지 않을까 합니다.

우리말 편지 41
(2013. 4. 8.)

'주꾸미'와 '*쭈꾸미'

　행여 따스한 봄바람에 마음을 빼앗길세라 춘래불사춘(春來不似春)의 뜻을 담은 꽃샘추위를 어김없이 달고 오는 것을 보면, '4월은 가장 잔인한 달'이라고 하였던 티 에스 엘리엇(T. S. Eliot)의 말이 전혀 근거가 없는 말은 아니었던 듯합니다. 삶 속에 죽음이, 혹은 죽음 속에 삶이 있듯, 봄 속에 숨어 있는 겨울, 이것이 바로 4월의 참모습이라고 해야겠지요.
　그러나 꽃을 시샘하는 사나운 비와 바람 속에서도 부지런한 분들의 자동차는 봄꽃과 제철 먹거리 기행을 위해 열심히 달리고 있으리라 생각합니다. 3월의 마지막 주에서부터 4월 둘째 주까지의 기간이라면 서해안의 무창포 해수욕장에서 열리는 <동백꽃 주꾸미 도다리 축제>를 모른 체하지 않으셨을 터, 어쩐지 낯설기만 한 표준어 '주꾸미'와 축제 기간이라 껑충 뛰어올라 버린 가격만 아니었다면 축제장에서의 한나절은 또 한 번의 즐거운 한때가 될 수 있었을 것으로 짐작이 됩니다.
　굳이 전라도 사람이 아니더라도 우리 국민들 대부분이 '주꾸미' 대신 첫 음절에 힘을 주어 '*쭈꾸미'라고 발음함에도 불구하고, 우리의 표준어는 '주꾸미'입니다. '짜장면'도 다시 표준어의 반열에 올라선 김에 '*쭈꾸미' 역시 표준어가 되면 어떨까 하는 생각이 없지 않지만, '교양 있는 사람들이 두루 쓰는 현대 서울말', 곧 우리의 표준어로는 '주꾸미'라고 하니 당분간은 '주꾸미'를 견뎌야 할 모양입니다.
　문제는 우리의 음식 관련 어휘들 가운데 상당수가 '*쭈꾸미'와 마찬가지로 표준어가 아닌 방언의 지위를 갖고 있다는 것인데, 다음이 그 전형적인 예들입니다.

(1) 봄똥, 아구찜, 머굿대, 간재미, 솔, 뻘낙지…

이와 같은 상황이고 보니 다음 문장들에서 엿볼 수 있는 우리의 먹거리 문화 또한 표준이 아닌 이른바 비표준적인 문화에 속하게 됨은 당연한 결과라고 할 것입니다.

(2) ㄱ. *봄똥, *봄똥, 소리에 따스한 향내가 나는 *봄똥은 겨울의 부록이다.
ㄴ. 오늘처럼 비가 내리는 날이면 매콤한 *아구찜 생각이 절로 난다.
ㄷ. 장터에 늘어앉은 할머니들의 바구니에는 봄 향기가 물씬 풍기는 해쑥이며 *머굿대가 담겨 있다.
ㄹ. 요즘 서산 지역 음식점에는 봄 *간재미를 맛보려는 미식가들의 발길이 끊이지 않고 있다.
ㅁ. 김치는 파김치, *솔김치, 열무김치 등 여러 가지 종류가 있습니다.
ㅂ. 드넓은 갯벌을 보유하고 있는 신안군 *뻘낙지는 질 좋은 갯벌을 먹고 살아 맛이 연하면서 담백하고 입안에 착 감기는 느낌이 있는 것이 특징이다.

그렇다면 이러한 예들에서 빨간 줄이 그어지는 단어들은 어떻게 적어야 교양 있는 사람들이 두루 쓰는 현대 서울말이 될 수 있을까요? 다음이 그 답입니다.

(3) 봄동, 아귀찜, 머윗대, 가오리, 부추김치, (펄)낙지…

우리말 편지 42
(2013. 4. 15.)

'먹거리'와 '먹을거리'

제가 좋아하는 우리말 가운데 하나는 바로 '언중(言衆)'이라는 단어입니다. 『표준국어대사전』의 정의를 빌릴 것 같으면, "같은 언어를 사용하면서 공동생활을 하는 언어 사회 안의 대중(大衆)."을 의미하는 언중의 에너지 혹은 힘이 어떻게 언어생활을 주도해 갈 수 있는가를 잘 알기 때문입니다.

아무리 합리적이고 그럴 듯해 보이는 언어 규범도 언중의 의식과 생리에 맞지 않으면 결국엔 제자리로 돌아갈 수밖에 없다는 사실을 우리는 '짜장면'을 통해 배웠습니다. 우리 고유의 것이 아닌 외래의 '먹거리'이면서도 오랜 세월 전 국민을 사로잡아 온 '짜장면'의 완벽한 맛을 담아내는 데 '자장면'은 어쩐지 2%가 부족하다는 언중의 입맛 때문에 '짜장면'이 다시 표준어의 지위를 얻게 되었던바, 이는 어느 모로 보더라도 언중의 승리가 아닐 수 없었습니다.

문제는 지나치게 '짜장면'에만 시선이 머무르다 보니 지난 2011년 8월 31일을 기하여 '짜장면'과 함께 표준어의 지위를 새로이 얻게 된 여타의 표준어 단어들에 대한 우리들의 기억이 그다지 선명치 않다는 것입니다. 결론부터 말씀드리면, 그날을 기하여 표준어의 대열에 합류하게 된 단어의 개수는 모두 39인데, 그 가운데는 지난번 편지에 등장하였던 '먹거리'도 끼어 있습니다.

국가적 차원에서 이루어진 39개의 새로운 표준어의 사정 작업의 결과에는 기존의 표준어와는 다른 의미를 갖거나 어감의 차이가 있어 표준어로 인정된 어휘들도 다수 포함되어 있습니다. '-길래(예) 사랑이 뭐길래), 개발새발, 나래, 내음, 눈꼬리, 떨구다, 뜨락, 먹거리, 메꾸다, 손주, 어리숙하다, 연신' 등이 바로 그것입니다. 이 가운데 '먹거리'는 기존의 표준어인 '먹을거리'와 다른 의미를 갖는 어휘의 범주에 속하는 것이라고 할 수 있습니다. 이러한 언어적 사실을 이해하기 위하여 우선 '먹거리'와 '먹을거리'가 쓰인 문장들을 검토해 보기로 하겠습니다.

> (1) ㄱ. 4월 12일 방송되는 채널A '이영돈 PD의 먹거리 X파일'에서는 소리 없이 우리 몸을 망치고 있는 침묵의 살인자, 소금의 실체를 낱낱이 밝힌다.
> ㄴ. 대회장에서 방문객들의 입맛을 자극할 대표적인 먹을거리로는 의성축협이 운영하는 '의성마늘소' 즉석구이 코너다.

그 차이가 워낙 미묘하여 구별하기가 쉽지는 않지만, 이러한 예문에서 쓰인 '먹거리'와 '먹을거리'의 구체적인 의미는 다음과 같습니다.

> (2) ㄱ. 먹거리: 사람이 살아가기 위하여 먹는 온갖 것.
> ㄴ. 먹을거리: 먹을 수 있거나 먹을 만한 음식 또는 식품.

이러한 정의에 따르면, '먹거리'는 범주적 의미를 지니는 것으로 식생활을 위해 먹는 모든 것이라는 뜻을 갖는 말이라고 한다면, '먹을거리'는 먹을 수 있는 것 하나하나를 가리키는 구체성을 지니는 말이라고 할 수 있습니다.
한동안 '먹거리'는 우리말의 어법을 파괴하는 것이라는 점에서 비판의 대상이 되기도 하였습니다. '읽을거리'나 '쓸거리' 혹은 '볼거리'라는 말처럼, '-ㄹ'이나 '-을' 같은 관형사형 어미 뒤에 의존 명사 '거리'가 쓰여야 올바른 우리말이라는 인식 때문이었습니다. 그러나 (2)에서 보듯이 우리의 언중들은 '먹을거리'에서 '-을'을 제거한 '먹거리'에 새로운 의미를 부여함으로써 '먹을거리'와의 차별화를 시도하였던 것입니다. 이러한 언중의 뜻을 그대로 반영한 것이 지난번에 이루어진 표준어 사정 작업의 결과라고 할 수 있는바, 이 또한 언중의 승리라고 할 수 있다는 점을 기억할 필요가 있습니다.

우리말 편지 43
(2013. 4. 22.)

'우리 대학'과 '*우리대학'

'*우리대학, 국가 장학금 2유형 불참'이라는 제하의 지난 4월 15일 자 신문 1면 기사를 대하는 순간, 두 가지 이유로 마음이 불편함을 숨기기 어려웠습니다. 국가 장학금 2유형의 경우, 학생들의 등록금 부담을 줄이기 위한 자구 노력의 규모에 따라 지급 여부가 결정되는데, 우리 대학은 재정 악화로 인해 자구 노력을 할 수 있는 여건이 안 되었다고 하니, 대학 재정 위기의 심각성이 마음을 편하게 할 리 만무하였던 것이고, 고유 명사가 아닌 한 쓸 수 없는 '*우리대학'이 머리기사의 제목으로 쓰였으니 또한 마음이 불편하지 않을 수가 없었던 것이지요.

언제부턴가 각종 공문서의 제목이나 내용 가운데 자리를 잡고서 아무런 문제가 없는 것처럼 쓰이고 있는 '*우리대학'이라는 표기는 알고 보면 등줄기에 식은땀이 흐를 만큼 큰 오류를 보이는 것입니다. 포털의 <공지 사항>에 제시되고 있는 '*우리대학 관련 언론보도'라는 제목 또한 그 예 가운데 하나입니다.

쉽게 짐작할 수 있는 대로, '*우리대학'은 '우리'라는 단어와 '대학'이라는 단어를 결합하여 만든 것입니다. 문제는 두 단어를 '*우리대학' 형식으로 붙여 쓰게 되면, 고유 명사, 곧 '우리'라는 이름을 가진 대학명이 되고 마는 것이니, '조선대학교'를 '*우리대학'이라는 이름으로 바꿔 부르기로 하지 않은 이상 붙여 써서는 안 된다는 데 있습니다.

결론부터 미리 말씀드리면 '우리'와 '대학'을 붙여 씀으로써 '*우리대학'으로 표기하는 경우와 두 단어를 띄어 씀으로써 '우리 대학'으로 적는 경우 가리키는 대상이 전혀 달라집니다. 이러한 언어적 사실을 잘 보여 주는 것이 바로 '우리은행'과 '우리 은행'입니다.

(1) ㄱ. <u>우리은행</u>은 지난 18일 호주 시드니에 지점을 개설, 지난해 9월 브라질 상파울루에 법인을 개설한 후 5개월 만에 해외점포를 신설하면서 해외진출에 속도를 내고 있다.
ㄴ. "내가 보기에 당신의 전공은 유머로군요. <u>우리 은행</u>은 당신의 유머와 함께 이 사업 계획서를 수출보증기구로 보내겠습니다."

밑줄 친 언어 형식 가운데 (1ㄱ)의 '우리은행'은 1899년 1월 30일에 설립된 우리금융지주의 자회사로, 예금, 외환, 신용카드를 주요 업무로 하는 시중 은행의 이름입니다. 말하자면, '우리은행'은 고유 명사로서 '국민은행, 광주은행, 신한은행' 등과 동일한 성격의 우리나라 시중 은행명 가운데 하나입니다. 그러나 (1ㄴ)의 '우리 은행'은 은행업계에 종사하는 사람들이 스스로를 가리켜 '우리가 일하는 은행' 정도의 의미를 갖는 말이라고 할 수 있습니다. 이러한 논리에 따르자면, '*우리대학'은 적어도 '우리가 일하는 대학'이 아닌 고유 명사여야 하므로, 이러한 이름을 가진 대학이 있지 않는 한 써서는 안 되는 말입니다.

우리말 단어 가운데 하나이면서 우리 언어문화의 정체성을 드러내는 데 자주 쓰이고 있는 '우리'의 띄어쓰기는 다음과 같은 두 가지 방식으로 이루어지고 있습니다.

(2) ㄱ. 우리나라(대한민국), 우리말(한국어), 우리글(한글)
ㄴ. 우리 대학, 우리 학교, 우리 집, 우리 엄마, 우리 아빠, 우리 강아지…

이러한 예들 가운데 (2ㄱ)의 '우리나라, 우리말, 우리글'은 '우리'를 뒷말에 붙여 쓰고 있는 것들로, 이들은 모두 '대한민국, 한국어, 한글'이라는 고유 의미를 지니는 하나의 단어로 쓰이고 있음을 보여 주는 예입니다. 이와는 달리 (2ㄴ)은 '우리' 뒤에 오는 명사를 전부 띄어 쓰고 있는 예로서 이들은 모두 한 단어가 아닌 두 개의 단어로 이루어진 언어 형식입니다.

  결론적으로 우리말의 띄어쓰기 단위는 단어로서, '우리나라, 우리말, 우리글'처럼 한 단어인 경우에만 붙여 쓰고 '우리 대학, 우리 학교, 우리 집'처럼 둘 이상의 단어로 구성된 언어 형식이라면 띄어 쓰는 것이 원칙입니다. 그러므로 올바른 띄어쓰기를 위해서는 1차적으로 해당 언어 형식이 하나의 단어인지 아닌지를 점검하는 일부터 하는 것이 순서입니다.

우리말 편지 44
(2013. 4. 29.)

'우리나라'와 '*우리 나라'

지난번 우리말 편지에서는 '우리 대학'을 '*우리대학'으로 붙여 쓰게 되면, '우리'가 '우리은행'과 마찬가지의 고유 명사가 되는 셈이므로 반드시 띄어 써야 한다는 지적을 하였습니다. 이와 같은 띄어쓰기의 원칙은 '우리 대학' 뿐만 아니라 '우리 병원'이나 '우리 부서', '우리 팀' 등에도 동일하게 적용되므로, '*우리부서', '*우리병원', '*우리팀'은 모두 고유 명사가 아닌 한 잘못된 말이라고 보아도 틀림이 없습니다.

현재 통용되고 있는 우리말 띄어쓰기 원칙에 따르면, '우리+X'의 구조로 이루어진 말들 가운데 하나의 단어로서 띄어쓰기를 하지 않고 붙여 써야 하는 말은 지난 편지에서 언급한 '우리나라, 우리말, 우리글' 세 개 정도입니다. 요컨대 이 세 개의 단어는 각각 '우리+나라'우리+말', '우리+글'의 구조로 이루어져 있긴 하지만, 다음과 같은 의미를 지닌 하나의 단어로 굳어져 쓰이고 있으므로 띄어쓰기를 하지 않는다는 것이지요.

(1) ㄱ. 우리나라: 우리 한민족이 세운 나라를 스스로 이르는 말.
ㄴ. 우리말: 우리나라 사람의 말.
ㄷ. 우리글: 우리나라의 글자라는 뜻으로, '한글'을 이르는 말.

그렇다면, '우리나라, 우리말, 우리글'이 띄어쓰기를 하지 않는 한 개의 단어라는 사실은 무엇을 의미하는 것일까요? 결론부터 말씀드리면 이 단어들은 '더 이상 분리가 불가능한 최소 자립 형식'에 해당하는 것들이라고 할 수 있습니다.

　짐작이긴 하지만, 많은 분들이 '우리 대학'이나 '우리 병원' 같은 단어의 연쇄를 두고, 왜 '*우리대학', '*우리병원' 형식으로 붙여 쓰면 안 되는지를 이해하기 어렵다고 하실 수도 있을 것입니다. 이러한 문제는 단어의 정의, 곧 '더 이상 분리가 불가능한 최소 자립 형식'이 무엇을 의미하는 것인지를 통해 어느 정도 해결이 가능합니다. 즉, '우리나라, 우리말, 우리글'의 경우, '우리'와 '나라, 말, 글' 사이에 다른 문법 단위를 끼어 넣게 되면, (1)에서 제시한 의미가 사라지게 되지만, '우리 대학'이나 '우리 병원'의 경우는 '우리 (조선) 대학'이나 '우리 (조선대) 병원'처럼 그 사이에 다른 문법 단위를 끼어 넣더라도 그 의미는 유지되는바, 이러한 경우에는 한 단어가 아니므로 띄어 써야 한다는 것입니다.

　이상과 같은 언급을 토대로 우리말 띄어쓰기의 첫 번째 원칙을 제시하면, 띄어쓰기는 단어를 단위로 하는바, 만일 어떠한 문법 단위가 하나의 단어라면 띄어 쓰지 않는다는 것입니다. 문제는 우리 대학 포털에 올라온 글들 가운데 띄어쓰기 오류를 보이는 단어들이 적지 않은 것을 보면, 어떠한 문법 단위가 하나의 단어여서 띄어 쓰면 안 된다는 사실을 기억하기란 쉽지 않은 것으로 보인다는 것입니다.

(2) ㄱ. *그 동안 수직 관계에 길들여진 대학들은 항의 *한 번 제대로 못한 채 이를 용납하고 불이익을 감수해 왔다.

　　ㄴ. 1975년 이래 *한 평생을 이곳에 머물게 해준 모든 분들께 감사한다.

　　ㄷ. *이 분들께 감사해야 한다고 생각했습니다.

(3) ㄱ. 우리 대학교 물 탱크 청소를 시행하기 위하여 다음과 같이 *단수되오니 부서장께서는 업무에 참조하여 주시기 바랍니다.

　　ㄴ. 교내 난방 기기의 운용을 다음과 같이 *중단 할 예정임을 알려 드

리오니 각 부서에서는 적극 협조하여 주시기 바랍니다.
ㄷ. 2013년 5.18 언론상 후보자를 다음과 같이 추천 *의뢰 합니다.

이러한 예 가운데 (2)는 명사의 예이고, (3)은 동사의 예들입니다. 여기에서 쓰인 '*그 동안, *한 번, *한 평생, *이 분'들을 비롯하여 '*단수 되오니, *중단할, *의뢰 합니다'는 모두 한 단어여서 '그동안, 한번, 한평생, 이분', '단수되오니, 중단할, 의뢰합니다' 식으로 붙여 써야 하는 것들입니다.

우리말 편지 45
(2013. 5. 6.)

'그동안'과 '*그 동안'

'더 이상 분리가 불가능한 최소 자립 형식'에 해당하는 '단어'를 단위로 이루어지는 우리말 띄어쓰기와 관련, 많은 분들이 조금은 불편한 심기를 가지고 계실 수도 있을 것입니다. 그리하여 '띄어쓰기가 좀 잘못되었다고 해서 무슨 큰일이야 날까?' 하는 생각을 할 수도 있으시겠지요.

그러나 언젠가 카카오톡으로 전달된 다음과 같은 유머 시리즈의 예를 한두 가지 검토해 보면, 띄어쓰기를 어떻게 하느냐에 따라 매우 위험한(?) 결과가 야기될 수도 있으니, 띄어쓰기를 잘하지 않으면 안 되는 이유는 결코 적지 않다고 할 수 있습니다. 다음 예를 보기로 하시지요.

(1) 서울시장애인돕기운동본부
→ 서울시 장애인 돕기 운동 본부/서울시장 애인 돕기 운동 본부

(2) 무지개같은시장님
→ 무지개 같은 시장님 / 무지 개 같은 시장님

띄어쓰기를 어떻게 하느냐에 따라 두 가지의 전혀 다른 의미를 지니게 되는 이러한 예 이외에 국어학자들에게 잘 알려진 다음 문장은 단어 경계를 어디에 두어 띄어 쓰느냐에 따라 무려 여덟 가지의 상이한 의미를 지니기도 합니다. 이와 같은 사실은 과연 단어란 무엇인가라는 질문에 대한 답을 잘 찾지 않으면 안 된다는 것을 시사합니다.

(3) 오늘밤나무사온다.

  단어를 단위로 이루어지는 띄어쓰기의 원칙을 잘못 적용함으로써 나타나는 띄어쓰기의 오류는 일단 두 가지 정도로 분류가 가능하다고 할 수 있습니다. 띄어 써서는 안 되는 하나의 단어를 두 단어로 인식하여 잘못 띄어 쓰는 경우와, 띄어 써야 하는 두 개의 단어를 붙여 씀으로써 잘못 띄어 쓰는 경우가 바로 그것입니다. 전자의 예로 자주 등장하는 것이 바로 '그동안'의 띄어쓰기입니다. 즉, '그동안'은 '그+동안'의 구조를 가지고 있기는 하지만, 띄어 쓰면 안 되는 하나의 단어, 곧 합성어임에도 불구하고, "*그 동안 여러 가지로 감사했습니다."식으로 띄어 쓰는 경우가 적지 않다는 것이지요.

  중요한 것은 '그동안'의 경우처럼, '그+X'의 구조로 이루어진 합성어들이 적지 않다는 것입니다. '그것, 그곳, 그날, 그다음, 그달, 그따위, 그때, 그만큼, 그맘때, 그분, 그사이, 그중, 그전, 그쪽, 그해' 등이 바로 그러한 예에 속하는 것들이지요. 따라서 다음과 같은 오류를 범하지 않으려면, 이들이 모두 한 단어로서 띄어 쓰면 안 된다는 것을 알아 두시는 것이 좋으리라 생각합니다.

(4) ㄱ. *그 곳에 물건을 놓고 가시면 됩니다.
    ㄴ. 바르는 것보다 중요한 클렌징…*그 다음은?
    ㄷ. 이를 본 차인표는 "이렇게 많이 보는데 왜 시청률이 *그 따위로 나왔지?"라며 "한 20%는 나와야 할 거 같다."라고 말해 폭소를 일으켰다.
    ㄹ. 응답자의 95.4%가 조사 시점 기준으로 1개월 이내에 스마트폰을 통해 인터넷에 접속했다고 답했고, *그 중 78.4%는 '하루에도 여러 번' 스마트폰으로 인터넷 검색을 하는 것으로 집계됐다.
    ㅁ. *그 분의 주장은 *그 쪽에서 전기를 담당할 우리 측 직원이 아무도 없기 때문에 사실상 단전된 것이라고 주장하더라고요.

'한번'과 '한 번'

우리말 편지 46
(2013. 5. 13.)

    한국인들의 사회적 삶에서 자주 등장하는 인사말로 "언제 식사나 한번 하시지요."나 "언제 차나 한잔합시다." 같은 표현이 있습니다. 이러한 인사말에는 두 가지 흥미로운 언어적 사실이 개재되어 있는데, 그 하나는 '언제'라는 시간이 확정되지 않은 불확실한 시간을 의미한다는 것이고, 다른 하나는 여기에서 사용되는 '한번'이나 '한잔'을 띄어 쓰지 않는다는 것입니다.

  '언제'라는 불확실한 시간 혹은 정해지지 않은 시간을 두고 이루어지는 우리의 약속은 사실 우리의 고유한 언어문화에 속하는 것이라고 할 수 있습니다. '분명하게 정할 수는 없지만 가까운 시일 안에', 아니면 '어쨌든 언젠가는' 한번, 한잔을 하자는 것이 우리의 소박한 바람이자 사람 냄새 나는 인간관계의 유지법이라고 할 수 있는 것이지요. 우스갯소리이긴 하지만 우리 문화에 익숙지 않은 외국인들이 '언제'를 분명히 정하려는 생각으로 수첩을 꺼내 들었다는 이야기들이 종종 회자되는 것을 보면, '언제'는 우리 문화의 일면이라고 해도 틀린 말이 아닌 것으로 보입니다.

  '한번'이나 '한잔'을 붙여 써야 한다는 것은 이때의 '한번'과 '한잔'이 단어를 단위로 이루어지는 우리말 띄어쓰기의 원칙에 부합하기 때문입니다. 문제는 띄어 쓰면 안 되는 '한번'과 '한잔'이 있는가 하면, '한 번'과 '한 잔'으로 각각 띄어 써야 하는 경우가 있다는 것입니다.

  "언제 식사나 한번 하시지요."에서 쓰인 '한번'은 '기회 있는 어떤 때'라는 의미를 지닌 한 단어인데, '한번'은 그 밖에도 다음과 같은 의미들을 더 가지고 있습니다.

(1) 어떤 일을 시험 삼아 시도함을 나타내는 말.
　　⑩ 제가 일단 한번 해 보겠습니다.
(2) 지난 어느 때나 기회.
　　⑩ 언젠가 한번은 길에서 그 사람과 우연히 마주친 일이 있었어.
(3) 어떤 행동이나 상태를 강조하는 뜻을 나타내는 말.
　　⑩ 너, 말 한번 잘했다.

　이러한 예들에서는 '한번'이 모두 하나의 단어이어서 붙여 써야 하지만, '번'이 차례나 일의 횟수를 나타내는 경우에는 '한 번', '두 번', '세 번'과 같이 띄어 쓰는 것이 원칙입니다. 다음이 그 예입니다.

(4)ㄱ. 조선업계엔 한 번에 2만 개의 컨테이너를 옮기는 '말라카막스'급에 대한 소문이 무성하다.
　ㄴ. 순수 지상 물량으로 밀어붙인 김준호는 한 번의 공격에 끝까지 밀어붙이면서 승리, 승부의 무게추를 다시 가운데로 돌렸다.
　ㄷ. 한 번 실패하더라도 두 번, 세 번 다시 도전하자.

　이러한 문장들에서 쓰인 '한 번'의 '번'은 차례나 일의 횟수를 나타내며, 이 경우 '한 번'은 '두 번', '세 번'으로 바꾸어 쓰더라도 뜻이 통하는 것이 특징입니다. 따라서 '한 번'을 (4)의 경우처럼 '두 번', '세 번'으로 바꾸어 쓰더라도 뜻이 통하면 띄어 쓰지만, 그렇지 않으면 '한번'으로 붙여 쓰는바, (1)~(3)의 '한번'이 바로 그러한 예입니다. 한편, "언제 술이나 한잔합시다."라는 문장에서 '한잔합시다.'는 전혀 띄어쓰기가 이루어지지 않았음이 특징인데, 이는 '한잔하다'가 '간단하게 한 차례 차나 술 따위를 마시다.'라는 뜻의 한 단어이기 때문입니다. 그러나 "나는 한 잔만 마셔도 얼굴이 붉어져서 안 돼."나 "마지막으로 한 잔만 더해라'의 경우는 띄어 써야 하는데, 이는 '한 번'의 경우처럼 '한 잔'을 '두 잔, 석 잔'으로 바꾸어 쓸 수 있는 경우에 한하는 것이 특징입니다.

우리말 편지 47
(2013. 5. 20.)

'5·18'과 '*5.18'

　지난 5월 16일, 사회과학연구원 주최로 열린 <5·18 민중 항쟁 33주년 기념 학술 행사>에서 정치외교학부 공○○ 교수가 '5·18과 청각적 공포'라는 논문을 발표하였다는 보도를 접하고, 5·18을 청각적 경험으로 해석한 시각이 신선하게 느껴져 보도 자료를 꼼꼼히 읽었습니다. 그 글을 읽자니 33년 전 여고 2학년생이었던 저의 기억 속에도 무수한 소리들이 생생하게 남아 있었던 터, 그 소리들이 다시 뜨거운 노래가 되어 되살아나는 듯한 느낌이 없지 않았습니다. 그것은 아마도 그해 5월 27일, "우리를 잊지 말아주십시오!"라고 외치던 한 여학생의 절규를 재생해 놓음으로써, 우리를 하나의 정서 공동체이자 책임 공동체로 만들어 놓았기 때문이기도 했을 것입니다.
　문제는 그 글 안에서 '5.18'과 '5·18'이라는 표기가 둘 다 쓰이고 있었다는 사실입니다. 만일 '5.18'을 특별한 의도를 가지고 쓴 것이 아니라고 한다면, '5.18'은 '5·18'을 잘못 표기한 것이라는 점에서 이번 편지에서는 '5·18'에 쓰인 가운뎃점의 기능에 대해 말씀드리려 합니다.
　2001년 5월 3일 자 동아일보에는 "'5.18'이 아니라 '5·18'입니다."라는 제목의 상당히 흥미로운 기사가 실려 있는데, 이는 '5·18'에 쓰인 가운뎃점의 기능을 잘 보여 준다는 점에서 눈여겨 볼 필요가 있습니다.

　　5·18의 명칭에 대해 광주시가 공식 이의를 제기하고 잘못된 표기를
　　시정해 줄 것을 5월 관련 단체 및 교육청 등에 요청하는 협조 공문을 보
　　냈다. 이 같은 지적은 상당수 언론 매체와 각종 단체에서 내건 플래카드,

도로 이정표, 인터넷 사이트 등에는 잘못된 표기가 계속 사용되고 있는 데 따른 것.

시는 3일 "5·18이 광주 민주화 운동 또는 민중 항쟁 등 역사적 사건으로 자리매김한 현 시점에서 아무런 뜻이 없는 수량 표기(소수점)에 불과한 '5.18'로 쓰이는 것은 그 숭고한 의미를 깎아내리는 것."이라고 밝혔다.

시는 그 근거로 한글 맞춤법 상용 부호 표기 편에 "특별한 의미를 갖는 역사적인 날엔 가운뎃점(·)을 사용한다."는 원칙이 명기돼 있고 이에 따라 '3·1운동', '8·15해방' 등으로 표기하고 있다는 점을 들었다. 이와 함께, 중국의 '5·4운동', 미국의 '7·4독립기념일' 등 국제적 관행에 따르더라도 이 같은 가운뎃점 표기가 맞다고 지적했다.

이러한 기사 내용을 토대로 하자면, 가운뎃점은 특별한 의미를 갖는 역사적인 날에 쓰이는 것이므로, 광주민주화운동 또는 민중항쟁 등 국가 차원의 기념일에 해당하는 역사적 사건으로 자리매김이 이루어진 상황에서 '5·18'을 '5.18'로 쓰는 것은 잘못된 것임을 알 수 있습니다.

다 아는 사실이지만, 아직도 우리 국민들 가운데는 '5·18'을 우리 사회를 전복하려는 불순 세력의 주도하에 의해 이루어진 폭동으로 보려는 시각이 없지 않으며, '5·18' 민주화 운동 기념식 때면 어김없이 불려온 노래 <임을 위한 행진곡>을 공식 추모곡으로 지정할 수 없다는 역사 지우기가 시도되고 있습니다. 그러나 아무리 지우려고 해도 지울 수 없는 것이 있으니 그것은 바로 역사적 진실이라고 할 것입니다. 결론적으로 '5·18'은 '3·1절', '4·19혁명', '6·10민주항쟁' 등등과 마찬가지로 특별한 의미를 지니는 역사적인 날로 자리 매김이 되어야 마땅하며, 바로 그러한 의미에서 '5.18'은 '5·18'로 기록되어야 하는 것입니다.

우리말 편지 48
(2013. 5. 27.)

조사(助詞)의 띄어쓰기

   언어 유형상 첨가어(=교착어)에 속하는 우리말은 조사나 어미가 체언이나 용언 뒤에 결합하여 일정한 문법적 기능을 발휘하고 있습니다. 이 가운데 조사는 체언, 곧 명사, 대명사, 수사 뒤에 붙어 격(格, case)을 나타내기도 하고, 체언 외에 부사나 용언의 어미 뒤에 붙어 일정한 의미를 더하여 주는 기능을 하는 것이 특징입니다.
   문제는 규범적 성격의 학교 문법(school grammar)에서 조사를 엄연히 하나의 단어로 구분하고 있음에도 불구하고, '단어를 단위로' 이루어지는 띄어쓰기의 원칙과 관련해서는 조사가 예외적인 모습을 보인다는 것입니다. 즉 현행《한글 맞춤법》제41항에서 "조사는 그 앞말에 붙여 쓴다."고 규정해 놓음으로써, 모름지기 단어라면 띄어 써야 한다는 원칙에 벗어나는 모습을 보이고 있다는 것이지요.
   일상적인 언어생활에서 확인되는 띄어쓰기 오류 가운데 상당히 많은 비중을 차지하는 것이 바로 앞말에 붙여 써야 한다는 조사의 띄어쓰기인데 다음이 그 예입니다.

    (1) ㄱ. 이번은 우리 대학 구조 조정에 *대해서 입니다.
        ㄴ. 장미를 찍으려고 *새벽 같이 일어나서 장미원에 나왔습니다.
        ㄷ. "삼촌은 비 내리는 소리가 *좋으세요?" 라고 조카가 내게 물었다.

(2) ㄱ. 상황이 이런데도 정부는 뚜렷한 *대책은 커녕 뒷짐만 지고 있다.
　　ㄴ. 개방 이사 추천 위원회가 *구성되기 까지 수개월이나 소요되었으며 그 과정 중에 수많은 어려움도 있었습니다.
　　ㄷ. 시술로는 눈가 주름을 완화시키는 *보톡스에서 부터 입 주위에 점점 깊어지는 팔자 주름을 위한 필러가 있다.

(3) ㄱ. *튤립 이며 모란 이며 교정의 봄꽃들은 시든 지 오래였다.
　　ㄴ. *밥 에다 떡 에다 잔뜩 먹었더니 어느새 잠이 들어 버렸습니다.

　위의 예들은 모두 앞말에 붙여 써야 하는 조사를 띄어 씀으로써 오류를 보인 예들입니다. 따라서 (1)의 '입니다, 같이, 라고' 등을 비롯하여 (2)의 '커녕, 까지, 부터', (3)의 '이며, 에다' 등은 모두 조사이므로 앞말에 붙여 써야 올바른 띄어쓰기가 되는 것들입니다.
　그런데 (1)~(3)에서 제시한 예들은 세 가지나 되는 우리말 조사의 유형을 잘 보여 준다는 점에서 주목할 필요가 있습니다. 즉, 국어의 조사는 '격 조사, 보조사, 접속 조사' 등 세 가지 부류가 있는데, (1)은 '격 조사', (2)는 '보조사', (3)은 '접속 조사'에 속하는 것들로 띄어쓰기와 관련, 가장 많은 오류를 보이는 예들이라고 할 수 있습니다. 따라서 어떠한 부류에 속하는 것이든 만일 어떠한 형태가 조사이기만 하다면 무조건 앞말에 붙여 쓴다는 것이 우리말 띄어쓰기의 중요한 원칙입니다.
　조사의 띄어쓰기와 관련하여, (1ㄱ)의 '입니다'는 이른바 서술격 조사 '이다'의 활용형으로서 국어의 조사들이 전부 형태 변화를 보이지 않는 불변화사(不變化詞)인 데 반해, 유일하게 활용, 곧 어미변화를 보여 준다는 점에서 매우 독특한 형태라고 할 수 있습니다.

(4) ㄱ. 간재미 눈만도 못한 <u>삶일지라도</u> 우리는 아름다움만 간직하며 살기
    로 했다.
   ㄴ. 극심한 생존 경쟁에서 살아남기 위해서는 바뀌지 않으면 안 된다
    는 당위성 <u>때문일</u> 것이다.
   ㄷ. 자료를 훑어보면서, 참으로 능력이 많고 유능한 <u>분들이라는</u> 생각
    이 들었다.

　여기에서 쓰인 '일지라도, 일, 이라는'은 모두 서술격 조사 '이다'의 활용형들입니다. 그럼에도 불구하고 '이다'는 조사로 분류되고 있는바, 이러한 예들에서처럼 언제나 앞말에 붙여 써야 한다는 것을 잘 기억하셨으면 합니다.

우리말 편지 48
(2013. 6. 3.)

의존 명사(依存名詞)의 띄어쓰기

바야흐로 6월이니 정문 톨게이트를 지나 좌회전을 하는 순간 와락 하고 달려드는 무등산은 이제 빛나는 초여름의 산 빛깔을 하고 아침마다 우리를 맞습니다. 아마도 눈을 들어 무등산을 바라본 적이 있는 분이라면 5월의 빛처럼 어설프지도 않고, 7월의 그것처럼 진부하지도 않는 6월의 산 빛깔, 그 청신한 초록빛에 마음을 송두리째 빼앗긴 적이 한두 번이 아니었으리라 생각합니다. 6월이 되자마자 6월을 노래한 시들을 담아 보내는 마음도 바로 6월의 무등산을 우러르는 마음과 같았을 터, 시인 도종환의 <6월이 오면>도 그 가운데 하나입니다.

> 아무도 오지 않는 산 속에 바람과 뻐꾸기만 웁니다
> 바람과 뻐꾸기 소리로 감자꽃만 피어납니다
> 이곳에 오면 수만 <u>마디</u>의 말들은 모두 사라지고
> 사랑한다는 오직 그 <u>한마디</u>만 깃발처럼 나를 흔듭니다
> 세상에 서로 헤어져 사는 많은 이들이 많지만
> 정녕 우리를 아프게 하는 것은 이별이 아니라 그리움입니다
> -하략-

6월의 어느 날, 시인은 연보랏빛 꽃이 피는 감자밭을 지나 뻐꾸기가 긴 목 울음을 쉬지 않는 산속의 무덤가에 자리를 잡은 듯합니다. 그리하여 무수한 말들이 사라진 자리에 남은 '한마디' 말 때문에 시인은 뻐꾸기처럼 목울음을

멈추지 못했을 듯도 합니다. 그러나 6월의 숲을 빠져 나올 것 같으면, '한마디' 말 대신 '수만 마디'의 말들이 술렁거리고 있을 세상과 마주해야 할 터, 이번 편지에서는 '수만 마디'에 쓰인 '마디'와 동일한 문법 범주에 속하는 의존 명사의 띄어쓰기에 대해 말씀드리려 합니다.

의존 명사란 이름 그대로 의미가 형식적이어서 혼자서는 쓰이지 못하고, 다른 말 아래에 기대어 쓰이는 명사를 말합니다. 지난번 편지에서 언급한 대로 동일한 의존 형식에 속하는 조사는 앞말에 붙여 쓰는 것과는 달리, 의존 명사는 원칙적으로 띄어 써야 한다는 것이 현행 《한글 맞춤법》 제42항의 규정인바, 무릇 의존 명사라면 모두 띄어 쓰는 것이 원칙입니다. 가령 다음 문장의 밑줄 친 단어들은 모두 의존 명사이므로 띄어 써야 한다는 것이지요.

(1) 교통사고로 병원에 입원한 지 10여 일 만에 퇴원을 하게 되니 하늘로 날아오를 듯 기분이 좋았다.

위 문장에서 쓰인 '지, 일, 만, 듯'은 모두 의존 명사들인데, 이와 같은 우리말 의존 명사는 크게 두 가지 부류로 구분이 가능합니다.

(2) 수량 단위 의존 명사: 개, 대, 돈, 마디, 마리, 벌, 살, 손, 일, 죽, 쾌…
예) 사과 한 개/차 한 대/금 서 돈/수만 마디/소 한 마리/옷 한 벌/열 살/조기 한 손/10 일/버선 한 죽/북어 한 쾌

(3) 일반 의존 명사: 분, 이, 지, 수, 리, 듯, 데, 따름, 뿐, 때문, 대로, 만큼, 만…
예) 아는 분/아는 이/끝난 지/할 수/그럴 리/그럴 듯/갈 데/할 따름/할 뿐/그 때문/아는 대로/아는 만큼/할 만

여기에서 보듯이 의존 명사는 길이나 무게, 수효, 시간 등의 수량을 수치로

나타내는 데 일정한 기준이 될 수 있는 수량 단위 의존 명사와 그러한 기능을 갖지 않는 일반 의존 명사로 나뉩니다. 이러한 용례를 통해 알 수 있듯이 무릇 의존 명사는 띄어 쓰는 것이 원칙입니다.

요컨대, 우리말 띄어쓰기는 단어를 단위로 띄어 쓰되, 조사는 앞말에 붙여 쓰고, 의존 명사는 띄어 쓰는 것이 대원칙이라고 할 수 있는바, '수만 마디'의 '마디'를 띄어 쓰는 것도 바로 이러한 이유 때문입니다. 다만, 시 <유월이 오면>에 쓰인 '한마디'는 한 단어이므로 띄어 쓰지 않는다는 것, 이것까지 알아야 띄어쓰기를 조금 더 아는 것이 된답니다.

우리말 편지 50
(2013. 6. 10.)

조사와 의존 명사(依存名詞)의 구별

우리말 띄어쓰기의 세부 규정과 관련하여 가끔은 혼란스럽게 생각되는 경우가 있는데, 동일한 언어 형식이 분포 환경에 따라 별개의 문법 범주로 구분됨으로써 띄어쓰기를 달리해야 하는 경우가 바로 그것입니다. '대로, 만큼, 뿐, 밖, 만' 등이 그러한 사례들 가운데 하나이지요. 이러한 단어들은 분포 환경에 따라 '조사'와 '의존 명사' 두 가지로 쓰이며, 결과적으로 띄어쓰기에도 차이를 보입니다. 먼저 그 용례를 살펴보기로 하겠습니다.

(1) ㄱ. 생각대로 살지 않으면 사는 대로 생각하게 된다.
    ㄴ. 사람은 스스로 행복해지려고 결심한 정도만큼 행복해진다.
    ㄷ. 오늘만의 일인지 어쩐지는 알 수 없으나, 그 줄에는 모두 아시아에서 온 여자들뿐이었다.
    ㄹ. 티파니 눈웃음, 이러니 사랑할 수밖에…
    ㅁ. x가 1에서 2까지 변할 때 y가 1에서 5까지 변하는 방정식 하나만 세워 주세요.

(2) ㄱ. 생각대로 살지 않으면 사는 대로 생각하게 된다.
    ㄴ. 비타민D-폐 건강 '연관'…수치 높은 만큼 '폐활량' 왕성
    ㄷ. 나는 다만 조금 느릴 뿐이다.
    ㄹ. 그 밖에 작은 천체 조각들이 우주 공간을 떠돌아다니다가 지구의 인력에 의해 지표로 떨어지는 경우가 있는데, 이것을 '유성'이라 한다.
    ㅁ. 한국수력원자력 사장 자리는 이제 '독이 든 성배'라고 할 만하다.

위 용례들 가운데 (1)은 '대로, 만큼, 뿐, 밖, 만'이 조사로 쓰여서 앞말에 붙여 쓴 경우이고, (2)는 그러한 단어들이 조사가 아닌 의존 명사여서 앞말에 붙여 쓰지 않고 띄어 쓴 경우입니다. 그렇다면, 이와 같이 조사이니 붙여 쓰고, 의존 명사이니 띄어 써야 하는 것은 어떻게 구별해야 하는 것일까요? 이미 전제한 대로 이 문제의 답은 다름 아닌 분포 환경에서 찾아야 하는데, (1), (2)의 예들을 잘 점검해 보면 비교적 분명한 분포상의 특징을 발견할 수 있습니다. 다음을 보기로 하시지요.

형태	조사	의존 명사	비고
대로	생각대로	사는 대로	
만큼	정도만큼	높은 만큼	
뿐	여자들뿐	느릴 뿐	
밖	수밖에	그 밖에	
만	하나만	할 만하다	의존 명사는 '40여 년 만에'처럼 시간 표현과 함께 쓰기도 함.

여기에서 보듯이, 만일 '대로, 만큼, 뿐, 밖, 만'이 조사로 쓰이는 경우라면, 명사(의존 명사 포함)나 대명사 혹은 수사와 같은 체언 뒤에 분포하는 것이 특징입니다. '생각, 정도, 여자들, 수(의존 명사), 하나'가 바로 체언에 해당하는 것들이지요. 그러나 의존 명사로 쓰일 때에는 '사는, 높은, 느릴, 그(관형사), 할' 등과 같은 관형어(관형사와 관형사형 포함) 뒤에 분포하는바, 조사로 쓰일 때와 차이를 보입니다. 요컨대, '대로, 만큼, 뿐, 밖, 만'이 체언 뒤에 오면 조사로, 관형어 뒤에 오면 의존 명사로 쓰이며 그에 따라 띄어쓰기가 달라지고 있음을 기억하시면 됩니다.

우리말 편지 51
(2013. 6. 17.)

한자어 접사의 띄어쓰기

띄어쓰기에 관한 한 아직도 가야 할 길이 멀다는 느낌이 없지 않은 것은 그만큼 우리말 띄어쓰기가 형태적 특징에 따라 복잡한 양상을 보이기 때문이라고 할 수 있습니다. 우리말에 들어와 본디부터 있던 우리의 고유어보다도 높은 비중을 차지하는 한자어의 띄어쓰기 또한 비교적 단순하지 않은 모습을 보이는데, 1음절로 이루어진 한자어 접사의 띄어쓰기가 그러한 전형적 사례에 속한다고 할 수 있을 것입니다. 우선 다음 예문을 보기로 하시지요.

(1) ㄱ. 강동구가 '자연을 꿈꾸는 도시 농부'를 주제로 16일 서울 성내동 강동구청 앞에서 제3회 강동 친환경 도시 농업 축제를 개최, 학생들이 농경문화 체험을 하고 있다.
  ㄴ. 이와 함께 많은 중소기업이 나눔에 동참할 수 있도록 자사 회원사 및 준회원사가 중소기업 사랑 나눔 재단에 기부하는 경우 해당 기업에게 무료 서비스를 지원할 계획이다.

(2) ㄱ. 특검법의 내용과 절차상의 문제점을 지적하되, 당에서 직접 압박하는 모양새를 취하는 것은 바람직하지 않다는 신주류 측 입장의 차이에서 비롯된 것으로 보인다.
  ㄴ. <황산벌>은 삼국 시대 신라와 백제가 지금과 같은 사투리를 썼다는 가정하에 기존의 역사를 코믹하게 뒤집어 본 역사 코믹 영화이다.

이러한 문장들에서 쓰인 '제(第)', '준(準)', '상(上)', '하(下)'는 언어학적 용어로 모두 접사(接詞)의 범주에 속하는 것으로서, 스스로는 자립성을 갖지 못하고, 반드시 뒤에 오는 말이나 앞에 오는 말 뒤에 붙여 쓰는 것들입니다. 이러한 성격의 접사는 보통 출현하는 위치에 따라 접두사와 접미사로 나누는데 (1)의 '제(第)'와 '준(準)'은 '접두사'로, (2)의 '상(上)'과 '하(下)'는 '접미사'로 쓰인 것입니다. 중요한 것은 만일 어떠한 언어 형식이 접사로 분류되는 것이라면 반드시 앞뒤에 오는 말에 붙여 써야 한다는 것입니다. 다음 문장의 띄어쓰기가 잘못된 것도 바로 접사를 띄어 썼기 때문이지요.

(3) ㄱ. 기아자동차㈜는 최근 충남 천안시에 위치한 현대·기아차 천안정비 연수원에서 *제 2회 전 세계 정비 상담원 경진 대회를 성황리에 개최했다.
ㄴ. 교사는 완벽한 차림의 신사는 못 되어도 *준 신사나 *준 숙녀가 되어야 할 것이다.
ㄷ. 성적을 올리기 위해서라면 수단과 방법을 가리지 않는 고3 학생들, 그리고 그들이 성장한 *비 인간적인 경쟁 사회의 자화상을 그려 초연 당시 대학로를 휩쓸었던 연극 <모범생들>이 돌아온다.

(4) ㄱ. 금강산 관광 역시 시설물들이 *외관 상으로 큰 문제가 없는 것으로 파악돼 두 달 이내에 가능할 것으로 보인다.
ㄴ. 공급 업체와 입주 업체의 *협조 하에 매주 특정 품목을 대상으로 특별 할인된 가격으로 판매를 하는 이벤트 상품 판매를 실시하고 있습니다.
ㄷ. 무수한 인간들이 전쟁의 포화 속에 죽어 갔으나 *삼년 여를 끈 이 전쟁에는 어느 쪽에도 승리가 있을 수 없었다.

여기에 다 제시하지는 못하였지만, 국어의 1음절 한자어 가운데 접사로 쓰이는 단어의 수가 적지 않습니다. 그러니 국어사전을 통해 이러한 단어들의 문법 범주를 확인한 후에 쓰는 것이 최선의 방법이라고 할 것입니다.

우리말 편지 52
(2013. 6. 24.)

이름과 호칭의 띄어쓰기

내가 그의 이름을 불러 주기 전에는
그는 다만
하나의 몸짓에 지나지 않았다.

내가 그의 이름을 불러 주었을 때,
그는 나에게로 와서
꽃이 되었다.

　이렇게 시작되는 시 '꽃'을 통하여 시인 김춘수는 다만 하나의 몸짓에 지나지 않았던 그것, '꽃'으로 하여금 하나의 의미 있는 존재가 되도록 하는 데는 이름을 불러 주는 일이 필수적임을 역설하였습니다. 하물며 사물의 명명(命名)이 이루어지는 순간에도 의미 있는 관계 맺기가 이루어질 수 있는 것이라고 한다면, 누군가의 이름을 불러 주는 일은 모래알처럼 미미한 존재를 찬란한 보석 목걸이로 만들어 주는 일이라고 할 수 있을 터, 살아가는 동안 그 빛깔과 향기에 알맞은 단 하나의 이름을 불러주는 일에 최선을 다해야 하리라고 봅니다.
　지난 6월 20일, '제자수약(釂者受藥)'이라는 다소 낯선(?) 제목의 글을 통하여 어지러운 우리 대학의 현실을 고발하고 있는 전자정보대학의 이○○ 교수님 또한 '*S형'이라는 이름을 불러 줌으로써 '*S형'이야말로 대학의 문제를 제대로 판단하고 해결해 나갈 수 있는 동지일 수 있기를 바라는 마음을 간곡하게 전하셨던 듯합니다.

문제는 '*S형'입니다. '이름+호칭'의 구조로 이루어져 있는 이러한 언어 단위를 띄어쓰기의 원칙과 관련시켜 보면, 확인을 필요로 하는 요소가 없지 않다는 것이지요. 우선 다음 예를 보기로 하겠습니다.

(1) ㄱ. 꽃들을 쳐다보고 있으면 학생 때 배운 <u>김춘수 시인</u>의 꽃이란 시가 항상 떠오릅니다.
ㄴ. 레 미제라블은 지난 3월 <u>김연아 선수</u>가 2013 ISU 세계피겨스케이팅 선수권대회에서 우승을 차지할 당시 선보였던 연기이다.
ㄷ. 오는 27일부터 진행되는 <u>박 대통령</u>의 중국 국빈 방문을 수행할 경제사절단이 70명 안팎으로 꾸려져 사상 최대가 될 전망이다.
ㄹ. <u>성수 형</u>이 깨워서 문밖으로 나왔는데, 아이유가 이 노래를 부르고 있었어요.
ㅁ. <u>김 양</u>의 아버지는 "다른 어른들은 멀뚱멀뚱 쳐다만 볼 때 용감히 물속에 뛰어든 <u>김 군</u>의 도움으로 딸아이를 무사히 구할 수 있었다."며 "자신의 목숨을 담보로 타인의 생명을 구한 어른보다 더 어른스러운 용감한 <u>김 군</u>을 칭찬해 달라."라고 호소했다.

이러한 문장들에서 밑줄 친 언어 단위들을 잘 살펴보면 한 가지 공통점이 있는데, 그것은 뒤에 오는 호칭을 전부 띄어 썼다는 것입니다. 이러한 사례를 통하여 우리는 띄어쓰기의 또 다른 원칙 한 가지를 확인하게 되는데, 그것은 만일 '이름+호칭'의 구조로 이루어진 말이 있다면, 뒤에 오는 부르는 말, 곧 호칭은 반드시 띄어 쓴다는 것입니다. 요컨대, '시인, 선수, 대통령, 형, 양, 군' 등 이름 뒤의 호칭은 앞에 오는 이름이 어떠한 형식으로 쓰이든 ― '성+이름'이든, '이름' 또는 '성(姓)'만 쓰이든―이름과는 별도로 띄어 쓴다는 것이지요. 결과적으로 앞에서 예로 든 '*S형'은 'S 형'으로 적어야 올바르게 띄어 쓴 것이라고 할 수 있으므로 이러한 언어적 사실을 잘 기억해 두시는 것이 좋을 듯합니다. 물론 '김춘수', '김연아'의 예처럼 '성+이름'은 띄어 쓰지 않고 반드시 붙여 써야 한다는 것도 기억하셔야 할 일입니다.

우리말 편지 53
(2013. 7. 1.)

의존 명사와 연결 어미의 구별 (1)

지금까지 10여 차례에 걸쳐 말씀드린 우리말 띄어쓰기 원칙을 다시 한번 점검해 보면, 겉으로 보기에는 동일한 언어 형식인 것처럼 보이지만 실제로는 그 의미나 분포 환경에 따라 차이가 있어서 띄어쓰기를 달리해야 하는 경우가 적지 않았습니다. 예컨대, '한번'이나 '한잔'은 붙여 쓰는 경우와 '한 번', '한 잔'처럼 띄어 쓰는 경우에 상당한 의미 차이를 보였으며, '대로, 만큼, 뿐, 밖, 만' 등은 분포 환경에 따라 '조사'와 '의존 명사' 두 가지로 쓰임으로써 결과적으로 띄어쓰기에 차이를 보이기도 하였지요.

앞말인 체언에 반드시 붙여 써야 하는 조사와 달리, 원칙적으로 앞말인 관형어와 띄어 써야 하는 우리말 의존 명사로 '바, 데, 지'가 있습니다. 이러한 의존 명사들은 연결 어미 '-ㄴ바/-은바/-는바/-던바', '-ㄴ데/-은데/-는데/-던데', '-ㄴ지/-ㄹ지/-는지/-ㄹ는지/-을지/-던지' 등과 형태상으로 관련성이 있어 띄어쓰기에 혼란을 야기하고 있는 듯합니다. 우선 다음 예들을 보기로 하시지요.

(1) 이 부장 판사는 특히 지난 대선 및 총선과 관련해 선거법 위반 혐의로 기소된 인사들에 대한 재판을 맡은바 있어, 선거법 등 관련 법리는 물론 당시 상황에 대해 밝다는 점이 주목된다.

(1)′ ㄱ. 포스트를 검토한바, 오타 몇 군데가 발견되었다.
ㄴ. 유난히 품성이 좋은바, 너나없이 그를 사랑한다.
ㄷ. 곧 특별 전형이 실시되는바, 이에 필요한 서류를 잘 갖추어야 한다.
ㄹ. 고려의 조정에서는 그를 여러 차례 외교 사절로 파견하여 이들 나

라와 교섭을 벌였던바, 그는 명과 일본 두 나라를 드나들며 이들 나라와 우호적인 관계를 맺는 데 외교 수완을 발휘하였다.

(2) 갈 데까지 간 국정원 이대로 놔둘 텐가?
(2)' ㄱ. 가끔 머리가 아픈데 커피를 마시면 피로가 풀린다고 권하시거든요.
ㄴ. 인공호흡은 못할 것 같은데, 환자 목격 시 어떻게 해야 하나요?
ㄷ. 사실 나 할 말이 있는데 그게 말하기가 힘든데 이젠 감출 수가 없을 것 같아.
ㄹ. 너 고향에 자주 가던데 무슨 일 있는 거니?

(3) 28kg 케인의 진공관 앰프들을 만난 지는 그다지 오래되지 않았다.
(3)' ㄱ. 너의 말 한 마디에 들어 있는 상처의 힘이 얼마나 큰지 아니?
ㄴ. 태양계는 우리가 생각한 것보다 더 작을지도 모른다.
ㄷ. 여러분은 냉동고에 무엇이 있는지 아시나요??
ㄹ. 내일부터 장마가 시작될는지도 모른다고 했어요.
ㅁ. 얼마나 기가 막히던지 말이 나오지 않더군요.

이러한 예들 가운데 (1)~(3)에 쓰인 '바, 데 지'는 각각 다음과 같은 의미를 지닌 의존 명사로서 앞말과 구별하여 띄어 쓰는 것이 특징입니다.

형태	의미
바	① 앞에서 말한 내용 그 자체나 일 따위를 나타냄. ② ((어미 '-을' 뒤에 쓰여)) 일의 방법이나 방도를 의미. ③ ((주로 '-은/는/을 바에(는)' 구성으로 쓰여)) 앞말이 나타내는 일의 기회나 그리된 형편의 뜻을 나타내는 말. ④ ((일인칭 대명사를 주어로 하고 '-는 바이다' 구성으로 쓰여)) 자기주장을 단언적으로 강조하여 나타내는 말.

데	'곳, 장소, 일, 것' 등을 가리킴.
지	어떤 일이 있었던 때로부터 지금까지의 동안을 가리킴.

문제는 (1)~(3)에 쓰인 '바, 데, 지'가 의존 명사가 아닌 어미의 일부로서 띄어 쓰지 않는다는 데 있습니다. 따라서 이 두 가지를 어떻게 구별하여 쓰는 것이 좋을지 다음 편지에서 자세히 다루도록 하겠습니다.

우리말 편지 54
(2013. 7. 8.)

의존 명사와 연결 어미의 구별 (2)

문법 범주가 서로 달라서 띄어쓰기에 차이를 보이는 의존 명사와 연결 어미의 구별은 때로 전문적인 연구자들에게조차 쉽지 않은 일일 수도 있어, 최근에 검토한 몇몇 연구 계획서에서는 다음과 같은 오류들이 발견되었습니다.

(1)ㄱ. 이러한 연구는 세계 속의 한국학으로서의 위상을 새롭게 *정립하는데 있어서도 반드시 필요한 연구라 할 수 있을 것이다.
ㄴ. 한국 다문화 사회 전반을 *이해하는데 도움을 줄 수 있는 기본적이고 체계적인 다문화 관련 사전의 편찬을 기획하였다.

(2)ㄱ. 한자 사전의 웹 정보화는 한자 자형의 표준화, 한자 플랫폼의 구축 등 다양한 문제와 관련되어 *있는 바, 대한민국의 국가 경쟁력을 강화하는 데 필수적으로 요청되는 과업이다.
ㄴ. 본 연구는 유관 기관 및 대학과의 연계를 적극적으로 도모할 *것인 바, 국가 지식 정보 인프라 구축에 커다란 기여를 할 것이다.

위 문장들 가운데 (1)의 '*정립하는데, *이해하는데'는 '데'가 의존 명사이므로 띄어 써야 하는데 붙여 씀으로써 비롯된 오류이고, (2)의 '*있는 바, *것인 바'는 '바'가 의존 명사가 아닌 어미의 일부이므로, '있는바, 것인바'처럼 붙여 써야 하는데 띄어 씀으로써 비롯된 오류입니다. 이러한 사례를 통해 알 수 있는 것처럼, 어떠한 문법 단위가 의존 명사인지 아니면 어미의 일부인지를 아는 것은 띄어쓰기 문제를 해결하는 데 중요한 단서가 된다고 할 수 있습니다. 그렇다면, 이 두 가지 문법 단위의 구별은 어떻게 하는 것이 좋을까요? 다음 문장들을 보기로 하시지요.

(3) ㄱ. 본 연구는 1876년부터 1945년까지 약 70년간 한반도에 거주했거나 활동한 일본인 인물 정보를 체계적으로 정리하여 <한국 근대 재조 일본인 정보 사전>을 간행하는 데(에) 그 목적이 있다.
ㄴ. 본 연구원에서는 시범 웹 서비스를 위한 검색 기능을 갖춘 웹 디자인을 설계한 바(가) 있다.
ㄷ. 어쩌면 2만 달러 대에 진입한 지(가) 6년이 지났지만 여전히 2만 달러 초입에서 벗어나지 못하고 있는 지금의 상황을 돌파할 수 있는 해결책 중 하나는 사용하지 않는 자원의 투입일 수 있다.

(4) ㄱ. 1795년 정조는 윤행임(尹行恁)이 충무공의 기록을 수집하고 유득공(柳得恭)이 감인(監印)하여 정유자 8권 14책을 이충무공전서라는 전서본을 간행하는데, 정조의 윤음(綸音)과 사제문(賜祭文), 도설(圖說)과 충무공의 시문(詩文), 장계(狀啓), 난중일기가 수록되어 그중 난중일기가 현재까지 통칭되고 있다.
ㄴ. 대선 지역 공약의 상당수는 도로, 철도 등 SOC 사업인바, 중앙과 지역공약 이행 계획이 서로 상충된다고 말했다.
ㄷ. 이번 회의에서는 원자력의 시대는 과연 끝난 것인지, 제2 후쿠시마 사고 가능성은 없는지, 원자력이 여전히 유효하다면 이를 뒷받침하는 국제 규범은 어떤 모습을 갖춰야 하는지 등이 논의될 예정이다.

이러한 문장들 가운데 (3)은 '데, 바, 지'가 모두 의존 명사로 쓰임으로써 띄어 쓰고 있는 것과 달리, (4)는 '-는데, -ㄴ바, -ㄴ지, -는지'가 모두 연결 어미로 쓰이고 있어 앞말에 붙여 쓰고 있음이 그 특징입니다.

이 두 가지의 구별은 사실 각각의 의미 기능에 초점이 맞춰져야 하지만, 그 외에도 비교적 쉬운 구별 방법이 있습니다. 의존 명사로 쓰인 (3)의 '데, 바, 지' 뒤에는 '데(에), 바(가), 지(가)'처럼 조사가 연결되어 쓰일 수 있지만, 연결 어미로 쓰인 (4)의 '-는데, -ㄴ바, -ㄴ지, -는지' 등의 뒤에는 어떠한 조사도 연결될 수 없다는 것입니다. 따라서 글을 쓸 때에 (3)의 사례처럼 조사가 결합될 가능성이 있는지를 점검하며 쓰는 것이 좋은 문제 해결 방법이 될 수도 있음을 기억하셨으면 합니다.

우리말 편지 55
(2013. 7. 15.)

'되다'의 용법과 띄어쓰기

"되는 것도 안 되는 것도 없다."는 속담이 있습니다. 옳은 방법으로 하는 일은 안 되고 부정한 방법으로는 안 되는 일이 없는 어지러운 세상을 이르는 말이니, 국가건 사회건 그러한 구석이 조금이라도 남아 있다면 생각만 해도 어지럼증이 생길 만한 일이라고 할 것입니다. 다행히 지금 우리의 관심은 어지러운 세상이 아니라, '되다'나 '안 되다' 같은 단어나 구의 띄어쓰기 문제 정도이니 천만다행이라 생각하며 머리 아픈 것을 좀 견뎌 내야 하지 않을까 생각합니다.

우리의 『표준국어대사전』을 통하여 확인할 수 있는 '되다'의 의미나 문법적 기능은 상당히 복잡한 편에 속합니다. 몇몇 중요한 의미 기능 몇 가지만 예를 들면 다음과 같다고 할 수 있지요.

(1) ㄱ. 새로운 신분이나 지위를 가지다.
　　㉠ 영어 선생님은 내게 배우가 <u>되면</u> 어떻겠냐고 진지하게 권유하셨다.
　ㄴ. 다른 것으로 바뀌거나 변하다.
　　㉠ 이러다간 내 꿈이 물거품으로 <u>돼</u> 버릴지도 모른다.
　ㄷ. 어떤 때나 시기, 상태에 이르다.
　　㉠ 바야흐로 이제는 장마철이 <u>되었다</u>.
　ㄹ. 일정한 수량에 차거나 이르다.
　　㉠ 부동산만 해도 대략 천만 원쯤 <u>되면</u> 부자가 아닐까요?
　ㅁ. 사람으로서의 품격과 덕을 갖추다.

㉑ 나는 난 사람보다는 인격이 된 사람이라는 평가를 받고 싶다.

위의 예문을 통해 확인할 수 있듯이, '되다'의 의미 기능은 한눈에 다 파악하기 어려울 만큼 복잡한 면을 지니고 있습니다. 그러나 이러한 의미의 다양성에도 불구하고 (1)에서 쓰인 '되다'는 모두 자립성을 지닌 한 개의 단어로서 앞말과 띄어 쓰는 것이 특징입니다. 아울러 만일 이러한 문장을 부정문으로 만들려면 '되다' 앞에 '안'을 붙이면 됩니다. 예컨대 (1ㄱ)을 부정문으로 만들면 다음과 같은 문장이 되는 것이지요.

(2) 영어 선생님은 내게 배우가 안 되면 어떻겠냐고 진지하게 말리셨다.

문제는 '되다'가 '안'과 결합하여 어휘화(lexicalization)를 겪음으로써 다음과 같은 의미를 지니게 되는 경우에는 '안되다'의 형식으로 붙여 써야 한다는 것입니다.

(3) ㄱ. 일, 현상, 물건 따위가 좋게 이루어지지 않다.
㉑ 올해는 비가 너무 많이 와서 과일 농사가 안돼 큰일이다
ㄴ. 사람이 훌륭하게 되지 못하다.
㉑ 자식이 안되기를 바라는 부모는 없다.
ㄷ. 일정한 수준이나 정도에 이르지 못하다.
㉑ 이번 시험에서 우리 중 안되어도 세 명은 합격할 것 같다.
ㄹ. 섭섭하거나 가엾어 마음이 언짢다.
㉑ 혼자 보내기가 안돼서 광주역까지 배웅했다.
ㅁ. 근심이나 병 따위로 얼굴이 많이 상하다.
㉑ 몸살을 앓으시더니 얼굴이 많이 안됐네요.

이러한 문장에서 쓰인 '안되다'는 모두 '안+되다' 형식이 하나의 단어로 굳어져서 다섯 가지 특수한 의미를 갖게 된 것이므로, 띄어 쓰면 안 되는 것이 그 특징입니다. 그리고 이러한 의미와 정반대의 의미를 갖도록 하려면 '안되다'를 모두 '잘되다'로 바꿔 주면 되는데, 가령 (3ㄱ)의 부정문은 다음과 같은 형식으로 쓸 수 있습니다.

(4) 올해는 비가 적당하게 와서 과일 농사가 너무 <u>잘돼</u> 큰일이라는군요.

요컨대, '되다' 하나만으로 동사로서의 기능을 갖고 있는 경우에는 앞말과 구별하여 띄어 쓰지만, '안되다', '잘되다'의 형식으로 쓰이는 경우에는 붙여 쓴다는 것을 알아 두시면 됩니다.

우리말 편지 56
(2013. 7. 22.)

'짜장면'과 '자장면'

　스무 살 새내기라면 누구나 그랬을 법한 일이긴 하지만, 대학 1학년 시절 시를 쓰겠다는 열망에 사로잡혀 있었던 적이 있었습니다. 시 동아리에 들어가 시작(詩作)을 하면서 1주일에 한 번씩 열리던 품평회에 참여도 하고, 밤을 새워 가며 시화전에 출품을 하거나 동인지를 묶어 내는 일에 열심을 내었던 것도 모두 그러한 열망 때문이라고 할 수 있었지요. 그러나 오늘날 시와는 영 거리가 먼 국어학도가 되어 있는 것만 보더라도 알 수 있듯이, 저의 시재(詩才)는 그다지 신통한 것이 되지 못하였던 것이 사실이었습니다. 그리하여 동아리에 나가는 것도 점차 시들해져 급기야는 그러한 열망에 사로잡힌 적이 있었는가에 대해서도 가물가물할 정도가 되어 버렸습니다.
　그럼에도 불구하고 아직도 그 동아리를 선명하게 기억하고 있는 것은 순전히 제게 짜장면을, 그것도 맛있는 간짜장을 사 주면서 '짜장면이 맛이 없어지기 시작할 때부터 인생은 비극'이라는 '짜장 철학'(?)을 설파하던 어떤 선배의 말 한마디 때문이었습니다. 그 선배의 말이 어찌나 그럴싸하게 들렸던지 짜장면을 먹을 때마다 '맞아, 맞아.'하며 고개를 끄덕였던 적이 한두 번이 아니었었지요. 그러던 '짜장면'이 어느 날 표준어가 아니라는 이유로 써서는 아니 될 금지어가 되어 버렸습니다. 정확히는 1986년 1월 7일에 고시된 현행 《외래어 표기법》이 시행되면서부터였지요. 시인 정호승이 <자장면을 먹으며> '자장면'을 노래하게 된 것도 바로 그 무렵부터였으리라고 할 수 있을 듯합니다.

자장면을 먹으며 살아봐야겠다/ 자장면보다 검은 밤이 또 올지라도/ 자장면을 배달하고 가버린 소년처럼/ 밤비 오는 골목길을 돌아서 가야겠다/ 자장면을 먹으며 나누어 갖던/ 우리들의 사랑은 밤비에 젖고/ 젖은 담벼락에 바람처럼 기대어/ 사람들의 빈 가슴도 밤비에 젖는다/ 내 한 개 소독저로 부러질지라도/ 비 젖어 꺼진 등불 흔들리는 이 세상/ 슬픔을 섞어서 침묵보다 맛있는 /자장면을 먹으며 살아봐야겠다.

이렇게 한때는 '짜장면'이 아닌 '자장면'이 삶의 희망이자 이유일 수밖에 없었던 것은 현행 《외래어 표기법》에서 외래어를 표기할 때 파열음은 물론 마찰음, 파찰음에 이르기까지 된소리로 적지 않는 것을 원칙으로 한 데 따른 것이었습니다. 그리하여 언젠가 말씀드렸던 것처럼, 'gown→가운(*까운), pierrot→피에로(*뻬에로), summer time→서머 타임(*써머 타임), 'jazz→재즈(*째즈), jam→잼(*쨈)' 등의 예에서처럼 된소리를 표기에 반영하지 않는다는 원칙에 따라 '짜장면' 역시 '자장면'으로 표기하게 된 것이었습니다.

문제는 오랜 세월 '짜장면'과 희로애락을 함께해 온 이른바 언중들의 생활 감정이었습니다. '짜장'을 '자장'으로 적고 보니, 우리를 더없이 행복하게 만들던 맛, 한없이 고소하면서도 달콤하기까지 하던 '짜장' 맛이 나질 않으니 '자장'을 '짜장'으로 돌려놓으라는 협박 아닌 협박(?)이 국립국어원의 전화통을 불나게 하였던 것이지요.

그리하여 마침내 2년 전인 지난 2011년 8월 31일, 국립국어원은 '자장면'과 함께 '짜장면'을 다시 표준어의 반열에 올려놓았습니다. 아무리 그럴 듯한 언어 정책이라고 하더라도 언중의 생활 감정을 제대로 반영하지 못하면 성공하기 어렵다는 사실을 인식한 결과로 이루어진 일종의 복권인 셈인데, 그렇다고 해서 '자장면' 대신 '짜장면'을 쓰기로 한 것이 아니라, '짜장면'도 다시 표준어의 지위를 회복함으로써 '자장면'과 함께 복수 표준어가 된 것이었습니다. 그리고 이 시기 '짜장면'의 복권이 이루어지면서 오랫동안 미루어 오던 무려 38개의 국어 단어들에 대한 사정도 함께 이루어짐으로써 '손주'나 '먹거리', '내음', '개발새발', '나래', '뜨락' 등 이전에는 표준어가 아니었던 단어들이 혹은 새로운 표준어로, 혹은 기존 단어와 함께 복수 표준어로 자리를 잡게 되었습니다. 다음번 편지에서는 이러한 문제에 대해 자세히 다루도록 하겠습니다.

우리말 편지 57
(2013. 7. 29.)

'괴발개발'과 '개발새발'

'괴발개발'이라는 단어의 용법을 확인하기 위해 검색엔진에 입력해 보니 '휴먼졸림체'라는 단어가 연관 검색어로 줄줄이 엮여 나왔습니다. 어떻게든 졸음을 견뎌 보려고 애쓰는 가운데 이루어진 필기였으나 나중에 깨어서 보니 도대체가 무슨 글자인지를 알아보기 힘든 글씨체, 이것을 가리키는 말로 젊은 네티즌들이 '휴먼졸림체'라는 새말을 만들어 내었다고 하니, 이렇게 휴먼 냄새(?) 물씬 나는 글씨체 앞에서 도대체 웃지 않을 도리가 없었습니다.

'휴먼졸림체'가 21세기 디지털 시대에 등장한 새로운 글씨체의 이름이라고 한다면, 한 세기 전은 물론, 시대를 거슬러 올라가 우리 역사에서 가장 찬란한 문화의 시대라고 할 수 있는 15세기에는 '괴발개발'이 그러한 글씨체를 지칭하였다고 할 수 있습니다. 여기에서 사용된 '괴발개발'은 '고양이발, 개발'이라는 뜻으로 글씨를 되는 대로 아무렇게나 써 놓은 모양을 가리키는 말입니다. 말하자면 고양이발과 개발을 구별하기 어려운 것처럼 무슨 자인지를 알아보기 힘들게 써 놓은 것을 의미하는 말이라고 할 수 있습니다.

문제는 많은 분들이 '괴발개발이 아니라 개발새발이겠지'라는 생각을 할 수도 있다는 것인데, 두 단어는 모두 표준어로서 우리말이 걸어온 역사가 고스란히 담겨 있는 말들이라는 점에서 눈여겨 볼 필요가 있습니다. 우선 '괴발개발'의 '괴발'은 '괴+발'의 구조로 이루어진 단어입니다. 여기에서 쓰인 '괴'는 '고양이'의 옛말이니, 오늘날 쓰이고 있는 고양이는 '괴[고이]+-앙이'의 결합에 의해 만들어진 파생어인 셈입니다. 그런데 '괴'에서 파생된 '고양이'가 '괴' 대신 자주 쓰이면서, '괴발개발'에 쓰인 '괴발'의 어원을 잊어 버린 사람들이 새로운 말을 만들어 쓰게 되었던바, 그 말이 바로 '개발새발'입니다.

　아쉬운 점은 표준어를 사정하는 우리의 언어정책은 상당히 보수적인 면이 있어서, 다수의 언중들이 매우 높은 빈도로 '개발새발'을 사용함에도 불구하고, 비표준어라는 낙인(烙印)을 찍어 '개발새발' 대신 역사적 전통을 지닌 '괴발개발'을 쓰도록 상당히 오랫동안 강요를 해왔다는 것입니다. 그러나 최근 들어 우리의 표준어 정책은 역사성과 전통성만을 고수하려는 획일적 사고에서 벗어나 언중들의 인식과 사용 빈도 등을 토대로 복수 표준어를 인정하는 등 좀 더 탄력적이면서도 유연한 언어 정책을 수행하려는 태도를 보이고 있음이 그 특징입니다. 지난번 편지에서 다룬 '짜장면'과 '개발새발'을 포함한 39개의 단어를 새로운 표준어의 대열에 합류시킨 것도 그 예 가운데 하나입니다.

　그렇다면, 지난 2011년 8월 31일, 비표준어의 신분에서 표준어의 지위를 새로이 얻게 된 39개의 단어는 어떤 것들일까요? 여기에는 세 가지 부류의 단어들이 포함되는바, 알기 쉽게 하나의 표로 정리하면 다음과 같습니다.

현재의 표준어와 같은 뜻의 복수 표준어	현재의 표준어와 의미 또는 뉘앙스 차이를 지닌 표준어	표기만 다르고 의미는 같은 표준어
간질이다~간지럽히다, 남우세스럽다~남사스럽다, 목물~등물, 만날~맨날, 묏자리~못자리, 복사뼈~복숭아뼈, 세간~세간살이, 쌉싸래하다~쌉싸름하다, 고운대~토란대, 허섭쓰레기~허접쓰레기, 토담~흙담 (11개)	~기에/~길래, 괴발개발/개발새발, 날개/나래, 냄새/내음, 눈초리/눈꼬리, 두루뭉술하다/두리뭉실하다, 떨어뜨리다/떨구다, 뜰/뜨락, 먹을거리/먹거리, 메우다/메꾸다, 손자/손주, 어수룩하다/어리숙하다, 연방/연신, 횡허케/횡하니, 거치적거리다/걸리적거리다, 끼적거리다/끄적거리다, 맨송맨송/맨숭맨숭/맹숭맹숭, 바동바동/바둥바둥, 새치름하다/새초롬하다, 아옹다옹/아웅다웅, 야멸치다/야멸차다, 오순도순/오손도손, 찌뿌듯하다/찌뿌둥하다, 치근거리다/추근거리다 (25개)	태껸~택견, 품세~품새, 자장면~짜장면 (3개)

이러한 구분에 따르면, 지난번에 다룬 '자장면~짜장면'은 표기 방식은 다르지만 의미는 같은 복수 표준어라고 한다면, '괴발개발~개발새발'은 복수 표준어가 아니라 약간의 의미 차이를 지닌 표준어라고 할 수 있습니다. 결과적으로 '개발새발'은 '개의 발과 새의 발'을 가리키는 말이니 '괴발개발'과 함께 동일한 '휴먼졸림체'에 속하면서도 조금은 구별이 가능한 '졸림체'에 속한다고 할 수 있을 것으로 보입니다.

우리말 편지 58
(2013. 8. 5.)

'바람'과 '*바램'

　우리 대중가요의 역사에서 오랫동안 전 국민의 사랑을 받아 왔던 노래가 적지 않겠지만, 그 가운데 하나로 노사연의 <만남>을 빼놓을 수가 없으리라 생각합니다. 1989년에 발매된 앨범에 수록된 곡이니 벌써 20년도 훨씬 지난 시간 속에서도 <만남>을 기억하는 분들이 적지 않은 것을 보면, 그 가사며 곡조가 많은 한국인들의 마음을 사로잡았음에 틀림이 없을 것입니다.

　그러나 노사연의 <만남>은 또 다른 의미에서 저와 같은 국어학도들의 마음을 사로잡아 왔는데, 그것은 "우리 만남은 우연이 아니야/그것은 우리의 바램이었어."로 시작되는 노랫말에서 표준어와는 거리가 먼 '*바램'이 자리를 잡고앉아 자꾸만 마음을 쓰게 하였기 때문이라고 할 수 있습니다. 이러한 현상은 근래 들어 많은 이들의 사랑을 받고 있는 가곡 <10월의 어느 멋진 날에>의 가사에서도 예외가 아닙니다.

　<10월의 어느 멋진 날에>는 원래 노르웨이의 크로스 오버 가수 Anne Vade가 불렀던 곡을 1995년 뉴에이지 연주 그룹 시크릿 가든(Secret Garden)이 <봄을 향한 세레나데(Serenade to Spring)>라는 이름으로 편곡하여 부름으로써 전 세계적으로 유명해진 곡으로 우리나라에서는 이를 <10월의 어느 멋진 날에>라는 이름의 가을 노래로 번안하여 부르고 있습니다. 문제는 이 곡에서도 "널 만난 세상 더는 소원 없어/바램은 죄가 될 테니까"라는 가사가 두 번씩이나 등장하는 바람에, '*바램'을 맞는 것으로 여기고 있다는 것입니다.

　'바람'과 '*바램'의 구별을 위해서는 먼저 국어 동사 '바라다'와 '바래다'를 구별하는 작업부터 해야 합니다. 다음은 두 동사의 사전적 의미입니다.

(1) 바라다
  ㄱ. 생각이나 바람대로 어떤 일이나 상태가 이루어지거나 그렇게 되었으면 하고 생각하다.
  ㄴ. 원하는 사물을 얻거나 가졌으면 하고 생각하다.
  ㄷ. 어떤 것을 향하여 보다.

(2) 바래다
  ㄱ. 볕이나 습기를 받아 색이 변하다.
  ㄴ. 【…을】볕에 쬐거나 약물을 써서 빛깔을 희게 하다.

 이와 같은 사전의 정의를 통해 알 수 있듯이, '바라다'와 '바래다'는 그 의미 범주가 다른 동사이고, 따라서 두 동사의 명사형 '바람'과 '바램' 역시 전혀 다른 별개의 의미를 갖습니다. <만남>의 '*바램'이나 <10월의 어느 멋진 날에>의 '*바램'을 '바람'으로 바로잡아야 하는 이유가 바로 여기에 있다고 할 수 있습니다. 그도 그럴 것이 (2)를 통해 알 수 있는 대로 '바래다'는 '색깔이 변하다'나 '빛깔을 희게 만들다'의 의미를 가지고 있는바, '바람'과 '바램'은 섞어 써서는 안 되는 단어라고 할 것입니다.
 또한, '바라다'의 잘못된 활용형으로 '*바램' 외에도 '*바래' 형이 매우 자주 쓰이고 있는데, "부디 행복하게 살길 바래."와 같은 문장의 '*바래'가 바로 그 예입니다. 요컨대 이러한 문장에서 쓰인 '*바래' 역시 기본형 '바라다'를 토대로 하면 '*바래'가 아닌 '바라'로 써야 합니다. 물론 "부디 행복하게 살길 바래요."의 '*바래요' 역시 '바라요'로 쓰는 것이 맞습니다.

우리말 편지 59
(2013. 8. 12.)

'빌리다'와 '빌다'

주말에 배달된 몇몇 인터넷 기사를 보니, 안철수 무소속 의원이 10일, 경기도 광주시 나눔의 집 부설 일본군 위안부 역사관 개관 15주년 기념식에 참석해 축사를 했다는 보도가 여기저기서 전해지고 있었습니다. 국회 동북아 역사 왜곡 대책특별위원회 소속인 안철수 의원은 "지난 역사에 대한 성찰과 반성이 없는 국가는 미래로 나아갈 수 없다. 일본 정부가 지금이라도 위안부 문제에 대해 진심으로 사과해야 하는 이유"라며 "이 자리를 빌어 진심어린 일본 정부의 공식적인 사과를 촉구한다."라는 말로 축사를 마무리하였다는 내용이 포함되어 있었지요. 아무런 메아리도 없는 공허한 외침일 수도 있겠지만, 그가 힘주어 강조한 말이 언젠가는 그러한 사과가 이루어질 수 있도록 하고 말겠다는 뚜렷한 소신과 정치 철학에 근거한 것이었기를 바라는 마음이었습니다.

문제는 안철수 의원을 비롯하여 우리 사회의 지도층들이 자주 쓰는 문장 표현 가운데 하나인 '이 자리를 *빌어~'의 '*빌어'가 잘못된 표현인즉 '*빌어'를 '빌려'로 바꿔 써야 한다는 것입니다. 그렇다면 이와 같이 '*빌어' 대신 '빌려'를 써야 하는 이유는 무엇일까요?

현행《표준어 규정》제6항을 보면, 이전 시기에 구별해 오던 다음 단어들을 더 이상 구별하지 않고, 한 가지 형태만을 표준어로 삼는다고 하고 있습니다.

(1)ㄱ. 돐(생일), 돐(주기) → 돌(생일, 주기)
　　ㄴ. 둘째, 셋째, 넷째(제2, 제3, 제4)

두째, 세째, 네째(두 개째, 세 개째, 네 개째) → 둘째, 셋째, 넷째

ㄷ. 빌리다(貸), 빌다(借) → 빌리다(貸, 借)

이와 같은 규정에 따라 '*돐(주기), *두째(두 개째), *세째(세 개째), *네째(네 개째), *빌다(借)'는 더 이상 써서는 안 되는 단어가 되었고, 결과적으로 이전 시기에 '빌다'가 갖고 있던 의미를 '빌리다'가 모두 가지게 됨으로써, '빌리다'는 이제 다음과 같은 다섯 가지 의미를 지닌 다의어가 되었습니다.

(2) ㄱ. 어느 기한에 도로 찾기로 하고 물건을 남에게 내주다.
ㄴ. 남의 물건을 돌려주기로 하고 가져다 쓰다.
ㄷ. 어느 일정한 기간 동안 삯을 받고 내주다.
ㄹ. 남의 도움을 받다.
ㅁ. 일정한 형식이나 이론, 또는 남의 말이나 글 따위를 취하여 따르다.

이와 같이 '빌리다'는 다섯 가지 정도의 의미를 지니는데, 현행 《표준어 규정》 이전 시기에 (2ㄱ)은 '빌려 주다'로, (2ㄴ)이나 (2ㅁ)은 '빌어 오다' 형식으로 주로 사용되었습니다. 그러나 《표준어 규정》이 바뀌어 '빌다'가 '빌리다'로 통합되면서, '빌어 오다' 역시 '빌려 오다'로 써야 하는 결과를 가져오게 되었습니다. 다음에서 보듯이, *빌어' 외에 *빌면, *빌자면' 등 '빌다'의 활용형들이 비표준어형이 된 것 또한 이러한 이유에서임은 두말할 필요가 없는 일입니다.

(3) ㄱ. 이 자리를 *빌어 이 책에 귀한 글을 주신 분들께 감사를 드린다.
ㄴ. 향찰이란 한자의 음과 훈을 *빌어 국어 문장을 표기하던 신라 시대 우리말 표기법을 말한다.
ㄷ. 패널 중 한 분이 말씀하신 용어를 *빌면 인식이 현실을 앞선다고

하셨습니다.
ㄹ. 4·19작가 최인훈의 <광장> 속 문장을 *<u>빌자면</u>, 그것은 이들이 처음으로 겪어본 "갈비뼈가 뻐근할 정도의 보람"이었다.

요컨대, 위 문장에서 쓰인, '빌다'의 활용형 '*빌어, *빌면, *빌자면'은 모두 '빌려, 빌리면, 빌리자면'으로 쓰는 것이 현행《표준어 규정》에 맞는다는 것인데, 다만 여기서 한 가지 간과해서는 안 되는 것이 있습니다. '빌다'가 '용서를 구하다'나 '신에게 기원하다', '구걸을 하다' 등의 의미를 지니는 경우에는 당연히 '빌다'를 그대로 써야 한다는 것이 바로 그것입니다.

우리말 편지 60
(2013. 8. 19.)

'수놈'과 '*숫놈'

무려 43권이나 되는 생물학 관련 저서를 통해 오묘한 생물 세계를 체계적으로 전달해 온 학자이자 일반인들에게 대중 과학의 친절한 전파자로 활약해 온 권오길 강원대 명예 교수의 설명에 따르면, 모기의 암놈과 수놈 가운데 사람을 비롯한 온혈 동물의 피를 빠는 것은 바로 암놈이라고 합니다. 평소에는 암놈과 수놈이 모두 꿀물이나 식물의 진액을 먹고 살지만, 짝짓기가 끝난 후 알의 성숙과 발달에 필수적인 단백질과 철분의 공급을 위해 암놈은 흡혈을 할 수밖에 없는 상황에 처하게 된다는 것이지요. 그러므로 우리의 귓가를 왱왱거리며 공격할 때가 언제인가를 찾는 모기의 활약이 기실은 종의 번식을 위한 어미의 눈물겨운 투쟁이었다고 할 수 있는바, 가끔씩은 모기가 좋아하는 건강한 피를 기꺼이 나누었어야 하지 않을까 하는 생각마저 듭니다.

그러나 모기의 번식보다도 좀 더 많은 관심을 두어야 할 것은 '수놈'의 표기가 아닐까 합니다. 이 단어에 관한 한 흔히들 생각하듯 '*숫놈'이 아니고, 그 발음 또한 [*순놈]이 아니라 [수놈]이라는 사실에 주목할 필요가 있습니다. 이와 같이 모든 '암놈'의 충실한 짝을 일컬어 '수놈'이라고 하는 것은 우리의《표준어 규정》제7항에서 수컷을 이르는 접두사는 '수-'로 통일한다고 규정하고 있기 때문입니다. 그 결과, 무릇 암수의 구별이 가능한 거의 모든 생명체 혹은 대상은 다음과 같은 대립을 보이는 것이 우리말의 특징입니다.

대상	암	수	비고
소	암소	수소	'황소'도 표준어임.
말	암말	수말	
벌	암벌	수벌	
꿩	암꿩	수꿩	'장끼'도 표준어임.
개미	암개미	수개미	
사돈	암사돈	수사돈	'사위 쪽 사돈'
송아지	암송아지	수송아지	
은행나무	암은행나무	수은행나무	

위의 표를 통해 알 수 있는 대로, 암수의 구별에서 수컷을 가리키는 접두사는 일단 '수-'라고 보시면 됩니다. 물론 '수-' 대신 접두사 '숫-'을 쓰거나, '수컷, 수캉아지, 수퇘지, 수탕나귀' 등의 예에서처럼 우리말의 역사적 발달 단계에서 존재하였던 '수ㅎ-'의 흔적을 보여 주는 경우도 없지 않지만, 수컷을 의미하는 가장 보편적인 접두사는 바로 '수-'이기 때문입니다.

그렇다면 '수-' 대신 접두사 '숫-'과 결합을 하는 형태로는 어떤 것들이 있을까요? 놀랍게도 여기에 해당하는 것으로는 '양, 염소, 쥐' 세 개의 단어밖에 없습니다. 그리하여 '숫양, 숫염소, 숫쥐' 등 세 개의 단어를 제외하면, 다른 어떤 형태도 '숫-'과 결합할 수 없는 언어적 제약을 갖게 되는바, 다음과 같은 용례들이 표준어가 아닌 비표준어가 되는 것도 바로 그러한 이유에서입니다.

(1) 과일을 넣어 얼린 얼음 덩어리는 덩치 큰 *<u>숫놈</u> 차지이지만, 사육사가 던지는 생닭을 받아먹는 암놈의 표정도 남부러울 것 없어 보입니다.
(2) *<u>숫소</u>는 암소보다 근육이 더 발달해 있기 때문에 육질도 암소에 비해

더 질기다고 합니다.
(3) 자세히 보면 예쁘게 생긴 건 암송아지고 좀 우락부락하니 늠름하게 생긴 건 *숫송아지입니다.
(4) 아무리 다정하고 순한 *숫말이라도 경우에 따라선 순식간에 무서운 맹수로 돌변할 수 있다.
(5) 시집간 딸을 데려다 아무리 극진히 해산구완을 해도 아들을 낳지 못할 때는 죄인처럼 쩔쩔매며 *숫사돈을 맞아야 하는 게 암사돈의 억울한 처지였다.

요컨대, '*숫놈, *숫소, *숫송아지, *숫말, *숫사돈' 등은 모두 '수놈, 수소, 수송아지, 수말, 수사돈'으로 적어야 올바른 표준어임을 잊지 않으셨으면 합니다.

우리말 편지 61
(2013. 8. 26.)

'수퇘지'와 '*숫돼지'

1993년에 처음 개봉된 이후 벌써 20년의 세월이 흘렀음에도 불구하고 여전히 전 세계인의 관심과 흥미를 불러일으키고 있는 영화가 있으니 미국인 영화 제작자 스필버그의 <쥐라기 공원>이 바로 그것입니다. 그도 그럴 것이 지난 2001년에 제3편이 개봉된 데 이어 내년 6월, 제4편이 개봉될 예정이라고 하니, 호박 화석 속 모기의 피에서 DNA를 채취해 중생대 쥐라기의 주인공이었던 공룡을 재현해 낸다는 영화의 상상력은 여전히 전 세계인의 가슴을 설레게 하는 멋진 꿈이라고 할 수 있을 것입니다.

흥미로운 것은 공룡의 피를 빨아 먹은 모기가 끈적거리는 송진의 포로가 됨으로써 엄청난 세월 동안 호박 화석 속에 갇혀 있었던 것처럼, 언어에도 화석이라는 것이 있어서 이전 시기의 흔적을 보여 주는 사례가 없지 않다는 것입니다. 6500만 년 전, 지구의 갑작스러운 환경 변화로 최후를 맞이하였던 공룡의 흔적이 때로는 온몸 그대로, 때로는 몸의 일부나 발자국 정도로 남아 있는 것처럼, 언어 또한 일정한 언어 변화의 물결에 휩쓸리다가 어딘가에 걸려 그 흔적을 남기기도 하는데, 이를 일컬어 언어의 화석(linguistic fossils)이라고 합니다.

지난번 편지에서 언급하였던 수컷을 이르는 접두사 '수'를 비롯하여 암컷을 의미하는 접두사 '암-'과 관련해서도 언어의 화석이 존재합니다. 구체적인 사례를 제시하면 다음과 같습니다.

대상	암	수	비고
강아지	암캉아지	수캉아지	
개	암캐	수캐	
것	암컷	수컷	
기와	암키와	수키와	
닭	암탉	수탉	
당나귀	암탕나귀	수탕나귀	
돌쩌귀	암톨쩌귀	수톨쩌귀	돌쩌귀: 한옥의 여닫이문에 다는 경첩.
돼지	암퇘지	수퇘지	
병아리	암평아리	수평아리	

위의 예들을 보면 단독형으로는 '강아지, 개, 닭, 돼지, 병아리' 등의 모습을 하고 있음에도 불구하고, 접두사 '암-'과 '수-'가 결합한 파생형들의 경우에는 '암캉아지, 수캉아지', '암캐, 수캐', '암탉, 수탉', '암퇘지, 수퇘지', '암평아리, 수평아리' 등등으로 쓰이고 있습니다. 이러한 형태들은 중세국어 단계에 존재하였던 이른바 'ㅎ종성 체언'의 흔적을 보존하고 있는 언어의 화석이라는 공통점을 가지고 있습니다.

'ㅎ종성 체언'이란 'ㅎ'을 말음으로 가지고 있던 체언을 말하는데, 중세 국어 시기 '암, 수'를 비롯하여 약 80여 개의 체언이 그러한 범주에 속하였습니다. 그리하여 '암, 수'는 원래 'ㅎ종성 체언'의 'ㅎ'이 사라지기 이전인 16세기 말엽까지 '암ㅎ, 수ㅎ'의 모습을 취하고 있었는바, 오늘날에 이르러서는 그 흔적을 '강아지, 개, 것, 기와, 닭, 당나귀, 돌쩌귀, 돼지, 병아리' 등 9개의 명사에 남기고 있음이 특징입니다. 따라서 '돼지'의 암수를 구분하고자 할 때 '암퇘지, 수퇘지'가 아닌 '*암돼지, *숫돼지' 형을 쓰거나, 9개의 명사가 아닌 다른 명사에 '암ㅎ, 수ㅎ'의 흔적을 남기고 있다면, 그것들은 올바른 표준어가 될 수 없습니다.

(1) 종로상회는 60~70년대의 종로거리의 풍경을 실내에 담아서 추억의 먹거리를 제공하는 곳으로 국내산 돼지만을 사용하는 *암돼지 전문 고깃집이다.
(2) 돼지고기를 사실 때 색깔이 빨간색이면 *숫돼지입니다.
(3) 사진은 서울대학교 디지털 곤충 표본관에서 가져온 것으로, *암펄과 *수펄의 구분은 더듬이로 할 수 있습니다.

요컨대 위의 예들 가운데 '*암돼지, *숫돼지'는 '암퇘지, 수퇘지'로, '*암펄'과 '*수펄'은 각각 '암벌'과 '수벌'로 적어야 올바른 표준어임을 기억하셨으면 합니다.

우리말 편지 62
(2013. 9. 2.)

'호두'와 '*호도'

　제행무상(諸行無常)이라는 말이 있습니다. 우주의 모든 사물은 늘 돌고 변하여 한 모양으로 머물러 있지 아니하다는 뜻의 불교 용어이지요. 비단 사물만이 아닐 것입니다. 도대체 물러날 기미를 보이지 않던 여름도 엊그제 찾아온 사나운 비바람에 기세가 꺾이어 가을에 자리를 내어 줄 차비를 하고 있는 것을 보면 계절도 그렇게 시간의 흐름에 따라 변모를 거듭하고 있으며 우리들의 삶 또한 매 순간 그와 같이 변화의 수레바퀴 아래 놓여 있다고 할 수 있겠지요.

　이 세상 모든 것이 제행무상의 수레바퀴 아래 놓여 있다고 한다면, 인간이 사용하는 언어라는 것도 요지부동의 상태로 고정되어 있는 것이 아니라 순간순간 변화를 겪고 있으리라는 것은 너무나도 당연한 얘기라고 할 수 있습니다. 현행《표준어 규정》에는 우리말이 겪은 모음이나 자음의 변화를 반영한 규정들이 상당수 끼어 있는데, 그 가운데 하나가 '오>우'변화, 곧 후설 모음 '오'가 좀 더 높은 혀의 위치에서 발음되는 '우'로 변화한 모음 상승(vowel raising) 현상입니다.

　우리말이 역사적으로 겪은 '오>우' 변화의 사례는 적지 않은데 예컨대 '앵두(櫻桃), 자두(紫桃), 호두(胡桃)' 같은 과일 이름에 공통적으로 나타나는 두 번째 음절의 '두'는 모두 '도>두'의 변화를 겪은 것입니다. 고속 도로 휴게소의 즐비한 음식들 가운데 가장 인기가 많은 '호두과자'를 두고, '*호도과자'인지 '호두과자'인지 헷갈려 했던 것도 실은 원음이 '호도'라는 사실을 잘 알고 있는 국어 화자들의 언어 지식에서 비롯된 것이라고 할 것입니다.

물 축제의 고장인 장흥에서는 벌써 10여 년 전, 조선 시대에서부터 장흥군에서만 자생하는 귀족호두를 다양한 품종으로 육종하고 명품을 관리하여 그 자료와 문헌을 관리하려는 목적으로 호두 박물관을 열었습니다. 손바닥 지압용 특산물이라고 할 수 있는 호두 한 쌍이 경우에 따라서는 1억을 호가하기도 한다니 자못 놀라운 일이 아닐 수 없다고 하겠지요. 문제는 박물관의 이름을 '귀족 호도 박물관'이라고 함으로써 그곳을 찾는 방문객들의 마음을 조금은 불편하게 하게 만들기도 한다는 것입니다. '호도'는 장흥 지역 사투리인가 보다 하는 사람들도 없지 않으니 말이지요. 짐작건대 '호도>호두'의 변화를 겪기 전의 보수적인 형태를 이름으로 삼음으로써 이전 시대의 명성과 품질을 그대로 보존하려는 의도가 숨어 있는 것이 아닐까 하는 추측이 가능한바, 시간적 선후 관계에 놓인 두 단어의 관계를 잘 이해할 필요가 있다 할 것입니다.

  '호도>호두'의 예처럼 '오>우'변화를 수행한 국어 단어의 또 다른 예로는 포장마차나 공원 언저리의 좌판에서 종종 만날 수 있는 조개류 '고둥'을 들 수 있습니다. '고둥'은 '고동>고둥'의 변화를 겪은 것으로, 그 결과 이전 시기에는 '소라고동, 총알고동' 등으로 불렀던 '고둥'의 종류를 이제는 '소라고둥, 총알고둥' 등으로 불러야 합니다. 곽재구의 시 <어란진에서>에 등장하는 '뻘고둥'을 '*뻘고동'으로 쓰지 않는 이유 역시 바로 '고동>고둥'의 변화 때문임은 물론입니다.

> 바람처럼 이곳 바다에 섰네
> 어깨너머로 본 삶은 늘 어둡고 막막하여
> 쓸쓸한 한 마리 뻘고둥처럼
> 세상의 개펄에서 포복했었네

우리말에서 수행된 '오>우' 변화는 매우 활발한 편이어서 일부 의성어나 의태어에도 적용되고 있음이 특징입니다. 그리하여 토끼들은 더 이상 '*깡총깡총' 뛰지 않고 '깡충깡충' 뛰고 있으며, '오손도손' 의좋게 살아오던 사람들은 '오순도순' 살아가는 모습을 보이게 되었습니다. 다만, 지난 2011년 8월 31일, 몇몇 어휘를 대상으로 한 표준어 재사정의 결과, '오순도순' 외에 '오손도손'도 다시 표준어로 삼기로 함으로써 두 단어가 '큰말'과 '작은말'의 관계를 갖는 복수 표준어의 지위를 얻게 되었으니, 이러한 언어적 사실 또한 잘 기억해 두는 것이 좋을 듯합니다.

우리말 편지 63
(2013. 9. 9.)

'사돈'과 '*사둔'

언어 변화는 어떠한 방식으로 진행되는 것일까? 이러한 질문에 대해 언어학자들은 일시에, 아무런 예외도 없이 매우 급진적으로 일어나는 변화가 있는가 하면, 오랜 기간에 걸쳐 서서히, 점진적으로 일어나는 변화가 있다는 사실을 확인하였습니다. 전자가 홍수가 져서 모든 것이 한꺼번에, 큰 물결에 휩쓸려 가듯 이루어지는 변화라고 하면, 후자는 마치 봄날의 꽃 소식이나 가을날의 단풍 소식처럼 시차를 두고 그 영역을 점진적으로 확장해 나가는 방식으로 이루어지는 변화라고 할 수 있습니다.

언어 변화의 두 가지 유형 가운데 지난번 편지에서 '호도(胡桃)>호두', '고동>고둥' 등을 예로 들어 설명했던 국어의 '오>우' 변화는 후자, 즉 시차를 두고 이루어지는 점진적 변화의 성격을 띠는 것이 특징입니다. 그리하여 똑같이 '도(桃)'를 구성 요소로 하는 단어이지만 '앵도(櫻桃), 자도(紫桃), 호도(胡桃)'는 '오>우' 변화의 적용에 의해 각각 '앵두, 자두, 호두'로 변화를 겪은 반면, '백도(白桃), 황도(黃桃)' 등은 아직 그러한 변화를 겪지 않고 있습니다. 또한 연체동물에 속하는 '고동'은 '고둥'으로 변화함으로써 '소라고둥, 뿔고둥, 총알고둥' 등 역시 모두 '고둥'의 모습을 하고 있는 반면, 기적 소리나 항해 중인 배의 신호음 또는 심장의 박동 소리는 '오>우' 변화를 겪지 않은 '고동'을 표준어로 하고 있지요. 따라서 다음 문장들에서 쓰인 '고동'은 모두 '오>우' 변화와는 무관한 형태들인 셈입니다.

(1) 육당의 귀에 기차의 고동 소리가 봉건 사회의 깊은 잠을 깨우는 각성

의 함성으로 들린 것도 무리가 아니다.
(2) 멀리서 배의 고동 소리가 아련히 들려온다.
(3) 장난 같던 이야기의 분위기가 진지해지자 나르지스는 심장의 고동 소리가 높아지는 것을 느꼈다.

'오>우' 변화가 점진적 성격의 언어 변화임을 보여 주는 또 다른 증거로는 '사돈(査頓)', '삼촌(三寸)', '부조(扶助)' 등의 한자어 어휘들에 그러한 변화가 적용되지 않고 있다는 사실을 들 수 있습니다. 물론 우리의 전라도 방언을 비롯한 국어의 일부 방언에서는 '오>우' 변화가 적용되어 이들 어휘가 흔히 '[사둔], [삼춘], [부주]' 등으로 발음되는 경우가 없지 않지만, 적어도 표준어에 관한 한 그러한 변화를 인정하지 않아 원래의 형태 그대로 '사돈', '삼촌', '부조'를 표준어로 삼고 있습니다. 이 가운데 혼인한 집안의 부모들 사이에서 상대방을 가리키거나 직접 부르기 위해 사용하는 말인 '사돈'에 대해서는 '안사돈, 바깥사돈(밭사돈), 암사돈, 수사돈, 겹사돈, 곁사돈' 등등 관련 어휘의 수가 적지 않습니다. 이러한 어휘의 의미를 하나의 표로 정리하면 다음과 같습니다.

어휘	뜻	비고
안사돈	딸의 시어머니나 며느리의 친정어머니를 양편 사돈집에서 서로 이르거나 부르는 말.	'사돈댁'이라고도 함.
바깥사돈	딸의 시아버지나 며느리의 친정아버지를 양쪽 사돈집에서 서로 이르거나 부르는 말.	준말은 '밭사돈'임.
암사돈	며느리 쪽 사돈을 이르는 말.	
수사돈	사위 쪽 사돈을 이르는 말.	'*숫사돈'은 잘못된 표기임.
겹사돈	이미 사돈 관계에 있는 사람끼리 또 사돈 관계를 맺은 사이. 또는 그런 사람.	

곁사돈	직접 사돈 간이 아니고 같은 항렬(行列)의 방계 간의 사돈을 이르는 말.

 요컨대, 혼인으로 이루어진 양가 집안의 부모 또는 친족 사이에서 서로를 이르거나 부르는 경우에 사용되는 국어 어휘들이 이와 같이 다양하게 발달하였으며, 이러한 어휘들은 '오>우' 변화의 적용에 보수적인 모습을 보이고 있음을 알아 둘 필요가 있습니다.

우리말 편지 64
(2013. 9. 16.)

'해콩'과 '*햇콩'

말 그대로 추석이 내일모레니 영랑의 시 <오-매, 단풍들것내>를 떠올리는 분들이 적지 않으리라 생각합니다.

오-매 단풍들것내/장광에 골불은 감닙 날러오아/
누이는 놀란듯이 치어다보며/오-매 단풍들것내/
추석이 내일모레 기둘니리/바람이 자지어서 걱정이리/
누이의 마음아 나를 보아라/오-매 단풍들것내/

발표 당시 <누이의 마음아 나를 보아라>라는 제목을 가지고 있었던 이 시를 통하여 영랑은 추석이 가까이 다가오고 있는 때, 바알갛게 물들어 가는 감잎이 장광에 떨어지는 모습을 보며 풍요로운 결실을 기대하는 설렘과 함께 어쩌면 큰 바람이 불어 열매를 거두기도 전에 모든 것을 망칠 수도 있다는 걱정을 떨쳐 버리지 못하는 누이의 마음을 잘 형상화하고 있습니다. 굳이 남도 사람이 아니더라도 이맘때면 많은 이들이 '오-매 단풍들것내'를 되새기게 되는 것도 바로 그러한 이유 때문이라고 할 것입니다.

추석을 전후하여 슈퍼 태풍의 위협이 잦다는 경험에 비추어 보더라도 누이의 걱정 어린 마음을 모르는 체하기 어렵지만, 가을은 그러한 바람을 잘 이겨 내고 우리에게 잘 영근 알곡과 온갖 향기로운 과일들을 선물로 안겨줄 터, 그러한 곡식과 과일 앞에 한국인들은 '햇-'이라는 성분을 붙여 '햇곡식, 햇과일' 등등의 단어를 만들어 사용해 오고 있습니다. 문제는 '그해에 새로 난'이라는 뜻을 담고 있는 우리말 접두사 '햇-'의 표기가 그다지 단순하지 않다는 것입니다. 이 말이 뜻하는 바가 무엇인지를 분명히 하기 위해 먼저 '햇-' 이외에 그 이형태(allomorph)라고 할 수 있는 '해-'와 '햅-'을 구성 요소로 삼고 있는 단어의 예들을 제시하면 다음과 같습니다.

(1) 햇-: 햇과일, 햇곡식, 햇감자, 햇고구마, 햇김, 햇나물, 햇밤 등.
(2) 해-: 해콩, 해팥, 해쑥 등.
(3) 햅-: 햅쌀

여기에서 보듯이, 우리말 표준어는 그해에 새로 난 온갖 것들을 표기하고자 할 때 (1)처럼 '햇-'을 쓰는 것이 일반적이지만, (2)처럼 '해-'를 쓰는 경우도 없지 않고, (3)처럼 '햅쌀'의 경우에는 '햅-'을 쓰는 것이 정확한 표기입니다. 그렇다면 '햇-'의 이형태로 '해-'나 '햅-'이 쓰이는 이유는 무엇일까요?

우선 (2)의 '해-'는 사이시옷 표기 원칙과 관련이 있습니다. 즉 '햇-'은 기원적으로 '해+ㅅ(사이시옷)'의 구성을 가지고 있음이 특징인데 뒤에 오는 말소리가 '콩'이나 '팥'처럼 거센소리이거나 '쑥'의 경우처럼 된소리이면 사이시옷을 표기하지 않는 것이 원칙이기 때문에 '*햇콩, *햇팥, *햇쑥'이 아닌 '해콩, 해팥, 해쑥'이라고 적어야 하는 것입니다. 그런데 (2)의 표기 원칙에 비추어 보면, (3)의 '쌀'은 '해쑥'의 경우처럼 '해쌀'로 적어야 일관성 있는 표기라고 할 수 있을 텐데 '해'와 '쌀' 사이에 난데없는 'ㅂ'이 쓰이고 있으니, 이는 상당히 의외의 언어적 사실에 속한다고 할 수 있습니다. 결론적으로 말하자면 '햅쌀'의 'ㅂ'은 언젠가 말씀드린 적이 있는 언어 화석(linguistic fossils)입니다. 즉, 중세 국어 시기에 '쌀'은 오늘날과 달리 '발'의 모습을 하고 있었는바, 첫소리 'ㅂ'의 흔적을 '햅쌀'에 남기고 있는 것이지요. 물론 '햅쌀' 외에도 '좁쌀'이나 '찹쌀', '멥쌀' 등에도 그 흔적이 고스란히 남아 있으니, 영랑의 누이처럼 '오-매, 그래 부렀네!'를 한번 외쳐 보는 것도 가히 나쁘지 않을 듯합니다.

우리말 편지 65
(2013. 9. 23.)

'메밀'과 '*모밀'

전라도말로 배가 좀 구풋할 때 가장 안성맞춤인 먹거리를 한 가지 고르라고 하면 아마도 '*모밀'을 빼놓을 수 없을 것입니다. 대개의 경우 뜨끈한 육수에 국수를 말아 먹는 '*모밀국수'를 택하기도 하겠지만, '짜장면을 먹는 게 좋지 않았을까'하는 생각을 했던 이들에게는 '*모밀짜장'이 있으니 더 이상 미련이 없어 좋을 테고, 뭔가 매콤한 것이 먹고 싶었던 분들이라면 '*비빔모밀'이 있으니 광주의 오래된 '*모밀집들', 예를 들어 '청원모밀'이나 '산수옥모밀'을 찾아 나서는 것도 전혀 무리한 일은 아니라라 생각합니다.

문제는 우리들이 그토록 사랑하는 '*모밀'은 이제 표준어의 지위에서 밀려나 현재의 표준어에 해당하는 '메밀'의 옛말이 되었다는 것입니다. 강원도 봉평 근방을 지날 때쯤 한국인이라면 누구나 떠올리기 마련일 이효석의 <메밀꽃 필 무렵> 역시 원 제목이 <모밀꽃 필 무렵>이었으니 '메밀' 이전 시기에 '모밀'이 보편적으로 사용되었다는 증거를 찾기란 어려운 일이 아니라고 할 수 있습니다.

국어 어휘의 역사 검색 시스템 자료에 따르면 '메밀'의 고어(古語) 형태는 '모밀'로서 중세 국어 시기인 16세기 초엽의 문헌에 '모밀' 혹은 '모밀ㅎ'의 형태로 출현하다가 20세기 문헌 자료에서부터 '메밀'로 나타납니다. 따라서 현재의 표준어 '메밀'은 '모밀>메밀'의 변화를 겪은 것이 분명하다고 할 수 있는데, 우리의 기억은 아직도 '모밀' 쪽에 머물러 있는 경우가 많아 '메밀국수'라든지 '메밀짜장' 같은 메뉴가 도리어 낯설게 느껴지는 것이라고 할 것입니다.

'모밀>메밀'의 경우처럼 개별 어휘가 겪은 언어 변화를 반영한 결과를 토대로 이제는 고어가 되었거나 더 이상 사용되지 않는 사어(死語)가 되어 표준어의 신분에서 제외된 어휘로는 다음과 같은 예들을 추가할 수 있습니다.

고어(비표준어)	신어(표준어)	비고
설겆다	설거지하다	설겆이(x)/설거지(o)
애닯다	애달프다	
머귀나무	오동나무	
오얏	자두	'李'(오얏 리)

현행《표준어 규정》제20항에 따른 이와 같은 표준어 사정의 결과 '*설겆이'라든지 '*애닯아하다' 또는 '*머귀나무', '*오얏' 같은 단어들은 이제 표준어가 아닌 비표준어가 되었습니다. 따라서 예컨대 다음과 같은 뉴스 보도나 신문 기사에 쓰인 '*설겆이'나 '*애닯은'은 이제 오류임에 틀림없는 형태들이라고 할 수 있습니다.

(1) 이 날 나경은 아나운서는 명절에 시어머니에게 보이는 품격이 다른 *설겆이 애교로 눈길을 끌었다. 하기 싫은 *설겆이를 외출한 다음에 돌아와서 하겠다는 이야기를 시어머니 앞에서 특유의 애교로 잘 넘어가는 모습이다. <2011. 9. 12., TV리포트>

(2) 국산 라면은 이제 종류만 200 가지가 넘는다. 한 해에 한 명이 70여 개를 먹어 치우고 80여 개국에서 팔리는 한국의 대표 맛이 됐다. 신기한 건 이토록 화려한 진화를 거듭했어도 라면의 이미지는 처음 그때처럼 여전히 인생의 *애닯은 페이소스에 닿아 있다는 것이다.<2013. 4. 22., 한국일보>

요컨대 '*모밀'을 비롯하여 '*설겆이', '*애닯은' 등은 각각 개신형인 '메밀, 설거지, 애달픈' 등으로 표기해야 올바른 표준어입니다. '자두'의 옛말인 '*오얏' 역시 한자 '李'의 뜻을 새기는 경우를 제외하고는 모두 '자두'로 대체하는 것이 옳고, '오동나무'의 옛말인 '*머귀나무'는 이제 우리들의 기억 속에서 지워야 할 때가 된 듯합니다.

우리말 편지 66
(2013. 9. 30.)

'학교'와 '*핵교'

'학교'와 '*핵교'의 차이는 무엇일까? 이러한 질문을 두고 언어유희를 즐기는 사람들은 '학교'는 '다니는 곳'이고, '*핵교'는 '댕기는 디(곳)'라고 하면서 빙그레 웃음을 머금기도 합니다. 언어학적으로 말하자면 '*핵교'는 표준형 '학교'에 적용된 자연스러운 음운 동화 현상, 곧 '움라우트'의 결과이지만, 우리 국민 모두가 '*핵교'는 이제 더 이상 사용되지 않는 지나간 시대의 흔적이라고 가볍게 치부해 버릴 수도 있는 일이고 보면, '움라우트'라는 현상 역시도 이 시대를 살아가는 세대와는 무관한 현상인 것처럼 보일 수 있습니다. 그러나 우리의 표준어 가운데는 소수이긴 하지만 '움라우트'의 결과 표준어가 된 형태가 없지 않으며, 비록 표준어의 지위를 갖고 있지는 않지만 아직도 우리의 혀끝에서 자연스럽게 맴도는 말들이 적지 않은바, '움라우트' 현상과 표준어의 문제에 대해 한번쯤 깊이 생각해 볼 필요가 있습니다.

우선 '움라우트'라는 용어부터 좀 분명히 하자고 하면, 이 말은 독일어 'umlaut'에서 온 말입니다. 그러니까 '학교>핵교'와 같은 변화를 가져올 수 있는 언어 현상은 우리말에서뿐만 아니라 독일어와 같은 인도-유럽 어에서도 얼마든지 가능한 현상이라고 할 수 있다는 것이지요. 문제는 '움라우트'에 관한 한 우리의 표준어 정책은 매우 인색한 편이어서 현행 《표준어 규정》에서 표준어로 인정하고 있는 움라우트형은 다음과 같은 세 가지밖에 되지 않는다는 것입니다.

(1)ㄱ. -나기>내기(예) 서울내기, 시골내기, 신출내기, 풋내기, 새내기 등.)

ㄴ. 남비>냄비

ㄷ. 동당이치다>동댕이치다

이와 같은 언어적 사실이 의미하는 바가 무엇일까 하는 것이 당장에는 실감이 나지 않을 수도 있습니다. 그러나 현행《표준어 규정》제9항에 제시된 이러한 규정의 결과, 앞에서 예로 든 '*핵교'는 물론이거니와 '*아지랭이', '*애기', '*에미', '*애비', '*오래비' 등 일상생활에서 자주 사용되고 있는 움라우트형들이 모두 표준어와는 거리가 먼 형태들이니 여기에 이르러서는 무언가 불편한 생각이 들 수도 있다는 것입니다.

주지하는 바와 같이, 봄날 햇빛이 강하게 쬘 때 공기가 공중에서 아른아른 움직이는 현상을 가리키는 올바른 표준어는 '아지랑이'입니다. 그러나 인터넷 검색 엔진에서 찾아보면, '아지랑이'보다도 '*아지랭이'가 더 자주 쓰이고 있는 것으로 보아 '*아지랭이'에 대한 우리의 미련이 아직도 적지 않은 듯합니다. 이러한 미련은 '*애기', '*에미', '*애비', '*오래비' 등에 이르러 훨씬 더 강도가 강하다고 할 수 있는데 다음이 그 증거입니다.

(2) ㄱ. '파리의 연인' 박신양의 대사로 화제를 모았던 "*애기야, 가자."라는 대사를 소지섭이 패러디하자 시청자들의 반응이 뜨겁다.

ㄴ. 입산수도한 아들을 기다리는 한석봉의 *에미도 아니면서 가래떡 써는 일만큼은 직접 해야 성에 차는 것인지 나도 알 수 없는 노릇이다.

ㄷ. 어머니께서 "*애비야, 칼국수가 먹고 싶은데 해 줄 수 있어?"라고 물으시는 것이었습니다.

ㄹ. 햇빛이라고는 모르고 사는지 하얀 피부에 여자처럼 붉은 입술이 영락없는 *기생오래비다.

위 문장들에서 밑줄 친 단어 '*애기', '*에미', '*애비', '*오래비'는 모두 일상생활에서 자연스럽게, 상당히 자주 쓰이는 말들입니다. 그러나 이러한 형태들은 어떠한 문맥적 상황에서도 표준어로 인정받지 못하고 있는바, 그 이유는 움라우트에 대한 현행《표준어 규정》의 엄격한 잣대 때문임을 알아 두셔야 할 것입니다.

우리말 편지 67
(2013. 10. 7.)

'다르다'와 '틀리다'

    교수연구동 출입문 양 옆으로는 두 그루의 소나무가 언제나 변함없이 푸르른 모습으로 자라고 있습니다. 그 아래쪽으로는 소나무보다 훨씬 푸른빛을 띠는 식물이 뾰족뾰족 키 재기를 하며 자라고 있으니, 이 식물의 정체는 바로 '꽃무릇'입니다. 지난 추석 무렵, 선홍빛 꽃을 피웠다가 열흘도 채 안 되어 흔적도 없이 지고 만 자리에 새로이 돋아난 '꽃무릇'의 잎들이 어느새 소나무 아래를 빽빽하게 점령하고 있는 것이지요.

    문제는 추석을 전후로 마치 큰불이라도 난 듯 온통 붉은 빛으로 피는 '꽃무릇'을 일컬어 '상사화'라고 하는 이들이 적지 않다는 것입니다. 두 식물은 모두 꽃이 지고 난 뒤에야 잎이 나고, 또 그 잎이 흔적도 없이 모습을 감추고 난 뒤에야 꽃이 피어남으로써 '꽃'과 '잎'이 서로의 모습을 영영 볼 수 없다는 공통점을 가지고 있긴 하지만, 두 식물은 여러 가지 점에서 서로 다릅니다. 즉, '상사화'는 '꽃무릇'보다 개화 시기가 훨씬 일러서 칠월칠석 무렵에 꽃이 피며, '노랑상사화', '진노랑상사화', '위도상사화', '붉은상사화' 등 그 종류도 상당히 다양하여 꽃의 빛깔 또한 여러 가지인 반면, '꽃무릇'은 그 종류도 한 가지이고 꽃도 선홍빛으로만 핀다는 점에서 엄연한 차이를 가지고 있다는 것이지요. 이와 같은 사실에도 불구하고 '꽃무릇'을 일컬어 '상사화'라고 칭하는 이들이 많다 보니 어느새 '상사화'의 존재는 희미해지고 '꽃무릇'이 '상사화'의 자리를 차지하게 되는 것으로 보입니다. 그 결과, '꽃무릇' 군락지로 이름난 함평의 용천사나 영광의 불갑사에서는 올해도 '꽃무릇 축제'를 대신하여 '상사화 축제'가 떠들썩하게 열렸으니 엄밀한 의미에서 보면 가짜가 진짜를 대신하게 된 형국이라고 할 수 있을 듯합니다.

중요한 사실은 '꽃무릇'을 일컬어 '상사화'라고 하는 이들이 많은 것처럼, '서로 다르다'는 것을 '서로 *틀리다'고 말하는 국어 화자들이 적지 않다는 것입니다. 다음 문장들을 보기로 하시지요.

(1) ㄱ. 나와 남이 달라도 '*틀리다'로, 성격이 달라도 '*틀린' 성격으로, 생각이 서로 달라도 '*틀리다'고 말한다.
ㄴ. 북한에서는 의외로 어릴 때부터 단어의 정확한 뜻을 알고 적절하게 사용하는 훈련이 잘 되어 있다. 만약 북한주민이 '다르다'고 말해야 하는 상황에서 "이번 당의 지시 사항은 지난번과 *틀리네요."라고 잘못 말했다간 당의 지시가 옳지 않다는 뜻이 되기 때문에 반역자로 낙인 찍혀 엄청난 불이익을 당한다고 한다. <2013. 3. 7., 헤럴드 경제>

이러한 문장들을 통하여 우리는 서로가 '다를'뿐인 것을 '*틀리다'고 보는 것은 적절치 못하거나 때로는 매우 위험한(?) 일일 수도 있음을 알 수 있습니다. 그도 그럴 것이 '다르다'와 '틀리다'는 다음과 같이 구별해서 써야 할 말이기 때문입니다.

(2) ㄱ. 다르다: 비교가 되는 두 대상이 서로 같지 아니하다. '같다'의 반의어.
ㄴ. 틀리다: 셈이나 사실 따위가 그르게 되거나 어긋나다. '맞다'의 반의어.

요컨대, 어떠한 대상 두 가지가 '같지' 않다면 서로 '다른' 것일 뿐 '틀린' 것은 아니라고 보는 것이 정확한 인식이라고 할 수 있습니다. 그럼에도 불구하고 서로가 '다른' 것을 '틀리다'고 보게 되면, 사실을 왜곡하게 되거나 나와는 어딘가 다른 상대를 이해하지 못함으로써 엄청난 갈등을 야기할 수 있는바, '다르다'와 '틀리다'를 제대로 보려는 노력이 필요하다고 봅니다.

우리말 편지 68
(2013. 10. 14.)

'양복쟁이'와 '양복장이'

　　23년 만에 공휴일로 부활한 지난 9일 한글날에 즈음하여 외래어나 외국어에 밀린 우리 고유어의 위상이나 중학교 교과서의 맞춤법 오류, 이른바 외계어에 가까운 청소년들의 은어 등 우리말과 글을 위태롭게 만드는 국어 생활의 현주소에 대한 반성의 목소리가 많았습니다. 우리의 머릿속에는 어느새 "마늘빵은 냄새나고 갈릭브레드는 향기로우며 계피는 촌스럽고 시나몬은 우아하며 장화는 일해야 하고 레인부츠는 데이트 가야 하는 것." 같은 의식이 깊숙이 자리 잡고 있기도 하고, 전범(典範)이 되어야 할 교과서에는 여기저기 맞춤법 오류가 적지 않다 하니, 우리의 말글살이가 아무런 문제없이 온전하기란 쉽지 않은 듯합니다.

　　이번에 지적된 중학교 교과서들의 표기 오류 가운데 특히 눈에 띄었던 것이 바로 '*챙피'와 '*채일'이었습니다. 이 두 단어는 각각 '창피(猖披)'와 '차일(遮日)'로 표기해야 올바른 표준어인 것을 비표준어인 '*챙피'와 '*채일'로 씀으로써 오류를 범한 것이었지요. 이러한 오류는 사실 매우 흔하게, 그리고 광범위하게 나타나고 있음이 특징인데 다음은 그러한 언어적 사실을 뒷받침해 주는 용례들입니다.

　　(1)ㄱ. 그 말을 듣고 내가 목덜미까지 새빨개진 것은 남들이 다 알고 있는 유명한 여자를 몰라봤다는 부끄러움 때문이 아니라 우리의 은밀한 대화를 남들에게 들킨 *챙피함 때문이었다.
　　ㄴ. '차와'라는 이름의 카페가 꽤 근사하다는 건 이 가게에 유일하게 노

천카페로 변신 가능한 *채일이 있다는 뜻이다.

각각 '창피함'과 '차일'로 표기해야 올바른 표기인데도 불구하고 우리의 일상생활에서 (1)과 같은 표기의 오류가 적지 않은 까닭은 두 단어 모두 움라우트, 곧 'ㅣ'모음 역행동화가 적용될 수 있는 조건을 갖추고 있기 때문입니다. 그러나 지난 66번째 편지에서 언급한 대로 움라우트의 결과를 표준어로 인정하는 경우는 극히 제한적이므로 '창피'를 '*챙피'로, "차일'을 '*채일'로 적는 것은 분명한 오류에 해당한다고 할 수 있습니다.

흥미로운 것은 '움라우트'라는 음운 동화의 결과를 표준어로 인정하는 데는 상당한 제약이 있는 가운데서도 '-장이>-쟁이'의 변화를 경험한 접미사 '-쟁이'를 '-장이'와 구별하여 표준어로 받아들이고 있다는 것입니다. 우선 이 말이 의미하는 바가 무엇인지를 구체적인 단어의 예를 통해 살펴보도록 하겠습니다.

(2)ㄱ. -쟁이 ①: 거짓말쟁이, 겁쟁이, 고집쟁이, 떼쟁이, 멋쟁이, 무식쟁이, 심술쟁이, 욕심쟁이, 허풍쟁이 등.

ㄴ. -쟁이 ②: 관상쟁이, 양복쟁이, 요술쟁이, 월급쟁이, 점쟁이, 침쟁이, 풍각쟁이, 환쟁이 등.

ㄷ. -장이: 간판장이, 갓장이, 대장장이, 땜장이, 미장이, 양복장이, 옹기장이, 유기장이 등.

위의 예에서 보듯이, 우리말 파생어에는 움라우트가 적용된 '-쟁이' 형과 그렇지 않은 '-장이' 형의 구별이 있는데, 중요한 것은 '-쟁이' 형과 '-장이' 형이 단순히 형태적 차이로만 그치지 않고 일정한 의미의 차이를 갖는다는 것입니다. 즉, '-쟁이' 형 가운데 '-쟁이①'은 '일정한 속성을 많이 지닌 사람'을 뜻하는 말로, '-쟁이②'는 '일부 직종을 나타내는 말에 붙어 그러한 사람을 낮잡아 부르는 말'로 쓰이는 반면, '-장이' 형은 '일정한 기술을 가진 사람'을 가리 킨다는 것이지요. 그리하여 가령, (2ㄴ)의 '양복쟁이'는 '양복 입은 사람을 낮 잡아 부르는 말'로, (2ㄷ)의 '양복장이'는 '양복 만드는 기술이 있는 사람'의 의 미로 쓰이고 있으니, '-쟁이'인지 '-장이'인지에 따라 미묘한 의미 차이를 갖도 록 만들었다는 점에서 말에 대한 우리들의 감각만큼은 상당히 높은 수준이 라고 할 수 있을 듯합니다.

우리말 편지 69
(2013. 10. 21.)

'웃어른'과 '*윗어른'

우리의 전통문화에서는 집안의 모든 일들을 그 집안의 가장인 웃어른의 뜻에 따라 하는 것을 마땅히 지켜야 할 도리로 여겼습니다. 그리하여 젊은 사람들은 무슨 일이 있을 때마다 웃어른의 뜻을 미리 더듬거나 정중히 여쭈었는데, 이런 행동을 '여탐'이라고 하였습니다. 심지어는 '여탐굿'이라는 것이 있어서, 집안에 경사가 있을 때 먼저 조상에게 아뢰기 위한 굿을 하기도 하였지요.

문제는 우리 국어 사용자들 가운데 '웃어른'과 '*윗어른' 가운데 무엇이 맞는 것일까 하는 혼동으로 인해 '여탐'을 해야 할 이들이 적지 않은 것 같다는 것입니다. 다음이 그 전형적 사례라고 할 수 있습니다.

(1) ㄱ. 작가 김수현은 '국민 작가'라는 호칭으로 불리는 드라마계의 *윗어른이다.
ㄴ. 민족 최대 명절인 추석이 간소화되어 가다 보니 미리 성묘를 다녀오고 서둘러서 *윗어른이나 친지들을 방문하는 경우도 많다.
ㄷ. 그는 또 공사 구별이 분명해 업무상 잘못에 대해서는 '무서운 시어머니'에 비유되지만 사적으로 직원들의 대소사까지 챙기는 '따뜻한 *윗어른'이란 게 주위의 평이다.

위 문장들에서 잘못 쓰인 '*윗어른'은 모두 '웃어른'으로 써야 맞는 말인데, 이러한 오류가 사실은 모두 언론의 기사문이라고 하는 점에서 '여탐'은 정작 일반 언중이 아니라 언론사의 기자들이 먼저 해야 할 일이라고 여겨질 정도입니다. 물론 (1)과 같은 오류가 자주 나타나는 까닭은 '위아래'를 구별하고자 할 때 쓰는 말 '위'에 '사이시옷(ㅅ)'을 결합하여 만들어진 '윗-'의 변이형으로 '웃-'이 쓰이기도 하고, 경우에 따라서는 '위-'만 사용되기도 하는 복잡성 때문이라고 할 수 있으니 딴은 전혀 이해 못할 일은 아닌 듯합니다.

현행 《표준어 규정》 제12항에서는 "'웃-' 및 '윗-'은 명사 '위'에 맞추어 '윗-'으로 통일한다."고 규정하고 있습니다. 이와 같은 규정에 따라 '위아래'의 구별이 있는 다음 단어들은 모두 '*웃-'이 아닌 '윗-'을 선행 요소로 쓰는 것이 올바른 표기입니다.

(2) 윗넓이, 윗눈썹, 윗니, 윗도리, 윗몸, 윗바람, 윗배, 윗사람, 윗사랑, 윗수염, 윗잇몸, 윗자리 등.

그러나 (2)와 같은 표기 원칙에는 예외가 있어서 '윗-'이 아닌 '웃-'을 선행 요소로 하는 단어들이 없지 않은데 '웃어른'을 비롯한 다음 단어들이 그 예들입니다.

(3) 웃국, 웃기, 웃돈, 웃비, 웃옷 등.

그렇다면 (2)와 (3)의 구별은 어떻게 해야 하는 것일까요? 원칙적으로 (2)의 예들은 모두 '위아래'의 대립이 가능한 단어인 데 반하여 (3)의 예들은 그러한 대립이 불가능한 단어라는 특징을 지니고 있습니다. 예컨대 (2)의 '윗사람'은 그에 대립되는 '아랫사람'이 있는 반면, '웃어른'이나 (3)의 '웃국'(간장이나 술 따위를 담가서 익힌 뒤에 맨 처음에 떠낸 진한 국) 또는 '웃옷'(맨 겉에 입는 옷)은 '*아래어른'이나 '*아랫국', '*아래옷'이 아예 불가능하다는 것이지요. 이와 같은 언어적 사실에 비추어 볼 때, 우리의 '여탐' 대상은 어디까지나 '*윗어른'이 아닌 '웃어른'이었음을 잘 기억해야 할 것입니다.

우리말 편지 70
(2013. 10. 28.)

'무'와 '*무우'

지난 10월 23일은 24절기 가운데 18번째 절기에 해당하는 '상강(霜降)'이었으니, 바야흐로 된서리가 내리기 시작하는 때가 되었습니다. 서리가 하얗게 내린 아침, 들녘에 나가 본 경험이 있는 분이라면 온 대지가 서리로 뒤덮여 아침 햇살에 반짝이는 광경을 자주 목격하였을 것입니다. 이때부터 농촌에서는 한 해의 농사를 갈무리하는 작업들이 연이어 이루어지게 되니, 나락을 거두어들이는 일에서부터 감을 따고, 고구마를 캐고, 마지막 남은 끝물 고추를 따서 말리는 작업까지 눈코 뜰 새 없이 바쁜 날들이 계속되겠지요.

그러나 갖가지 가을걷이로 들판이 점차로 비어가는 시기에도 푸른빛을 그대로 간직하며 한참을 그 자리에 머물러 있을 작물이 있으니, 배추와 '무' 같은 김장 채소가 바로 그것입니다. 제대로 된 김장철이 11월 말쯤이라고 보면, 거지반 한 달 가까이를 배추는 배추대로, '무'는 '무'대로, 된서리를 맞으면서도 포기를 키우고 뿌리를 튼실하게 만드는 일을 쉬지 않으리라는 것입니다.

문제는 '무청'을 비롯하여, '무생채', '무나물', '무전', '뭇국', '무시래기' 등등 '무'의 일부분이나 '무'를 재료로 하는 먹거리의 명칭들이 모두 '무우'가 아니라 '무'로 시작한다는 사실을 정확하게 알고 있는 사람들이 많지 않다는 것입니다. 더구나 국어 방언 화자라면, '무우' 대신 '무시'나 '무수'로 적고 싶은 심경도 없지 않은데, '무우'도 아닌 '무'를 써야 한다니 이러한 연유가 무엇일까 궁금증이 없지 않으셨으리라 생각합니다.

오랫동안 표준어 자리를 차지하였던 '무우'가 '무'에게 자리를 양보하게 된 것은 현행《표준어 규정》제14항의 규정에 따른 것으로, 이는 '무우>무'의 변화, 곧 2음절로 이루어진 본말 '무우'가 1음절 '무'로 줄어든 것을 표준어로 삼은 까닭입니다. 이에 따라 '무'의 잎사귀 부분을 '무청'이라고 함은 물론, '무'를 넣고 끓인 국을 일컬어 '뭇국'이라고 하니, 이러한 먹거리들은 겨우내 우리의 밥상을 풍요롭게 만들어 줄 것입니다.

  본말 대신 준말을 표준어로 삼게 된 것을 보여 주고 있는 《표준어 규정》 제14항의 단어 가운데 주목을 필요로 하는 것들이 몇 개 더 있는데, '똬리, 솔개, 생쥐, 장사치' 같은 단어가 바로 그것입니다. 이러한 규정이 의미하는 바가 무엇인지를 다음 표를 통해 확인하기로 하겠습니다.

본말	준말	비고
*또아리	똬리	'똬리'를 머리에 이다/틀다.
*소리개	솔개	
*새앙쥐	생쥐	
*장사아치	장사치	

  이러한 사례들 가운데 '똬리'에 대해서는 좀 더 깊은 관심이 필요한데, 그 이유는 '또아리>똬리'의 변화를 수행한 이 단어의 쓰임을 대다수의 국어 화자들이 잘 알지 못하고 있는 까닭입니다.

> (1) 작품들은 용의 피부 질감, *또아리를 튼 코브라의 자세, 요다의 표정 등 대상을 세밀하게 표현해 내 누리꾼들의 감탄을 자아냈다.
> (2) 그만큼 그들은 아직까지도 제주 정가의 한복판에서 *또아리를 틀고 있다는 얘기다.
> (3) 9월 태풍이 국내에 영향을 주지 않은 것은 한반도에 *또아리를 튼 고기압 때문에 태풍이 중국과 일본으로 비껴 나간 영향이다.

요컨대, 언론의 기사들에서도 쉽게 확인이 되는 이러한 '*또아리'들은 모두 '똬리'로 고쳐 써야 하는 비표준어에 해당하는바, 본말 대신 똬리를 튼 이러한 준말에 대한 지식이 필요한 시대에 우리는 살고 있습니다.

우리말 편지 기
(2013. 11. 4.)

'홀몸'과 '홑몸'

하루해만 짧은 것이 아니라, 한 해도 결코 긴 것만은 아니어서 벌써 11월입니다. 바야흐로 늦가을이니, 지금 당장은 형형색색의 옷으로 단장을 한 나무들이 얼마 안 있어 하나씩 둘씩 잎들을 떨구고 벗은 몸으로 서서 찬 서리와 시린 바람을 견뎌야 하는 시기가 오고 만 것이지요. 그럼에도 불구하고 <내가 사랑하는 계절>이라는 제목의 시에서 시인 나태주는 자신이 가장 좋아하는 달을 11월이라고 하고 있는바, 시의 일부를 소개하면 다음과 같습니다.

> 내가 제일로 좋아하는 달은
> 11월이다
> 더 여유 있게 잡는다면
> 11월에서 12월 중순까지다
>
> 낙엽 져 홀몸으로 서 있는 나무
> 나무들이 깨금발을 딛고 선 등성이
> 그 등성이에 햇빛 비쳐 드러난
> 황토 흙의 알몸을
> 좋아하는 것이다
>   -하략-

위 시의 내용을 따라가 보면 시인은 11월을 못 견디게 사랑하는 까닭을 산

등성이의 나무들이 봄부터 가을까지 무겁게 걸쳐 입고 있던 옷을 벗어 버림으로써 나무를 받치고 있던 아래쪽의 황토까지도 있는 그대로 드러나는 상태, 말하자면 아무것도 숨김없이 모든 것을 솔직하게 드러내어 보여 주는 데서 찾고 있는 듯합니다. 문제는 모든 잎들을 떨구고 난 뒤, 산등성이에 깨금발을 딛고 선 나무를 가리켜 '*홀몸으로 서 있는 나무'라고 표현하고 있다는 것인데, 이는 '홑몸으로 서 있는 나무'라고 쓰는 것이 더 적절하다는 점에서 올바른 표준어가 아니라고 할 수 있습니다.

우리말 '홑몸'과 '홀몸'은 비슷한 면이 있긴 하지만, 의미상으로 상당히 미묘한 차이가 있다는 점에서 구별을 필요로 하는 단어들이라고 할 수 있습니다. 먼저 사전의 정의를 제시하면 다음과 같습니다.

(1)ㄱ. 홑몸: 아이를 배지 아니한 몸./딸린 사람이 없는 혼자의 몸.
ㄴ. 홀몸: 배우자나 형제가 없는 사람.

이러한 정의에 따르면, '홑몸'은 '임신을 하지 않은 사람이거나 딸린 사람이 아무도 없는 사람'을 의미하는 반면, '홀몸'은 단순히 '배우자나 형제가 없는 사람'을 가리키는 말임을 알 수 있습니다. 따라서 (1ㄱ)의 '홑몸'은 우선 여성이 임신을 하지 않은 상태를 의미하는데, 다음 예문에서 보듯이 주로는 '홑몸이(도) 아니다'의 형식으로 쓰이는 것이 특징입니다.

(2)ㄱ. 새댁은 홑몸이 아니니까 심부름 좀 그만 시키세요.
ㄴ. 홑몸도 아니면서 어디를 다녀오세요?

'홑몸'은 이러한 의미 외에 '딸린 사람이 아무도 없는 사람'을 의미하기도 하며, 이러한 점에서 '배우자나 형제가 없는 사람'을 의미하는 (1ㄴ)의 '홀몸'과 혼동되는 일이 많은데, 구체적인 용례를 통해 구별해 보면 다음과 같습니다.

(3)ㄱ. 저는 아내도 자식도 없으니 홀몸으로 돌아다닐 수나 있지요.
ㄴ. 전쟁 통에 그는 홀몸으로 피난을 온 셈이었다.
ㄷ. 남편과 사별한 후 홀몸으로 아이들을 키우려니 몹시 힘에 부칩니다.

요컨대, '홀몸'은 (3ㄱ)에서처럼 배우자는 물론 자식까지 포함하여 딸린 사람이 아무도 없을 때 쓰는 말인 반면, '홑몸'은 (3ㄴ)에서처럼 배우자나 형제가 없거나, (3ㄷ)에서처럼 배우자는 없지만 아이들은 있는 셈이니 적어도 '홀몸'은 아닌 상태를 의미합니다.

우리말 편지 72
(2013. 11. 11.)

'모둠'과 '*모듬'

'김밥천국'이나 '김밥나라' 같은 김밥집에 가 보신 분이라면 아시겠지만, 우리의 김밥은 진화에 진화를 거듭하여 10여 가지가 훨씬 넘는 가짓수를 자랑하고 있습니다. 그도 그럴 것이 참기름과 소금으로 간을 한 밥을 김에 펴 바른 다음 그 위에 무엇을 주재료로 얹느냐에 따라 '원조김밥', '김치김밥', '참치김밥', '치즈김밥', '돈가스김밥', '고추김밥', '멸추김밥(멸치볶음에 매운 고추를 넣어 만든 김밥)' 등등 실로 다양한 김밥이 가능할 뿐만 아니라, '누드김밥', '꼬마김밥', '못난이김밥', '충무김밥' 등 그 모양이나 생산지에 따른 김밥도 없지 않으니 어쩌면 김밥의 가짓수는 거의 무한대라고 보아도 틀린 말이 아닐 것입니다.

조선 시대의 기록물인 『경상도지리지(慶尙道地理志)』와 『동국여지승람(東國輿地勝覽)』에 따르면 전라남도 광양군 태인도의 토산품으로 김이 처음 등장합니다. 이와 같은 사실로 미루어 보면 김을 이용하여 밥과 반찬이 될 만한 음식을 싸서 먹는 문화는 조선시대부터 존재하였던 것으로 보입니다. 그 이후 김을 활용하여 만든 다양한 음식이 존재하였고, 김에 관련된 음식 문화가 발달하면서 근대에 들어와 김밥이 탄생하였습니다. 따라서 김밥은 일본으로부터 들어온 것이 아니라 우리 고유의 음식문화라고 보는 것이 정확한 견해일 듯합니다.

문제는 식당에 가면 두 손가락이 모자랄 만큼 많은 종류의 김밥 가운데 무엇을 선택하는 것이 좋을까 하는 문제 상황에 부딪치게 되는 경우가 종종 있다는 것입니다. 그리하여 이것저것 고르기가 쉽지 않으니 모든 김밥 재료가다 들어간 김밥은 어떨까 하는 생각을 할 수도 있는 이들을 위해 마련된 메뉴도 없지 않으니, '모둠김밥'이 바로 그것입니다.

'모둠김밥'에 쓰인 '모둠'의 형태 구조를 살펴보면, '모두-(어간, 集)+-ㅁ(명사 파생 접미사)'의 구조를 가지고 있는데, 표준어 '모으-'에 대응되는 동사 어간 '모두-'는 중세 한국어 '모도-'를 어원으로 하는 말입니다. 흥미로운 것은 국어가 겪은 보편적 음성 변화 가운데 하나인 '오>우' 변화 결과 나타난 '모두-'는 현재 경상도나 함경도 등의 일부 방언에서만 쓰일 뿐 표준어 지역에서는 쓰이지 않는 말이라는 것입니다. 그럼에도 불구하고, '모두-'는 '모둠김밥'을 비롯하여 상당수의 국어 어휘를 구성하는 요소로 남아 표준어의 지위를 차지하고 있는데, '모둠꽃밭, 모둠냄비, 모둠발, 모둠밥, 모둠앞무릎치기, 모둠학습, 모둠회' 등이 그 예들입니다.

'모둠'을 구성 요소로 하는 국어 어휘 가운데 '모둠김밥, 모둠냄비, 모둠밥, 모둠안주, 모둠전골, 모둠회' 등은 모두 음식물명이라는 공통점이 있는데 '*모듬김밥, *모듬냄비, *모듬밥, *모듬안주, *모듬전골, *모듬회' 등으로 잘못 표기된 형태들이 식당의 메뉴나 언론의 기사로 등장함으로써 혼동을 야기하는 경우가 적지 않습니다. 다음이 그 전형적인 사례들입니다.

(1) 이것저것, 생각나는 김밥 재료 다 준비해서 *모듬김밥을 싸려고 합니다.
(2) 각색전골은 고기, 생선, 채소 등의 여러 가지 재료를 섞은 '냄비전골'을 말하며 '*모듬전골' 또는 '*모듬냄비'라고도 한다.
(3) *모듬밥은 먹을 것이 귀했던 옛날 아녀자들이 정월 초이렛날 집집마다 돌며 걷은 쌀로 밥을 지어 마을 어르신들에게 대접했던 세시 풍속이다.
(4) 농협 하나로 마트에서는 생물 오징어, *모듬회 등 신선한 농축수산물을 기존 가격에서 최대 60% 저렴한 가격에 판매한다.

이러한 사례들을 통해 보듯이, 우리들이 무의식적으로 사용하는 어휘들 가운데 상당수가 정작은 그 어원과는 거리가 먼 잘못된 어휘들이었다고 할 수 있습니다. 따라서 이들을 '모둠김밥, 모둠전골, 모둠냄비, 모둠밥, 모둠회' 등으로 되돌려 놓아야 제대로 된 표준어라고 할 것입니다.

우리말 편지 73
(2013. 11. 18.)

'빨강'과 '*빨강색'

영조 때의 시조 시인이자 가객(歌客)인 김천택은 단풍으로 물든 가을 산의 아름다움을 다음과 같이 노래하였습니다.

> 흰 구름 푸른 내는 골골이 잠겼는데
> 추상에 물든 단풍 꽃도곤 더 좋아라
> 천공이 나를 위하여 뫼빛을 꾸며 내도다

시인은 찬 서리가 내리고 난 뒤 붉게 물든 단풍이 꽃보다 더 좋다고 하고 있으니, 이즈음의 우리 교정만 놓고 보더라도 시인의 말이 결코 지어낸 말은 아니라고 할 수 있을 듯합니다. 말 그대로 하늘이 우리를 위하여 아름다운 산빛을 만들어 내었으니 늦가을의 멋진 정취란 무릇 하늘의 선물이라고 보아도 틀린 말은 아니리라 생각합니다.

순전히 생물학적 관점에서 보자면 단풍이 드는 것은 여름내 왕성하게 활동하던 엽록소가 가을이 되어 서서히 활동을 줄이면서 그동안 엽록소에 가려 눈에 띄지 않던 색소들, 곧 붉은색을 띠는 카로티노이드나 노란색을 띠는 크산토필 같은 색소들이 눈에 띄기 때문에 나타나는 현상입니다. 이때에 나무들은 생장을 멈추고 겨울을 맞이할 차비를 하게 되는바, 가장 아름다웠던 순간을 보내고 난 후 스스로 나뭇잎을 지상에 떨굼으로써 가뿐해진 몸으로 시린 겨울을 견디고 봄이 되어 새로운 생명의 싹을 틔울 꿈을 꾸게 되겠지요.

문제는 단풍의 빛깔입니다. 오색 빛깔 단풍이라고 했으니 다섯 가지 빛깔로 물이 들 수도 있는 법이긴 하지만, 원래 오색이라 함은 '파랑, 노랑, 빨강, 하양, 검정'을 가리키는 말이니, 단풍이 이러한 색깔을 가질 리 만무하고 보면 그저 울긋불긋 여러 가지 색깔이 어울리어 있는 모습을 일컬어 오색 빛깔 단풍이라고 하겠지요.

그런데 '파랑, 노랑, 빨강, 하양, 검정'과 같은 오색을 두고, '*파랑색, *노랑색, *빨강색, *하양색, *검정색'이라고들 표현하기도 하는데 이는 모두 '색'이 잉여적으로 결합된 말이라는 점에서 잘못된 색채 표현이라고 할 수 있습니다. 그렇다면 우리말 오색의 체계는 어떻게 구성되는 것이 맞는 것일까요? 다음을 보기로 하시지요.

기본 색채어	파생명사형	합성명사형	비고
파랗다	파랑/퍼렁	파란색/퍼런색	
노랗다	노랑/누렁	노란색/누런색	
빨갛다	빨강/뻘겅	빨간색/뻘건색	발강/벌겅
하얗다	하양/허영	하얀색/허연색	
검다	검정/감장	검은색/감은색	껌정/깜장

위의 표를 보면 우리말 색채어 체계는 상당히 복잡한 양상을 띤다는 것을 알 수 있습니다. 우선, 기본 색채어에서 파생한 색채어에는 '파랑/퍼렁'이나 '노랑/누렁'처럼 모음의 교체에 따라 양성형과 음성형이 공존하고 있으며, '빨강'과 '검정'의 경우에는 '뻘겅'과 '감장' 외에 자음의 교체에 따라 각각 '발강/벌겅'과 '껌정/깜장'이 공존하고 있음이 그 특징입니다. 또한 '검정'과 관련해서는 특기할 만한 사항이 한 가지 있는데, 기본 색채어를 '검다'로 설정하고 있는 까닭에 '까맣다/꺼멓다'에서 파생한 '*까망'이나 '*꺼멍'을 비롯하여 '*가망/*거멍' 모두 표준어가 아니라는 것이 그것입니다.

요컨대, 우리말 색채 표현과 관련하여, 오색은 '파랑, 노랑, 빨강, 하양, 검정'으로 표기하거나 '파란색, 노란색, 빨간색, 하얀색, 검은색' 등으로 표기해야 한다는 점, '까맣다/꺼멓다'와 관련이 있는 '*까망/*꺼멍, '*가망/*거멍' 등은 올바른 표준어가 아니라는 사실을 기억하셨으면 합니다.

우리말 편지 74
(2013. 11. 25.)

'염치불고'와 '*염치불구'

"사람이 염치가 좀 있어야지!"나 "선생님을 뵐 염치가 없네요."와 같은 문장에서 주로 쓰이는 한자어 '염치(廉恥)'는 '체면을 차릴 줄 알며 부끄러움을 아는 마음'을 의미합니다. 이 '염치(廉恥)'를 요소로 '불고염치(不顧廉恥)'라는 한자성어가 사용되고 있는데, 이는 '염치(廉恥)를 돌아보지 아니하다[不顧]'의 뜻을 지니고 있습니다. 가령 다음과 같은 문장에서 쓰인 '불고염치'가 그 예이지요.

(1) ㄱ. 지금까지 불고염치하고 남의 신세를 지며 살아왔습니다.
　　ㄴ. 궂은일이긴 하나 혹여 구명의 방도가 있을까 하여 불고염치하고 찾아온 것입니다.

문제는 '불고염치'가 중국어의 어순 그대로 '동사+목적어'의 순서로 되어 있어 우리 국어 화자들은 우리말 어순에 맞게 '염치불고'라는 말로 전환하여 쓰는 경우가 많은데, 여기에서 한걸음 더 나아가 '*염치불구'라는 오류형을 쓰는 경우가 적지 않다는 것입니다. 다음이 그 예입니다.

(2) ㄱ. 초면에 *염치불구하고 선생님께 도움을 청하고자 편지를 보냅니다.
　　ㄴ. 나는 파산 후 종합병원에 입원할 여유가 없었기 때문에 *염치불구하고 이 병원을 찾았다.

이와 같은 오류의 원인은 두 가지 차원에서 생각해 볼 수 있습니다. 그 하나는 '불고>불구'의 변화, 곧 우리말에서 자주 나타나는 '오>우'의 변화가 잘못 적용된 데 따른 것이고, 다른 하나는 '불고(不顧)'가 발음이 비슷한 한자어 '불구(不拘)'와 혼동한 데 따른 것이라고 할 수 있다는 것이지요. 만일 후자의 관점이 좀 더 타당성 있는 견해라고 한다면, 먼저 '불고(不顧)'와 '불구(不拘)'를 구분하는 일부터 해야 할 듯한데, 이를 위해 '불구'의 용례를 제시하면 다음과 같습니다.

(3)ㄱ. 우리 삶의 이상도 끝내는 도달할 수 없음에도 불구하고 서로의 무지를 이용해 거짓말을 하고 또 속는 것이나 아닐까? ≪이문열, 시대와의 불화≫

ㄴ. 일정 기간 동안 간기를 빼야 농사를 지을 수 있는 땅인데도 불구하고 사람들은 그 질펀하게 펼쳐진 땅을 보는 것만으로도 배불러하고 넉넉해했다. ≪조정래, 태백산맥≫

이러한 예를 통해 알 수 있듯이, '얽매여 거리끼지 아니하다'는 뜻을 지닌 '불구(不拘)'는 주로 '불구하고'의 형태로 쓰이며, '-음에도'나 '-ㄴ데도'와 결합하여 사용되는 것이 특징입니다. 그리하여 만일 '*염치불구'를 쓰게 되면, 결과적으로 '염치에 얽매여 거리끼지 아니하다'는 뜻이 되니, 맥락에 맞지 않는 잘못된 의미가 형성된다고 할 수 있습니다. 결과적으로 '*염치불구'는 잘못된 표현이라고 할 수 있으므로, '불고염치'와 함께 '염치불고'를 쓰는 것이 올바른 표준어임을 알아 두셨으면 합니다.

'붇다'와 '*불다'

우리말 편지 75
(2013. 12. 2.)

　세계라면협회의 조사에 따르면 지난해 우리 국민은 1인당 72.4개의 라면을 소비하였다고 합니다. 이는 전 세계 1위에 해당하는 것이니 라면에 대한 한국인의 애정 지수는 가히 놀랄 만한 수준이라고 할 수 있을 듯합니다. 또한 얼마 전, 전국의 만 19세 이상 남녀 904명을 대상으로 이루어진 한국 갤럽의 조사 결과, 최근 한 달간 79%가 라면을 먹은 적이 있으며, 최근 1주일간 1회 이상 라면을 먹은 수도 59%라고 하니 우리의 즉석식품으로 라면을 따라갈 수 있는 것은 없다고 해도 틀린 말은 아닐 것입니다.

　'삼양라면'이라는 이름으로 우리나라에 맨 처음 라면이 등장한 것이 1963년 9월이니, 벌써 반세기가 넘는 역사를 지닌 라면에 대한 우리들의 기억 또는 추억은 살아온 이력에 따라 참으로 다양한 모습으로 나타날 수 있을 것입니다. <컵라면>이라는 제목의 백원기의 시에서도 그러한 기억의 일면을 생생하게 엿볼 수 있음은 물론이지요.

　　컵라면이 먹고 싶어 산에 가네
　　오르고 또 올라 숨 고르며 쉬다가
　　돌고 돌아서 정상에 다다르면
　　큰 한숨 쉬고 나서 사방을 돌아보다
　　깜빡했던 컵라면 생각에
　　뜨거운 물 부어놓고 기다리다
　　한 젓가락 휘저어 한입에

    쏙 집어넣으면 맛이 일품이네
     -하략-

 산에 가는 이유가 컵라면이 먹고 싶어서라니, 이보다 더 그럴싸한 이유를 찾기는 어려운 일이라는 생각이 드는 것은 우리들 모두가 그와 유사한 추억 하나쯤은 공유하고 있는 까닭이 아닐까 합니다. 이와 같이 한국인의 삶에서 배제하기 어려운 라면의 속성과 관련하여 국어학적으로는 두 가지를 고려할 필요가 있는데, 그 하나는 바로 '라면'의 어원입니다. 우리말은 이른바 두음 법칙이라는 어두 음절 제약 때문에 '라'로 시작하는 고유어 단어가 전무한데도 '라면'은 그러한 제약과 무관한 듯하니, 그 이유가 무엇인지 해명을 필요로 한다는 것이지요. 이에 대한 답은 '라면'은 고유어가 아닌 외래어에 속한다는 사실에서 찾을 수 있습니다. 원래 면을 늘려 빼는 제조법을 뜻하는 중국어 '라몐(拉麵)'이 일본으로 건너가 '라멘'이 되었고, 이 말이 다시 우리말에 들어와 '라면'으로 자리를 잡은 것이지요.
 '라면'이라는 단어를 떠올릴 때마다 연상되는 또 다른 언어적 사실로는 '꼬들꼬들한 면발'이나 '퉁퉁 불은/*불고 불은 라면'이라는 표현이 자주 쓰인다는 것인데, 마지막 '*불고 불은'의 '*불고'는 명백한 오류라는 점에서 이를 바로잡을 필요가 있습니다. 결론부터 밝히자면 '불고 불은'의 '불고'는 '붇고'로 적어야 올바른 활용형인데, 이는 '물에 젖어서 부피가 커지다'는 의미를 지닌 우리말 동사의 기본형은 '*불다'가 아니라 '붇다'이기 때문입니다.
 '붇다'의 경우처럼 어간의 말음이 'ㄷ'인 국어 단어들 가운데는 어미의 첫음이 모음이면 'ㄷ'이 'ㄹ'로 교체되는 단어들이 적지 않은데 이와 같은 현상을 일컬어 'ㄷ'불규칙 활용이라고 합니다. 다음이 그 예입니다.

    (1)ㄱ. 덜컹거리는 완행열차에 몸을 싣다.
       ㄴ. 서구 지역민의 웃음을 전국노래자랑에 실어 보냅니다.

⑵ ㄱ. 탐라의 우물에서 미래를 긷다.
　ㄴ. 달빛 길어 올리기.

　이러한 예를 통해 알 수 있듯이, '붇다'를 포함하여 '싣다, 긷다' 등 어간의 말음이 'ㄷ'인 국어의 일부 단어들은 (1ㄱ, 2ㄱ)처럼 어미의 첫 음이 자음이면 'ㄷ'이 그대로 실현되지만, (1ㄴ, 2ㄴ)처럼 첫 음이 모음이면, 'ㄷ'이 'ㄹ'로 교체되는바, 이러한 현상을 일컬어 'ㄷ'불규칙 활용이라고 합니다. 이러한 언어적 사실로 인해 '*불고 불은 라면'은 '붇고 불은 라면'으로 바로잡아야 하는바, 'ㄷ'불규칙 활용 동사의 또 다른 예로는 다음과 같은 단어들이 있음을 염두에 두셨으면 합니다.

　⑶ 걷다[步], 듣다[聞], 묻다[問], 깨닫다[覺], 눋다[焦], 닫다[走], 일컫다
　　[稱], 겯다[組] 등.

우리말 편지 76
(2013. 12. 9.)

'붇다'와 '붓다'

지난번 편지에서는 "물에 젖어서 부피가 커지다."라는 의미를 지닌 우리말 동사의 기본형이 '*불다'가 아니라 '붇다'이므로 가령, '불고 불은 라면'과 같은 표현에서 쓰인 '*불고'는 '붇고'로 적어야 올바른 표기라는 지적을 하였습니다. 문제는 이와 같은 문맥에서 그동안 워낙에 '*불고'를 많이 써 온 까닭에 '붇다'나 '붇고'가 도리어 낯설다는 느낌을 갖는 분들이 적지 않은데다, 발음은 같지만 받침이 달라 전혀 다른 의미로 쓰이는 '붓다'와 혼동하는 경우도 적지 않다는 것입니다. 따라서 이번 편지에서는 '붇다'와 '붓다'의 의미 및 활용 양상을 비롯하여 이른바 'ㄷ-불규칙 활용'을 하는 국어 동사들의 쓰임을 좀 더 구체적으로 살펴보려 합니다.

우선, '붇다'는 다음과 같은 두 가지 사전적인 의미를 갖는 것이 특징입니다.

(1) ㄱ. 물에 젖어서 부피가 커지다.
　　ㄴ. 분량이나 수효가 많아지다.

그렇다면 이러한 의미를 지니는 '붇다'가 실제 문맥에서는 어떻게 쓰일까요? 다음을 보기로 하시지요.

(2) ㄱ. 비가 조금만 와도 물이 붇고 눈이 오기가 무섭게 길이 막히는 산골 아이들은 일 년의 반 이상을 등교하지 못하는 형편이다.
　　ㄴ. 중국집 음식의 사활은 면발에 있다. 따라서 중국집에서는 면발이

붇는 것을 금기시하고 있다.
　　ㄷ. 왜 이렇게 몸무게가 많이 붇지?

(3) ㄱ. 오래되어 퉁퉁 불은 국수는 정말 맛이 없다.
　　ㄴ. 식욕이 왕성하여 요사이 몸이 많이 불었다.

위 문장들을 통해 알 수 있듯이, '붇다'의 어간 '붇-'은 '붇고, 붇는, 붇지'처럼 자음 어미 앞에서는 '붇-'이 그대로 실현되지만, '불은, 불었다'처럼 모음 어미 앞에서는 '불-'로 실현되는바, 이와 같은 현상을 일컬어 'ㄷ-불규칙 활용'이라고 합니다. 문제는 우리 국어 화자들 가운데는 이와 같은 활용을 하는 '붇다'를 '붓다'와 혼동하는 경우가 적지 않다는 것인데 다음이 그 예입니다.

(4) ㄱ. 아침에 얼굴, 손이 퉁퉁 *붇고 몸무게도 변화가 심합니다.
　　ㄴ. 훌라후프를 하루 1시간 일주일 동안 했더니 옆구리가 많이 *붇고 골반 뼈도 아파요.

위 문장들에서 쓰인 '*붇고'는 모두 '붓고'로 적어야 올바른 표기입니다. 주지하는 대로 '붓다'는 '살가죽이나 어떤 기관이 부풀어 오르다.'라르는 의미를 지니는 동사이므로, (3)과 같은 문맥에서는 '*붇고'가 아닌 '붓고'를 써야 맞습니다. '붇다'와 '붓다'는 전혀 다른 의미를 지니는 동사이므로 분명히 구별해서 써야 한다는 것이지요.

한편, 지난번에 지적한 대로 '걷다[步], 듣다[聞], 묻다[問], 깨닫다[覺], 눋다[焦], 닫다[走], 일컫다[稱], 겯다[組]' 등의 동사들 역시 '붇다'와 동일한 방식으로 활용을 하는 'ㄷ-불규칙 활용 동사'에 속하는바, 예컨대 '눋다[焦], 닫다[走], 일컫다[稱], 겯다[組]'의 활용형들을 제시하면 다음과 같습니다.

(5) ㄱ. 밥이 눋는 냄새가 구수하게 났다.

 ㄴ. 아무리 전속력으로 <u>닫는다</u> 할지라도 짐승의 발을 당할 수가 없었다.
 ㄷ: 사자를 흔히 백수의 왕으로 <u>일컫는다</u>.
 ㄹ. 담은 기다란 싸리와 참나무 가지로 돗자리 <u>겯듯</u> 결은 것이었다.

(6)ㄱ. 아내는 <u>눌은</u> 보리밥을 내놓고는 미안해 어쩔 줄 몰라 했다.
 ㄴ. 그는 땀을 뻘뻘 흘리며 달아 목적지에 도착했다
 ㄷ. 예로부터 우리나라를 동방예의지국이라고 <u>일컬었다</u>.
 ㄹ. 담은 기다란 싸리와 참나무 가지로 돗자리 겯듯 <u>결은</u> 것이었다.

우리말 편지 77
(2013. 12. 16.)

'송년회'와 '*망년회'

　달력을 달랑 한 장만 남겨 놓은 시기가 되면 대부분의 직장인들이 '*망년회' 또는 '송년회'라는 이름으로 한 해를 보내는 의식을 치르느라 몹시도 분주한 나날을 보내게 됩니다. 이러한 연례행사의 이유로는 여러 가지가 있겠지만, 그 가운데는 12월의 플랫폼에 들어서는 순간 냉큼 나이만 꿀꺽 삼키는 것이 죄스러운 탓도 있었으리라 생각합니다.

> 12월의 플랫폼에 들어서면 유난히
> 숫자 관념에 예민해집니다
> 이별의 연인처럼 22 23 24 …… 31
> 자꾸만 달력에 시선을 빼앗깁니다
> 한 해 한 해
> 냉큼 나이만 꿀꺽 삼키는 것이
> 못내 죄스러운 탓이겠지요
> ─경한규, '가는 해 오는 해 길목에서' 중─

　어쩌면 이러한 종류의 죄스러움으로 인하여 우리는 '한 해를 보내며 그해의 온갖 괴로움을 잊자는 뜻으로 베푸는 모임.'이라는 의미의 '*망년회(忘年會)'를, 아니면 말 그대로 '한 해를 보내며 베푸는 모임.'이라는 뜻의 '송년회(送年會)'를 서둘러 갖게 되었던 것이라고 할 수 있다는 것이지요. 문제는 '*망년회'의 원산지가 다름 아닌 일본이라는 것입니다. 일본에서는 무려 1400

여 년 전부터 망년(忘年), 또는 연망(年忘)이라 하여 섣달그믐께 친지들이 서로 어울려 술과 춤으로 흥청대는 세시 풍속이 있었습니다. 이러한 일본의 세시 풍속이 일제 강점기에 우리나라로 건너와 마치 우리 고유의 풍속인 것처럼 자리를 잡음으로써 일반인들은 물론 다음과 같은 신문 기사 제목들에서도 여전히 '*망년회'를 사용하고 있는 것입니다.

(1) *망년회 때문에 포기하게 되는 다이어트? 간편하게 관리하자!
    <2013. 12. 9일 자, 한국 경제>
(2) *망년회 폭탄주, 당신의 허리·엉치뼈 망친다.
    <2013. 12. 8일 자, 스포츠 동아>

그러나 우리의 역사를 바로 세우기 위한 청산의 대상으로는 일본어 투 용어도 빼놓을 수 없는 것이고 보면, '*망년회'는 결코 적절한 용어가 아니라고 할 수 있습니다. 따라서 '*망년회'를 비롯하여 우리의 언어생활을 아직도 지배하고 있는 일본식 한자어들의 순화가 매우 적극적으로 이루어져야 한다고 할 수 있는바, 다음에서 보듯 첫 소리가 'ㄱ'으로 시작되는 사례만 모아 보아도 그 수가 결코 적지 않습니다.

일본어	순화어	비고
가감승제(加減乘除)	덧셈·뺄셈·곱셈·나눗셈	
가등기(假登記)	임시 등기	
간식(間食)	새참	
감안(勘案)	고려, 참작	
건포도(乾葡萄)	마른 포도/말린 포도	
격무(激務)	힘든 일, 고된 일	

고수부지(高水敷地)	둔치	한강 둔치 개발
과잉(過剩)	지나침	
구보(驅步)	달리기	
구입(購入)	사들이기	

　요컨대, 일본이 원산지인 한자어 단어들로는 어떤 것들이 있는지 우리의 눈을 좀 더 밝게 해야 하리라고 봅니다. 그리하여 가능한 한 그러한 단어들은 쓰지 않으려는 노력을 많이 해야 할 것입니다.

우리말 편지 78
(2013. 12. 23.)

'동짓달'과 '섣달'

어제는 24절기 가운데 하나인 '동짓날'이었습니다. 아마도 대부분의 가정에서 새알심을 넣은 붉은 팥죽을 쑤어 먹거나 죽집에 가서 팥죽을 사 먹는 일로 즐거운 한때를 보내셨으리라 생각합니다. 주지하는 대로 동짓날은 1년 중 가장 밤이 긴 날이니, 귀신들이 좋아하는 음기(陰氣)가 강해지고, 그렇게 되면 온갖 귀신들이 출현하여 해코지를 하게 될 것을 염려하여 우리의 선인들은 동짓날이면 팥죽을 쑤어 조상에게 제사를 지내고, 대문이나 벽에 팥죽을 뿌림으로써 귀신을 쫓아 새해의 무사안일을 빌곤 하였습니다.

그런데 양력으로 12월 22일을 전후한 동짓날을 음력으로 환산을 하면 11월 어느 날이 되니, 음력 11월을 일컬어 '동짓달'이라고 했던 것은 바로 '동지가 들어 있는 달'이라는 뜻을 지닙니다. 다음에서 보듯이, 조선 시대 기녀 시인 가운데 한 사람으로 오늘날까지 대중들의 사랑을 가장 많이 받고 있는 황진이의 시조에도 '동짓달 기나긴 밤'이라는 표현이 등장하는 것을 보면, '동짓달'이라는 어휘는 매우 오랜 역사를 지니고 있는 말임을 알 수 있습니다.

> 동짓달 기나긴 밤을 한허리를 버혀내어
> 춘풍 니불 아래 서리서리 너헛다가
> 어론님 오신 날 밤이여든 구뷔구뷔 펴리라

우리의 눈은 응당 시간의 마디를 잘라 내어 잘 갈무리해 두었다가 사랑하는 이가 오신 날 밤에 펼쳐 보이겠다는 시인의 기발한 발상에 머물러야 하겠지만, 현재의 상황으로서는 음력으로 11월, 동짓달에 둘 수밖에 없을 듯합니다. 그도 그럴 것이 한겨울을 의미하는 '동지섣달'이라는 단어를 통해 짐작할 수 있듯이, 음력으로 11월은 '동짓달', 그 다음 달인 12월은 '섣달'이라고 하니, '동짓달'에는 'ㅅ'이, '섣달'에는 'ㄷ'이 받침으로 쓰이고 있어 이러한 차이가 무엇인지를 규명하지 않으면 안 될 것으로 보이기 때문입니다.

이미 짐작을 하고 계시겠지만, '동짓달'에 쓰인 'ㅅ'은 '동지+달'로 이루어진 구조에 삽입된 사이시옷입니다. 합성 명사인데다 발음 또한 [동지딸]이니 사이시옷 삽입을 필요로 하는 단어임을 쉽게 알 수 있지요. 이와는 달리 '섣달'의 'ㄷ'은 '설+달'의 구조에서 받침 'ㄹ'이 'ㄷ'으로 바뀐 결과이니, 사이시옷과는 무관한 단어라고 할 수 있습니다. 그렇다면 '설+달'→'섣달'의 변화 원인은 무엇일까요?

받침이 'ㄹ'로 끝나는 우리말 단어들 가운데는 다른 문법 단위와 결합하여 합성어나 파생어를 이룰 때 그 'ㄹ'이 'ㄷ'으로 바뀌는 경우가 적지 않은데 다음은 그러한 변화를 수행한 단어의 목록입니다.

합성어	파생어

· 이틀+날→이튿날
· 사흘+날→사흗날
· 삼질+날→삼짇날
· 숟+가락→숟가락
· 바느질+고리→반짇고리
· 풀+소→푿소
  (여름에 생풀만 먹고 사는 소.)
· 잘-+다듬다→잗다듬다
  (잘고 곱게 다듬다.)
· 잘-+갈다→잗갈다
  (잘고 곱게 갈다.)
	· 설-+부르다→섣부르다
	· 잘-+다랗다→잗다랗다
	  (꽤 잘다.)

여기에서 보듯, '섣달'과 동일한 변화를 겪은 우리말 단어의 수는 적지 않습니다. 이른바 호전 현상(互轉現象)이라 불리는 이러한 변화로 인해 음력으로 한 해의 맨 끝 달로 설을 준비하는 달은 '*설달'이 아닌 '섣달'이 되는 것이니, 동장군이 맹위를 떨치게 될 '동짓달'과 '섣달', 곧 '동지섣달'을 잘 견뎌낸 후 마치 '동지섣달 꽃 본 듯이' 새로운 설날을 반갑게 맞을 일이라고 생각합니다.

우리말 편지 79
(2013. 12. 30.)

'새로워지라/새로워져라'와 '*새로워라'

지구의 공전(公轉), 정확하게 말해 365.2596일 동안 지구가 태양의 중력에 이끌려 태양의 주위를 돌게 되는 것은 어떤 의미에서 참으로 다행스러운 일이라고 할 수 있을 것입니다. 우리가 말하는 1년을 주기로 지구가 공전을 하는 셈이니 그렇게 공전이 일단락된 후 새로운 공전이 시작됨으로써 우리들 또한 정말 새로운 기분으로 새로운 1년을 시작할 수 있게 된다는 의미에서 그렇다는 것이지요. 만일 지구의 공전 주기가 좀 더 짧았더라면, 우리는 제대로 살아 보지도 못한 채 헐레벌떡하며 1년을 보내야 했을지도 모를 일이고, 365일이 아니라 500일 혹은 1000일을 필요로 했다면, 삶은 참으로 길고 지루한 것이라고들 입을 모았을 수도 있었을 터, 365.2596일은 썩 괜찮은 시간이라고 할 수 있을 듯합니다.

그리하여 우리는 너무 짧지도 않고 그렇다고 너무 길지도 않은 365.2596일을 보내며, 지난 1년간의 삶을 성찰하며 새로운 해를 맞이하기 위한 준비를 하게 됩니다. 다가올 2014년을 두고 말하자면, 갑오년, 그것도 60년 만에 찾아온 청말띠의 해라고 하니 어쩌면 푸른 말처럼 역동적이고 진취적인 삶을 살아야겠다는 각오를 새로이 할 수도 있을 것입니다. 이러한 시기에 뇌리에 맴도는 단어 하나가 바로 '좌우명(座右銘)'이라고 할 수 있는바, 말 그대로 늘 자리 옆에 갖추어 두고 가르침으로 삼는 말이나 문구를 의미하는 좌우명으로 '일신우일신(日新又日新)'이라는 뜻의 '날로 *새로워라'는 말을 새겨 두고 있다면, 이는 잘못된 활용형이라는 점에서 재고(再考)를 필요로 합니다.

기억을 더듬어 보면, '날로 *새로워라'는 초등학교 교실에 걸려 있던 급훈이었거나 어느 중학교의 교훈이었을 가능성이 높은데, 이 말은 학생들로 하여금 '날로 새로워지라'는 의미를 담고 있다는 점에서 표준형이 아니라고 할 수 있습니다. 다음 예들을 좀 더 보기로 하시지요.

(1) ㄱ. 역사 앞에 *솔직하라.
　　ㄴ. 고요히 침묵하고 스스로에게 *정직하라.

(2) ㄱ. 여러분 *행복하세요.
　　ㄴ. 올해도 *건강하세요/건강하십시오.

언뜻 보기에 상당히 그럴싸해 보이는 위의 문장들에서 (1)의 '*솔직하라'와 '*정직하라', (2)의 '*행복하세요, *건강하세요/건강하십시오'는 모두 '*새로워라'와 마찬가지로 잘못된 활용형이라는 점에 주목을 할 필요가 있습니다. 그렇다면, 이러한 표현들이 잘못된 오류형이라는 근거는 무엇일까요? 이러한 질문에 대한 답은 '새롭다, 솔직하다, 정직하다, 행복하다, 건강하다'의 품사에서 그 근거를 찾을 수 있는데, 이들은 모두 형용사로서 명령형으로는 쓸 수 없다는 점이 그 이유입니다.

사물의 성질이나 상태를 나타내는 품사에 해당하는 우리말 형용사는 사물의 동작이나 작용을 나타내는 품사인 동사와 함께 문장을 구성하는 필수 요소인 서술어로 쓰일 수 있다는 공통점이 있으면서도 정작은 상당한 차이를 가지고 있는데, 그 가운데 하나가 바로 명령형으로는 쓰일 수 없다는 것입니다. 따라서 '새롭다, 솔직하다, 정직하다, 행복하다, 건강하다'는 그 자체로는 '*새로워라, *솔직하라, *정직하라' 또는 '*행복하세요, *건강하세요/*건강하십시오' 등으로는 쓰일 수 없습니다. 만일 명령형으로 쓰려면 '새로워지라/새로워져라, 솔직해지라/솔직해져라, 정직해지라/정직해져라'나 '행복해지세요/행복하게 지내세요, '건강해지세요/건강하게 지내세요/건강하게 지내십시오' 등으로 고쳐 써야 합니다.

　요컨대 형용사는 동사와 문법적으로 분명하게 구별되는 차이가 있음이 특징이라고 할 수 있으므로, 이러한 언어적 사실에 대한 분명한 인식이 선행될 필요가 있습니다. 그렇다면 형용사는 명령형으로 쓸 수 없다는 점 외에 어떠한 차이를 보이는 것일까요? 이에 대해서는 다음 편지에서 좀 더 자세히 다루기로 하겠습니다.

우리말 편지 80
(2014. 1. 6.)

'먹느냐'와 '*먹냐'

　국어의 동사와 형용사는 문장의 서술어로 쓰이는 용언(用言)으로서, 어미의 변화를 통해 일정한 문법적 기능을 달리한다는 공통점을 가지고 있지만, 동사는 명령형으로 쓰일 수 있는 반면, 형용사는 그렇지 않은 등의 차이를 가지고 있습니다. 그리하여 '*솔직하라, *정직하라, *건강하세요, *행복하세요' 등과 같은 표현은 모두 형용사의 명령형이라는 점에서 비문법적인 표현이라는 것이 지난번 편지의 골자였습니다.
　동사와 형용사는 명령형 사용 가능 여부라는 차이 외에도 상당히 많은 차이점이 있습니다. 형용사 어간은 청유형 어미 '-자'와의 결합이 불가능할 뿐만 아니라 일정한 의도나 목적을 나타내는 어미 '-려'나 '-러'와의 결합 또한 불가능합니다. 가령, 동사 '먹다'와 형용사 '솔직하다'는 다음과 같은 활용상의 차이를 보이는 것이 특징입니다.

(1)ㄱ. 언제 밥이나 한번 먹자.(○)
　　ㄴ. 시간도 없고 하여 간단히 라면이나 먹으려 한다.(○)
　　ㄷ. 점심을 먹으러 오랜만에 솔마루에 들렀습니다.(○)

(2)ㄱ. 내 자신에게 *솔직하자. → 솔직해지자.(○)
　　ㄴ. 나는 미숙했지만 최소한 *솔직하려 애썼다. → 솔직해지려(○)

　이와 같은 차이 외에도 우리말 동사와 형용사는 '-는(관형사형), -는지(연결 어미), -느냐(의문형), -는구나(명령형)'등의 어미와의 결합에서도 차이를 보이는바, 동사는 이러한 어미들과의 결합이 가능한 반면, 형용사는 그렇지 않아서 그 대신 '-은/-ㄴ, -은지/-ㄴ지, -냐, -구나'와 같은 어미하고만 결합하게 됩니다. 다음 예를 보기로 하시지요.

(3) ㄱ. 최근 들어 커피를 밥처럼 먹는 사람들이 많아졌다.
 ㄴ. 밥은 잘 먹느냐?
 ㄷ. 지난 세월은 밥은 잘 먹는지 잠은 잘 자는지 걱정스러운 세월이었다.
 ㄹ. 밥을 정말 복스럽게 먹는구나.

(4) ㄱ. 최근 너무 솔직한 회사가 화제입니다.
 ㄴ. 이 여사는 윤 선생이 제자를 뽑을 때 음악과는 관련 없이 "정직하냐?", "솔직하냐?"를 먼저 물어볼 정도로 인간성을 중요하게 여겼다고 회고했다.
 ㄷ. 성량, 발음, 억양도 중요하지만 무엇보다 성격이 밝은지, 활기찬지, 솔직한지를 잘 표현할 수 있느냐가 더 중요하다.
 ㄹ. 심장은 정말 솔직하구나.

이와 같은 문법적 차이 때문에, 만일 (3)의 밑줄 친 활용형들 가운데 (3ㄴ)과 (3ㄹ)의 '먹느냐, 먹는구나' 대신 '*먹냐'나 '*먹구나'를 쓰거나 (4)의 밑줄 친 활용형들 대신 '*솔직하는'이나 '*정직하느냐, *솔직하느냐, 또는 '*솔직하는지', '*솔직하는구나'를 쓰면 올바르지 않은 활용형이 되고 맙니다. 요컨대 동일한 용언의 범주에 속하면서도 동사와 형용사는 이와 같은 여러 가지 문법적 차이를 보이는바, 일정한 형태의 품사 범주를 확인하는 작업과 함께 그러한 범주에 맞는 활용형을 사용하려는 태도가 필요하다고 할 수 있을 것입니다.

우리말 편지 81
(2014. 1. 13.)

'알맞은'과 '*알맞는'

"겨울 멋쟁이는 얼어 죽고, 여름 멋쟁이는 떠 죽는다."라는 속담이 있습니다. 날씨를 고려하지 않고 너무 얇게 입거나 또 너무 두껍게 입게 되면 적절한 옷차림이라고 보기 어렵다는 말이겠지요. 패션업계에서 옷차림의 기본 원칙으로 T.P.O., 곧 '시간'(Time)과 '장소'(Place)와 '상황'(Occasion)에 맞게 입는 것을 강조하고 있는 것도 바로 그러한 맥락에서라고 할 것입니다. 따라서 T.P.O.에 맞지 않는 옷차림을 하는 것은 마치 때와 장소와 상황에 걸맞지 않은 썰렁한 유머와도 같아서 보는 이들로 하여금 뭔가 불편한 마음을 갖게 만드는 일이라고 할 수 있겠지요.

흥미로운 것은 '알맞다, 걸맞다, 맞다'와 같은 단어들 또한 T.P.O.에 가장 잘 어울리게 써야 할 단어들이라는 사실입니다. 그도 그럴 것이 '알맞다, 걸맞다'는 형용사인 데 반해 '맞다'는 동사이므로 지난 두 번의 <우리말 편지>에서 언급한 대로 동사와 형용사의 활용의 차이를 잘 보여 주는 단어들이라는 점에서 특히 그러하다고 할 수 있습니다. 우선 다음 예들을 보기로 하시지요.

(1) ㄱ. 오늘은 나들이하기에 알맞은 날씨다.
　　ㄴ. 이 글의 제목으로 알맞은 것을 고르시오.

(2) ㄱ. 그는 어느 면으로 보나 그녀에게 걸맞은 신랑감이 못 됐다.
　　ㄴ. 우리는 서로 걸맞은 짝이 아니라는 데 의견이 일치했다.

(3) ㄱ. 옛날 속담이 맞는 경우가 아직도 꽤 많다.
　　ㄴ. 이 책은 역사적 사실에 맞는 내용을 담고 있다.

위의 예를 통해 확인할 수 있는 대로, 형용사 '알맞다, 걸맞다'의 어간 '알맞-, 걸맞-' 뒤에는 '-는'이 올 수 없으므로 '-은'이 결합한 '알맞은, 걸맞은'이 사용되는 반면, 동사인 '맞다'의 어간 '맞-' 뒤에는 '-는'이 결합함으로써 '맞는'이라는 활용형이 쓰이고 있습니다. 따라서 만일 '알맞-, 걸맞-' 뒤에 '-는'이 오게 되면 올바르지 못한 활용형이라고 할 수 있는바, 다음이 그 예입니다.

(4) ㄱ. 정년 60세 시대, *알맞는 자산 관리법은?
　　ㄴ. 우근민 제주특별자치도지사가 공직자들에게 신분에 *걸맞는 자세와 행동을 당부했다.

이와 같은 활용의 차이는 우리말 부정 표현 '-지 않다'와의 결합을 통해서도 그대로 드러나는데, 형용사 '알맞-, 걸맞-' 뒤에는 '-지 않은'이, '맞-' 뒤에는 '-지 않는'이 결합한다는 것이 바로 그것입니다.

(5) ㄱ. 다음 중 차량 침수 사고 시 알맞지 않은 대처 방법은?
　　ㄴ. 맨체스터 유나이티드는 명성에 걸맞지 않은 저조한 성적으로 현재는 리그 7위(10승 4무 6패 · 승점 34점)까지 추락한 상태이다.
　　ㄷ. 이 회장은 특히 시대의 흐름에 맞지 않는 사고방식과 제도, 관행을 떨쳐 내야 한다고 강조했다.

요컨대, '알맞다, 걸맞다, 맞다'는 품사 범주의 특성에 따른 활용의 차이를 분명하게 보여 주는 형태들이라고 할 수 있는바, 시간과 장소와 상황에 가장 어울리는 옷차림처럼 적절한 언어 사용을 위해 단어의 품사 범주를 확인하는 습관을 갖는 것이 좋을 듯합니다.

우리말 편지 82
(2014. 1. 20.)

'-던'과 '-든'

"무엇을 상상하든 상상 그 이상을 보게 될 것이다."

이는 미래 세계를 배경으로 인공지능 컴퓨터와 이에 대항하는 인간들 사이의 대결을 그린 미국 영화 <매트릭스(The Matrix)>의 광고 문구입니다. 1999년에 개봉된 1편에서부터 2003년 시리즈로 탄생한 2~4편에 이르기까지 SF 액션의 새로운 세기를 창조했다는 평가와 함께 정말로 상상 그 이상의 기적 같은 영화라는 반응을 얻고 있다는 사실에 비추어 볼 때 광고 카피가 전혀 잘못된 것만은 아니었던 듯합니다.

문제는 다른 장르나 분야에서도 <매트릭스> 광고 카피가 적용되거나 패러디되기도 하면서 앞의 대전제가 변용되는 사례가 적지 않다는 것입니다.

(1) ㄱ. 무엇을 *상상하던 상상 이상의 비극을 보게 된다.
ㄴ. 무엇을 *상상하던 그 이상을 보여 주마.

이러한 문장들과 원래의 광고 카피를 비교해 보면 '상상하든 → *상상하던'의 변용이 이루어졌음을 알 수 있는데, '*상상하던'에서 사용된 연결 어미 '-던'은 '-든'의 오용이라는 점에서 우리말 연결 어미 '-던'과 '-든'의 구별이 필요함을 알 수 있습니다. 우선 다음 예문들을 보기로 하시지요.

(2) ㄱ. 고기도 저 놀던 물이 좋다
ㄴ. 경보음이 울리면 달리던 차들도 서야 한다.

(3)ㄱ. 무엇을 그리든 잘만 그려라.
ㄴ. 어디서 살든 고향을 잊지는 마라.

위의 예들 가운데 (2)는 '-던'이, (3)은 '-든'이 쓰인 문장들로서, 이와 같은 형태의 차이는 그 분포와 의미 기능에도 분명한 차이를 야기합니다. 사전에서 제시하고 있는 두 형태의 분포와 의미를 제시하면 다음과 같습니다.

(4)ㄱ. -던: (('이다'의 어간, 용언의 어간 또는 어미 '-으시', '-었-', '-겠-' 뒤에 붙어)) 어떤 일이 과거에 완료되지 않고 중단되었다는 미완(未完)의 의미를 나타냄.
ㄴ. -든: ((용언의 어간 또는 어미 '-으시-', '-었-', '-겠-'뒤에 붙어)) 실제로 일어날 수 있는 여러 가지 중에서 어느 것이 일어나도 뒤 절의 내용이 성립하는 데 아무런 상관이 없음을 나타냄.

이와 같은 분포와 의미상의 특징 때문에 '무엇을 상상하든'은 '무엇을 *상상하던'으로 바꿔 쓸 수가 없는데, 이러한 언어적 사실은 (2), (3)의 예문을 보면 좀 더 분명해집니다. 즉, (2)의 '-던'은 앞말로 하여금 관형어 구실을 하도록 만들기 때문에 '-던'이 뒤에 오는 명사 '물'(2ㄱ)이나 '차'(2ㄴ)를 수식하는 역할을 하는 반면, (3)의 '-든'은 그러한 기능이 수반되지 않는다는 것이지요. 그 대신 '-든'은 주로 '-든지' 형태로 쓰이며, '간에'나 '상관없이' 등과 함께 쓰이기도 하므로, (3)의 문장들은 다음과 같이 쓸 수도 있음이 특징입니다.

(3)'ㄱ. 무엇을 그리든지 간에(상관없이) 잘만 그려라.
ㄴ. 어디서 살든지 간에(상관없이) 고향을 잊지는 마라.

요컨대 "무엇을 상상하든 상상 그 이상을 보게 될 것이다."라는 광고문은

"무엇을 상상하든지 간에 상상 그 이상을 보게 될 것이다."로 바꿔 쓸 수 있으며, 여기에서 쓰인 '-든'은 '-던'과 서로 바꿔 쓰면 안 되는 분명한 분포상의 특징과 의미 영역을 가지고 있습니다. '-던'과 '-든'의 의미 기능은 꽤 복잡해서 좀 더 많은 세부적 기술을 필요로 하므로, 이에 대해서는 다음 편지에서 다루도록 하겠습니다.

'-던지'와 '-든지'

과거, 현재, 미래 등 3중적 체계로 이루어진 우리말의 시간 표현, 즉 시제(時制, tense) 가운데 과거 시제는 선어말 어미 '-았/었-' 또는 '-더-'가 담당하는 것이 특징입니다. '-았/었-'은 주로 말하는 시점[發話時]에서 볼 때 사건이 이미 일어났음을 나타내는 어미라고 한다면, '-더-'는 주로 과거 일을 회상하는 장면에서 사용되는 어미로서, 과거 어느 때에 직접 경험하여 알게 된 사실을 현재의 말하는 장면에 그대로 옮겨 와서 전달한다는 뜻을 나타내는 어미라고 할 수 있습니다.

두 가지 유형의 우리말 과거 시제 선어말 어미 가운데 '-더-'는 '-라, -냐, -구나'와 같은 종결 어미와 결합하거나 '-ㄴ, -ㄴ지'와 같은 관형사형 어미 또는 연결 어미와 결합하여 쓰이는 것이 특징입니다. 구체적인 예를 들면 다음과 같습니다.

(1) ㄱ. 살다 보니 마음 편한 사람이 좋<u>더라</u>.
ㄴ. 고향 집에는 별일이 없<u>더냐</u>?
ㄷ. 간밤에는 꽤나 늦게까지 있다 가<u>더구나</u>.

(2) ㄱ. 내 놀<u>던</u> 옛 동산에, 오늘 와 다시 서니 산천의구란 말, 옛 시인의 허사로고.
ㄴ. 아이가 얼마나 밥을 많이 먹<u>던지</u> 배탈 날까 걱정이 되었다.

위의 예들 가운데, (1)은 선어말 어미 '-더-'가 '-라, -냐, -구나'와 같은 종결 어미와 결합하여 '-더라(1ㄱ), -더냐(1ㄴ), -더구나(1ㄷ)' 형식으로 쓰이는 것을, (2)는 '-더-'가 관형사형 어미 '-ㄴ'과 결합하여 '-던'(2ㄱ)이나, 연결 어미 '-ㄴ지'와 결합하여 '-던지'로 쓰이는 것(2ㄴ)을 각각 보여 주고 있습니다. 이와 같은 언어적 사실은 지난번 편지에서 제시하였던 영화 <매트릭스>의 광고 문구, 즉 "무엇을 상상하든 상상 그 이상을 보게 될 것이다."라는 문장에서 밑줄 친 '상상하든'의 '-든'은 과거의 일을 회상하는 장면과 무관하므로 '-던'과는 바꿔 쓸 수 없다는 추론을 가능하게 합니다.

결국 '-던'과 '-든'을 우리말 시간 표현과 관련시켜 볼 때, 지나간 일을 회상하는 장면에서는 '-던'을, 앞으로 일어날 수 있는 일과 관련하여 쓸 때는 '-든'을 쓴다고 보면 대충은 맞는다고 할 수 있습니다. 이와 같은 언어적 사실은 '-던지'와 '-든지'를 통해서도 확인할 수 있음이 특징입니다.

(3) ㄱ. 꿈속에서 네가 어찌나 서럽게 <u>울던지</u> 깜짝 놀라 눈을 떴다.
ㄴ. 자신을 보고 어찌나 환하게 <u>웃던지</u> 그도 덩달아 웃을 수밖에 없었다.

(4) ㄱ. 세상은 네가 <u>울든지 말든지</u> 신경조차 쓰지 않고 잘만 돌아가게 될 것이다.
ㄴ. 여기서 계속해서 울고 <u>있든지</u> 나를 따라 <u>가든지</u> 네가 결정해라.

위의 예에서 (3)의 '울던지', '웃던지'는 지나간 일을 회상하여 말하는 장면에서 쓰인 것이라고 한다면, (4)에서 쓰인 '울든지 말든지'나 '있든지', '가든지'는 과거의 일을 회상하는 장면이 아니라 다음과 같은 상황에서 쓰인 것이라고 할 수 있습니다.

[-든지]

(5)ㄱ. 실제로 일어날 수 있는 여러 가지 중에서 어느 것이 일어나도 뒤 절의 내용이 성립하는 데 아무런 상관이 없음을 나타냄.
ㄴ. 나열된 동작이나 상태, 대상들 중에서 어느 것이든 선택될 수 있음을 나타냄.

결국 (4ㄱ)의 '울든지 말든지'는 (5ㄱ)과 같은 상황, 곧 어떤 일이 일어나더라도 상관이 없음을 나타낼 때 사용되며, (4ㄴ)의 '있든지', '가든지'는 (5ㄴ)에서처럼 일정한 선택의 상황에서 어떤 것이든 가리지 않음을 나타낼 때 사용되는 것이 특징입니다. 따라서 이와 같은 의미의 '-든지'를 써야 하는 상황에서 (3)에서와 같은 '-던지'를 쓰고 있다면, 그것은 명백한 오류라고 할 수 있는바, 다음이 그 예입니다.

(6) 가령 울음을 울 때에는 실제로 수건(手巾)으로 낯을 가리고 엎디어서 *울던지 방성통곡(放聲痛哭)으로 *울던지 그때그때 경우에 따라 여실(如實)히 우는 동작을 표시해야 한다.

우리말 편지 84
(2014. 2. 3.)

'고개'와 '꼬까'

생활 수준이 많이 나아진 오늘날에는 먹고 입는 것에 그다지 큰 기대를 갖지 않지만, 불과 3, 40년 전만 하더라도 우리는 추석이나 설날을 손꼽아 기다리곤 하였습니다. 그것은 명절이 되어서야 평소에는 먹을 수 없던 갖가지 음식들이 장만되는 한편으로 특별히 마련된 새 옷을 얻어 입을 수가 있었기 때문이었지요. 설날만 되면 온 국민이 즐겨 부르곤 하는 동요 <설날>의 1절만 보아도 설날에 대한 아이들의 기대와 설렘이 어떤 것이었는지를 절실히 느낄 수 있습니다.

> 까치 까치 설날은 어저께고요
> 우리 우리 설날은 오늘이래요
> 곱고 고운 댕기도 내가 들이고
> 새로 사 온 신발도 내가 신어요

아동 문학가였던 윤극영 선생이 작사, 작곡한 동요 <설날>은 원래 1절부터 4절까지 이어지는 긴 노래이지만, 우리에겐 1절의 가사가 가장 친숙한 셈인데, 이러한 노랫말 가운데 주목할 만한 어휘 가운데 하나가 바로 '까치설날'입니다. 이 '까치설날'은 흔히들 생각하는 대로 '까치들의 설날'이 아니라, 설 바로 전날, 곧 섣달 그믐날을 가리키는 유아어(幼兒語)에 해당하기 때문이지요.

국어 어휘의 역사를 밝히는 데 관심을 두고 있는 어원론 학자들의 관점을 따르자면, 섣달 그믐날 또는 '작은설'을 가리키는 우리의 고유어는 '아촌설'이었습니다. 그러나 '아촌설'의 '아촌'은 오랜 세월이 흐르는 동안 언중들의 기억 속에서 점차 사라지고 '아촌>아치>까치'로의 변화를 겪었다고 할 수 있는데, 이러한 변화는 일종의 '언어적 유추(linguistic analogy)'에 그 원인이 있다고 보는 것이 일반적 견해입니다.

어쨌든 '작은설'을 의미하는 '까치설'은 어른들의 말이 아니라, 아이들이 주로 사용하는 말이라고 할 수 있는데, <설날>의 가사에는 새로 마련한 고운 댕기를 드리고, 새 신발을 얻어 신을 수 있게 된 아이들의 신명이 고스란히 묻어나는바, 이를 가리키는 말은 '고까' 혹은 '꼬까'라고 한다는 데 다시 한번 주목할 필요가 있습니다.

일종의 복수 표준어에 해당하는 '고까'와 '꼬까'는 "알록달록하게 곱게 만든 아이의 옷이나 신발 따위를 이르는 말."인데, 이러한 어휘를 보여 주는 가장 적절한 용례로는 동요 <꼬까신>을 들 수 있을 것입니다.

> 개나리 노란 꽃그늘 아래
> 가지런히 놓여 있는 <u>꼬까신</u> 하나
> 아기는 살짝 신 벗어 놓고
> 맨발로 한들한들 나들이 갔나
> 가지런히 기다리는 <u>꼬까신</u> 하나

이러한 내용의 노랫말에 등장하는 '꼬까신'은 사전의 정의 그대로 "알록달록하게 곱게 만든 아이의 신발을 가리키는 말."이며, 이에 해당하는 또 다른 단어로는 된소리가 아닌 평음으로 쓰인 '고까신'을 들 수 있습니다. 물론 '고까'와 '꼬까'는 둘 다 표준어에 속하는데, 이는 어원인 '고까'가 어두경음화에 의해 '꼬까'로 변화를 겪은 것 또한 표준어로 사정한 결과입니다.

'고까'와 '꼬까'는 신발이 아닌 옷에도 그대로 적용이 가능한데, '고까옷' 또는 '꼬까옷'이 바로 그러한 언어적 사실을 보여 주는 예라고 할 수 있습니다. 이러한 의미로 쓰이는 또 다른 국어 어휘로는 '때때옷'도 있으니 아이들이 손꼽아 기다리던 설날의 즐거움은 '고까옷~꼬까옷~때때옷'으로 부르던 이름의 다양성에서도 찾을 수 있을 듯합니다.

우리말 편지 85
(2014. 2. 10.)

'며칠'과 '*몇 일'

<2월>이라는 제목의 시에서 시인 오세영은 '벌써'라는 말이 2월처럼 잘 어울리는 달은 아마 없을 것이라고 하였습니다. 비단 시인만의 느낌은 아닐 것입니다. 대부분의 사람들이 '새해를 맞은 게 엊그제 같은데 벌써 2월이구나.' 하는 생각과 함께, 눈 속에 핀다는 설중매(雪中梅)를 떠올리기도 할 것이고, 우리 같은 대학인들이라면 '해 놓은 일도 없는데 벌써 방학이 끝나 가는구나.' 하는 생각에 마음이 분주해지기도 하는 달이 바로 2월이라 할 수 있을 것입니다.

쏜 화살을 넘어, 총알처럼 휙휙 날아가는 듯한 날짜와 시간을 헤아리며 어느 날 문득 달력 앞에 서서 '오늘이 몇 월 며칠이지?'라는 질문을 던진 적이 있는 분이라면, 아마도 '며칠'과 '*몇 일' 사이에서 잠시 혼동을 경험했던 때도 없지 않을 것입니다. 그도 그럴 것이 '몇 년, 몇 월'의 경우처럼 '년'이나 '월' 앞에서는 관형사 '몇'이 그대로 쓰이면서 '년'과 '월'을 띄어 쓰는 것과는 달리, '며칠'만큼은 띄어 쓰지도 않는 데다 표기 또한 '*몇 일'이 아닌 '며칠'로 쓰고 있으니 납득하기가 쉽지 않았으리라는 것이지요. 결론부터 말씀드리면, '며칠'의 표기 원칙은 어원과 발음 두 가지 요소에 근거를 두고 있습니다. 만일 '몇 년, 몇 월'의 경우처럼 '며칠'의 어원 또한 '몇 일'이었다고 한다면 그 발음이 [며딜]이 되어야 우리말의 일반적인 발음 원칙에 맞는 데도 불구하고, 분명히 [며칠]로 발음되는 이유를 설명하기가 어려웠던바, 어원이 분명치 않은 단어는 발음대로 적는다는 원칙에 따라 '며칠'로 표기하기로 한 것입니다.

어쨌든 우리말에서 '*몇일'이라는 단어는 사용하지 않는 것이 원칙입니다.

그 결과, 어떠한 맥락에서도 '*몇일'은 사용되지 않고, '며칠'이 올바른 표준어로 사용되고 있으며, 이와 같은 원칙은 며칠간, 며칠 만에, 며칠 동안과 같은 문법 단위에도 동일하게 적용되는 것이 우리말의 특징입니다.

(1) 며칠간 추위가 맹위를 떨치더니 포근한 날씨가 이어지고 있다.
(2) 카드 3사는 불과 며칠 만에 말을 바꾸고 이를 금융 당국에 최종 보고한 것이다.
(3) 곤달비는 깊은 향이 나고 씹는 맛이 뛰어난 채소로서 김치로 담글 때는 며칠 동안 삭혀서 먹어야 맛이 좋다.

위의 예들을 통해 알 수 있듯이, '며칠'은 '며칠간, 며칠 만에, 며칠 동안'과 같은 표현에서도 쓰이고 있습니다. 따라서 이러한 상황에서 '*몇 일간, *몇 일 만에, *몇 일 동안' 등을 쓴다면, 모두 옳지 않은 표기라는 것을 잘 알아 두어야 할 것입니다.

우리말 날짜 표현에서 쓰이는 관형사 '몇'에 대해서는 한 가지 언급을 더 필요로 하는데, '몇'은 '수(數)'와 관련된 언어 표현이므로 '날짜'가 아닌 '요일'에 사용해서는 안 된다는 것이지요. 그러므로 '오늘이 *몇 요일이지요?'라는 문장은 비문법적인 표현이므로, '오늘이 무슨 요일이지요?'라는 문장으로 바꿔 써야 올바른 표현이 됩니다.

최근 한 포털 사이트에서는 '날짜 보고 요일 맞히기'라는 정보 글 한 편을 공개하였습니다. 이 글에서는 날짜만 보고 요일을 알아맞히기 위한 여러 가지 계산 방법과 계산을 설명하는 동영상이 포함되어 있었지요. 결론은 어떠하였을까요? 율리우스력을 사용해 계산하는 방법의 경우 요일이 불규칙하게 변하기 때문에 사용하는 것이 너무 어려우니 일일이 세는 것이 가장 쉬운 방법이라는 것이 그 답이었지요. 요컨대, 날짜 보고 요일을 맞혀야 하는 상황에서 "이 날은 *몇 요일이었지요?"라는 질문은 금물이니, "이 날은 무슨 요일이었지요?"라고 해야 정확한 우리말입니다.

우리말 편지 86
(2014. 2. 17.)

'-이에요'와 '-*이예요'

    대한민국 국민이 '금영'이나 '아싸'라는 이름의 노래방 기기 앞에 모여들기 시작한 때가 과연 언제부터였을까요? 확실치는 않지만 1990년대 초반부터가 아니었을까 합니다. 386세대라 명명되던 민주화 투쟁 세대의 직속 후예들이라고 할 수 있는 이른바 X세대들이 억압된 군사 문화 체제에서 벗어나 이전까지와는 전혀 다른 자유로움을 구가하던 시기이자 '서태지와 아이들'이 문화의 아이콘으로 등장한 시기이기도 하니, 새로운 문화 형성의 싹이 움트고 있던 바로 그 시기에 노래방 또한 우리들 앞에 짠 하고 모습을 드러내었던 것이지요.
    노래방이 우리 민족에게 끼친 영향은 실로 커서 무릇 한국인이라면 노래 못하고 춤 못 추는 사람이 없다고 해도 과언이 아닐 듯합니다. 그것은 놀랍게도 농경시필기(農耕始畢期), 하늘에 제사를 지내며 음주가무를 즐겼던 원시 종합 예술 시대로의 회귀를 가능하게 했을 정도였다고도 할 것입니다.
    어쨌든 그 시절, 무슨무슨 모임의 2차는 노래방에 가는 것이 필수였습니다. 순번을 정하여 애창곡을 부르던 노래방의 장면은 거의 폭발에 가까울 만큼 뛰어난 감정의 발휘, 듣는 사람을 감동시키는 탁월한 가슴의 울림, 이러한 묘사가 잘 어울릴 듯한데, 마지막 피날레 장면만큼은 사뭇 달랐습니다. 손에 손을 잡고 어깨를 나란히 하며, "우리 만남은 우연이 아니야."라든지 "내가 살아가는 동안에 할 일이 또 하나 있지."가 아니면 "모두가 사랑이에요."를 합창하며 제각기 다른 목소리와 가사를 뽐내며 지나치게 흥분하였던 시간들을 반성하는 제의가 뒤따르게 마련이었던 것이지요.

문제는 오늘날까지도 그 울림이 계속되고 있는 2인조 포크 그룹 '해바라기'의 대표곡 <모두가 사랑이에요>를 두고 <모두가 *사랑이예요>로 적고 있는 표기의 오류가 심심찮게 발견되고 있다는 것입니다. 이와 같은 현상은 우리말 종결 어미 '-에요'의 용법이 비교적 복잡하다는 데서 기인한다고 할 수 있는데, 우선 그 용례를 몇 가지 제시하면 다음과 같습니다.

(1)ㄱ. <오로라 공주> 작가는 <u>누구이에요</u>?
　　ㄴ. 저기 있는 분이 제 <u>할머니이어요</u>.

(2)ㄱ. 여기가 친구네 <u>집이에요</u>.
　　ㄴ. 이곳이 바로 저희 대학 <u>병원이어요</u>.

위의 예를 통해 우리는 '누구'나 '할머니', '집', '병원' 등의 체언 뒤에 결합하여 쓰이는 '-이에요'와 '-이어요'를 발견하게 되는데, 이 두 가지 형태는 '-이(서술격 조사 '-이다'의 어간) + -에요/-어요'의 결합에 의해 만들어진 것으로, 현행《표준어 규정》에서 둘 다를 표준어로 삼고 있어, 이른바 복수 표준어에 해당하는 형태들입니다.

흥미로운 것은 (1)의 예처럼 '-이에요'와 '-이어요' 앞에 오는 체언의 말음이 모음인 경우, '-이에요', '-이어요'가 각각 '-예요', '-여요'의 형태로 줄어듦으로써 준말이 형성되며, 이러한 준말 형태가 본말보다도 더 자주, 그리고 더 자연스럽게 쓰인다는 것이지요. 따라서 (1)의 예들은 다음과 같이 줄여서 쓰는 것이 보편적 현상이라고 할 수 있습니다.

(1)'ㄱ. <오로라 공주> 작가는 <u>누구예요</u>?
　　ㄴ. 저기 있는 분이 제 <u>할머니여요</u>.

그런데 (1)과 (2)의 용법과 관련, 흔히 나타나는 오류가 있는데, 그것은 (1'ㄱ) 처럼 '-예요'를 써야 할 환경에서 '-*에요'를, (1'ㄴ)처럼 '-여요'를 써야 할 환경에서 '-*어요'를 쓴다든지, (2ㄱ)처럼 '-이에요'를 써야 할 환경에서 '-*이예요'를 쓰는 것이 바로 그러한 사례입니다. 결과적으로 '*누구에요'나 '*할머니어요', '*집이예요'는 모두 올바르지 못한 비표준 형태이며, '모두가 *사랑이예요' 역시 바로 이와 같은 이유로 잘못된 형태라는 것을 알아 둘 필요가 있습니다.

우리말 편지 87
(2014. 2. 24.)

'-아니에요'와 '-*아니예요'

내렸다 하면 폭설이 되어 우리를 쩔쩔매게 하였던 눈들이 흔적도 없이 녹아서 비가 되고, 얼었던 대동강 물도 풀린다는 우수(雨水)를 지내고 난 다음이니 계절은 바야흐로 봄인 듯합니다. 그리하여 마음은 벌써 새싹이 움트는 봄동산에 나가 있는 것처럼 달뜨고 있으니, <어쩌지요>라는 제목의 시에서 보여 주는 시인 최원정의 항변 또한 스멀스멀 피어오르는 봄기운에 한 마리 산꿩처럼 쏘다닐 수밖에 없는 신명을 그대로 보여 주는 것이라고 할 것입니다.

요즈음,
하루도 거르지 않고
산꿩마냥 쏘다닌다고
나무라지 말아요

자꾸만 늦어지는 걸음도
재촉하지 말아요
나뭇가지에 새순 돋는 걸
그냥 지나칠 수가 없었어요

이 모든 게
당신이 따뜻하여
봄이 왔기 때문이지

내 잘못은 아니어요
　　-하략-

　위 시에서 화자는 자신의 신명을 "당신이 따뜻하여 봄이 왔기 때문이지 내 잘못은 아니어요."라는 말로 정당화하고 있습니다. 말하자면 시인은 거스를 수 없는 우주의 질서가 기실은 '당신의 따뜻함' 때문이었다고 하는바, 올봄에는 봄날처럼 따스한 영혼을 가진 이들을 어디서든 쉽게 만날 수 있을 듯합니다.

　문제는 우리에게는 춘래불사춘(春來不似春)의 때, 말 그대로 혹독한 꽃샘추위가 기다리고 있음을 잘 알고 있으니, 아직은 따뜻함을 노래할 때가 아니라고 할 수 있다는 것입니다. 그보다는 '내 잘못은 아니어요.'라는 구절에서 쓰인 '아니어요'의 문법에 관심을 두는 것이 더 나을 수도 있는바, 이번 편지에서는 '아니어요~아니에요~아녀요~아네요'의 쓰임에 대해 살펴보도록 하겠습니다.

　우선, '아니어요~아니에요'에 대해서만 말씀드리면, 이 두 단어는 형용사 '아니다'의 어간 '아니-' 뒤에 '-어요'와 '-에요'가 각각 결합한 형태입니다. 이러한 언어적 사실과 관련이 있는 것이 바로 지난번 편지에서 언급한 '-이어요'와 '-이에요'인데, 체언 뒤에 결합하는 이 두 형태가 복수 표준어인 것과 마찬가지로, '아니-' 뒤에 결합하는 '-어요', '-에요' 역시 복수 표준어에 속합니다. 따라서 '아니어요~아니에요'는 둘 다 올바른 표준어임과 동시에, 이러한 형태를 본말로 하여 '아녀요'와 '아녜요'라는 준말이 만들어짐으로써 '아니어요~아니에요~아녀요~아녜요'라는 네 개의 단어가 모두 쓰일 수 있음이 특징입니다.

　다만, 다음 예에서 쓰인 '*아니예요'만큼은 '아니-+-예요'의 구조를 가진 말로서 올바르지 않은 형태라는 것을 알아둘 필요가 있습니다. '-예요'는 '-이에요'의 줄임말이므로, '*아니예요'라고 적는 순간 '아니-+*-이에요→아니-+*-

예요'라는 잘못된 구조를 만들어 내는 것이 그 이유입니다.

(1) 사랑은 장난이 *아니예요.
(2) 박성웅 씨가 그렇게 나쁜 사람은 *아니예요.
(3) 소트니코바, 낚시하는 거 *아니예요.

우리말 편지 88
(2014. 3. 3.)

'무너뜨리다'와 '무너트리다'

주지하는 바와 같이, "막는 것 산이거든 무느곤 못 가랴/파도건 눈보라건 박차 헤치자."라는 노랫말로 시작하는 우리 대학 교가를 작사한 이는 바로 김기림 시인 입니다. 그는 우리 대학이 개교한 지 1년 뒤인 1947년부터 1950년 6·25 직전까지 우리 대학에 출강을 하였고, 바로 이 시기에 무려 3절이나 되는 교가의 가사를 작사했던 것으로 잘 알려져 있습니다.

문제는 "막는 것 산이거든 무느곤 못 가랴"는 교가의 첫 구절이 새겨진 장미원 입구의 돌 비석 앞에 서서, '저게 무슨 말이지?'라고 자문하는 분들이 적지 않다는 것입니다. 그러한 질문의 초점은 틀림없이 '무느곤'의 의미에 놓이게 된다고 할 수 있는바, 이번 편지에서는 '무느곤'이라는 단어의 뜻과 함께 이 단어의 쓰임과 관련되는 복수 표준어의 문제에 대해 다루기로 하겠습니다.

결론부터 말씀드리면 '무느곤'은 '무느고는'의 준말 형태입니다. '무느다'는 '쌓여 있는 것을 흩어지게 하다.'는 뜻을 지닌 동사이니 '무느고는'은 '쌓여 있는 것을 흩어지게 하고는' 정도로 해석할 수 있는 말이라고 할 수 있겠지요.

그런데 동사 '무느다' 자체는 최근 들어 사용되는 빈도가 매우 낮은 말이 되었습니다. '무느곤'이 어쩐지 낯설었던 것도 바로 그런 이유에서라고 할 수 있습니다. 결과적으로 오늘날 '무느다'에서 파생된 '무너뜨리다'나 '무너트리다'가 '무느다'를 대신하는 경우가 많습니다. 따라서 우리의 교가 첫 구절도 다음과 같이 바꿔 쓸 수 있겠지요.

(1) 막는 것 산이거든 무너뜨리곤 못 가랴.

(2) 막는 것 산이거든 <u>무너트리곤</u> 못 가랴.

　'무느다'의 의미를 그대로 계승하는 '무너뜨리다'와 '무너트리다'는 '무느-+-어+-뜨리다/-트리다'의 구조를 갖는 단어인데, 여기에서 쓰인 '-뜨리다/-트리다'는 강조의 뜻을 더하는 접미사로서, 둘 다 표준어로 쓰이는 말입니다. '무너뜨리다/무너트리다' 외에 '깨뜨리다 / 깨트리다', '넘어뜨리다 / 넘어트리다', '빠뜨리다/빠트리다', '쓰러뜨리다 / 쓰러트리다' 등도 모두 비슷한 의미를 지니는 복수 표준어에 해당하는 것임은 물론이지요.

　다시 '무느곤'에 대해서 말하자면, 1930년대 한국적 모더니즘 문학 운동의 선구자로 활약하였던 시인 김기림이 우리 대학에 출강한 적이 있다는 것도 놀라운 사실이거니와 1절부터 3절까지 무려 3절이나 되는 교가의 가사를 작사했다는 것 또한 꽤 놀랄 만한 사실이라고 할 것입니다. 따라서 "막는 것 산이거든 무느곤 못 가랴 / 파도건 눈보라건 박차 헤치자."라는 1절의 첫 구절에서 엿볼 수 있는 진취적인 기상은 늘 새로운 것을 추구하는 진보적 시인으로 잘 알려져 있던 시인 김기림의 시 정신이 아로새겨진 것이라는 점에서 길이 보전해야 할 일이라고 생각합니다. 물론 "열어라 닫히었던 세기의 창을/다가오는 새 풍조 팔 벌려 안자."라는 2절의 첫 구절 또한 대학의 지성인들이 가야 할 길을 분명하게 제시하고 있는바, 김기림은 우리로 하여금 새로운 시대가 필요로 하는 시대정신으로 무장한 지성인으로서의 삶을 요구하고 있음을 잘 기억해야 하리라고 봅니다.

우리말 편지 89
(2014. 3. 10.)

'숙맥'과 '*쑥맥'

'가을 낙지, 봄 *쭈꾸미'라는 말이 있습니다. 지난가을 조금은 가늘고 긴 여덟 개의 다리를 지닌 낙지가 원기 회복과 영양 보충에 더할 나위 없이 좋은 보양식으로서 각광을 받았다면, 이 봄에는 짜리몽땅한 키이긴 하지만 쫄깃쫄깃 씹히는 맛이 일품인 '*쭈꾸미'가 식도락을 즐기는 미식가들의 혀를 감동시키기에 딱 좋은 제철 음식이라고 할 수 있다는 것이지요.

문제는 '*쭈꾸미'의 발음과 표기입니다. '*쭈꾸미'라고 말하는 순간, 끓는 물에 살짝 데쳐 초고추장에 찍어 먹으면 정말 좋겠다는 생각이 드는 '*쭈꾸미'가, 이맘때라면 흰 쌀밥 같은 알이 꽉 차 있어 입안에 가득 고소함이 묻어나는 그 '*쭈꾸미'가 사실은 표준어가 아니어서 '주꾸미'라고 발음하고 표기해야 올바른 표준어가 된다는 것입니다.

표준형 '주꾸미'가 우리의 전라도 말을 비롯한 국어의 많은 방언들에서 '*쭈꾸미'로 쓰이고 있는 것은 말할 것도 없이 '어두 경음화'에 따른 것입니다. '어두 경음화'란 단어의 첫 음이 예사소리로 이루어진 단어들을 된소리로 발음하는 것을 말하는데, 이러한 의미의 '어두 경음화'의 결과는 표준어가 아닌 비표준어의 지위를 갖는 것이 보통입니다. '(머리를) 감다' 대신 사용하는 '*깜다'나 '(그릇을) 닦다' 대신 사용하는 '*딲다'를 비롯하여, '*쭈꾸미', '*쑥맥' 등이 그 전형적인 예들이라고 할 수 있지요.

'*쭈꾸미'에 대해서도 마찬가지였겠지만, 사리분별을 못하는 어리석은 사람을 비유적으로 말할 때 사용하는 단어 '*쑥맥'에 대해서는 아마도 '그럴 리가?' 하는 느낌이 없지 않으셨으리라 생각합니다. 그러나 '*쑥맥'은 표준어

'숙맥'을 경음화한 형태로서 '*쭈꾸미'와 마찬가지로 표준어가 아닙니다. 따라서 다음에서 사용된 '*쑥맥'은 모두 올바르지 못한 비표준어라고 할 수 있습니다.

(1) 사람들은 간혹 말을 할 때 '*쑥맥'이란 말을 사용하는 경우가 있다.
(2) 두 사람 모두 사랑에는 '*쑥맥'이나 다름없었다.

'숙맥'은 원래 '숙맥불변'(菽麥不辨)이라는 사자성어에서 비롯된 말입니다. 이 말의 원뜻은 "콩인지 보리인지 구별하지 못한다."라는 것인데, 이는 '숙맥'이라는 단어의 한자어가 '콩 숙(菽)'에 '보리 맥(麥)'이 결합한 단어이기 때문입니다. 어쨌든 '숙맥'은 오늘날 원뜻에서 벗어나 사리 분별을 못하고 세상 물정을 잘 모르는 사람을 가리키는 말로 쓰이고 있으며, 이를 '*쑥맥'으로 발음하고 쓰는 순간 올바른 표준어가 되지 못한다는 사실을 기억해 둘 필요가 있습니다.

어두 경음화는 주로 청각적 인상을 강화하기 위해 나타나는 현상이기는 하지만, 표준어의 범주에 들지 못하는 경우가 대부분이듯이, 어중(語中), 곧 단어의 중간에서 나타나는 경음화형 역시 비표준어인 경우가 적지 않습니다. '*봄똥'이나 '*마늘쫑' 같은 예가 그러하지요.

바야흐로 3월이니, 지난겨울을 눈밭에서 난 배추와 마늘이 아삭아삭 씹히는 맛이 으뜸인 '봄동'의 모습으로, 아니면 키가 제법 자라서 머잖아 연한 꽃대를 품은 '마늘종'의 모습으로 나타나 우리의 입맛을 돋우려 할 것입니다. 그때에 우리들 모두 '숙맥'은 아니어서 이러한 어휘들과 그 이름에 걸맞은 제철 음식의 맛을 정확하게 구별할 수 있는 분별력을 갖출 수 있다면 우리들 또한 썩 훌륭한 미식가가 될 수 있지 않을까 합니다.

우리말 편지 90
(2014. 3. 17.)

'머윗대'와 '*머굿대'

'봄은 어디서부터 오는 것일까?' 이러한 질문에 대한 답을 찾기란 쉽지 않은 일일 수도 있습니다. 그러나 이른 아침, 한번이라도 양동시장이나 남광주시장에 나가본 적이 있는 분들이라면 쉽게 그 답을 찾아낼 수 있을 것입니다. 봄은 다름 아니라 시골에서 올라온 할머니들의 보따리에서 오는 법이라는 것을 말이지요.

그 보따리의 나물들이라면 쑥이며 냉이, 달래, 두릅, 씀바귀, 취나물, *머굿대 등등 종류도 가지가지여서 어느 것 하나 발길을 멈추게 하지 않는 것이 없지만, 이 가운데 '*머굿대'만큼은 절대로 그냥 지나치기가 쉽지 않다고 할 수 있습니다. 그도 그럴 것이 거기에는 반드시 "사시씨요, *머굿대. 봄 *머굿대는 약이라고 한다요."라는 할머니들의 부드러운 권유가 따르기 때문이라고 할 수 있지요.

겨우내 땅속 깊은 곳에 웅크리고 있다가 우수도 경칩도 지나 따스한 봄기운이 온 대지에 퍼질 무렵, 붉은 빛을 띠는 어린잎과 잎자루를 가만히 세상 밖으로 내놓는 '*머굿대'는 국화과의 여러해살이풀로 진해(鎭咳), 거담(祛痰) 등의 약리 작용이 있다고 하니, 시골 할머니의 이야기들이 전혀 근거 없는 말은 아니라고 할 것입니다. 문제는 우리의 '*머굿대' 혹은 '*머웃대'를 가리켜 표준어에서는 '머윗대'라 하니 이러한 차이가 어디에서 비롯된 것일까 하는 것입니다.

표준어 '머윗대'와 방언형 '*머굿대', '*머웃대' 사이에는 두 가지 차이가 있습니다. 그 하나는 '머윗대'의 두 번째 음절의 모음은 '위'인 데 반해, '*머굿대',

'*머웃대'의 모음은 '우'라는 것이고, '머윗대', '*머웃대'에는 없는 'ㄱ'가 '*머굿대'에는 있다는 것입니다.

우선, 표준어 모음 '위'에 대해 국어의 방언형들은 '우'로 대응되는 경우가 종종 발견되는데, 다음과 같은 예들이 그 대표적인 사례에 속합니다.

(1) 오늘의 팔도 시장 맛 탐방은 바로 만 원 *<u>아구찜</u>입니다.
(2) *<u>사우</u> 사랑은 장모님이라고 했습니다.
(3) *<u>방구</u>가 자주 나오는 데는 다 이유가 있다.

여기에서 등장하는 '*아구찜', '*사우', '*방구'는 모두 표준형 '아귀찜, 사위, 방귀'에 대응하는 방언형들인데 이러한 사례를 통해 우리는 국어의 표준어와 방언 사이에 모음 '위:우'의 대응이 비교적 자주 일어나는 일임을 알 수 있습니다. 이러한 모음의 대응은 우리말이 겪은 역사적 변화를 통해 설명이 가능한데, 역사적으로 보면 '위'가 /uy/의 음가(音價)를 지니는 이중모음이었던바, 우리의 표준어는 '/uy/ → /ü/'의 변화, 곧 두 개의 말소리가 하나로 줄어드는 축약현상에 의해 단모음화한 반면, 우리의 전라도 말을 비롯한 방언들에서는 '/uy/ → /u/'의 변화를 수행한 결과, '아귀찜, 사위, 방귀' 대신, '*아구찜', '*사우', '*방구' 등으로 나타나게 되었습니다. 표준어와 방언형의 대립이 상이한 역사적 발달의 결과라고 보는 것은 바로 이러한 현상을 두고 하는 말이라고 할 수 있지요.

그렇다면, '*머굿대'의 'ㄱ'은 어디에서 비롯된 것일까요? 추측건대 이는 우리의 전라도 말 '*아그(아이), *느그(너희), *지그(저희)' 등과 그 궤를 같이 하는 것으로 보입니다. 가령 표준어 '아이(兒)'의 경우를 예로 들자면, '아이'는 '아기>아히(15C)>아희>아히>아이'의 역사적 발달을 경험했다고 할 수 있는바, '*아그'는 15세기 이전의 우리말을 반영하며, '머윗대'는 '머굿대>머윗대(17C)>머윗대'라는 발달 경로를 밟았다는 가정을 가지고 보면, '*머굿대' 또한 적어도 17세기 이전 시기의 우리말을 반영하는 것이라고 할 수 있다는 것이지요.

요컨대, 이른 봄에는 쌉싸름한 맛이 일품인 나물로, 잎자루가 길게 자라난 여름철이라면, 오리탕이나 장어탕에 넣어 끓이면 제격인 '*머굿대' 속에는 우리말이 걸어온 길이 착실히 반영되어 있는바, 이를 교양 있는 사람들이 두루 쓰는 서울말에 해당하는 '머윗대'와 구별하여 아는 체해 주셨으면 합니다.

우리말 편지 91
(2014. 3. 24.)

'개펄'과 '갯벌'

산낙지, 탕탕이, 연포탕, 갈낙탕, 호롱구이…. 잘 아는 이야기이지만, 이들은 모두 낙지를 재료로 하는 음식 메뉴입니다. 이러한 음식명에서는 남도, 좀 더 구체적으로는 무안이나 목포, 영암 같은 서남해안의 냄새가 많이 나는 것을 보면, 한국인들 가운데 낙지를 가장 많이 사랑하는 사람들은 바로 우리들 남도인이라고 할 수 있을 듯합니다. 그도 그럴 것이 "영양 부족으로 일어나지 못하는 소에게 낙지 서너 마리를 먹였더니 거뜬히 일어났다."라는 우리나라 최고의 어류학서 『자산어보』의 기록도 저자인 정약전 선생이 흑산도에서 귀양살이를 하는 동안 쓴 것이니, 남도 사람들의 낙지 사랑은 어디에 내놓아도 부족함이 없다고 해도 좋을 것입니다.

문제는 낙지의 종류를 두고 '세발낙지'와 '*뻘낙지'라는 말이 자주 쓰인다는 것인데, 이 둘 다 아직은 우리의 『표준국어대사전』에 등재되지 않은 형태들입니다. 그렇다면 두 단어의 어원은 무엇일까요?

우선 '세발낙지'는 흔히들 생각하듯 발이 세 개인 낙지가 아니라, 아직은 다 자라지 않은 새끼여서 발이 아주 가는 낙지를 가리키는 말입니다. 그러니까 '세발'은 가늘다는 의미의 한자어 '細'에 '발'이 결합하여 생겨난 말이라는 것이지요. '낙지'나 '문어'를 가리켜 영어로는 'octopus'라고 하거니와, 이는 '여덟(octo)'+'발(pus)'을 지닌 동물이라는 어원을 가지고 있습니다. 이러한 어원에 비추어 볼 때, '세발낙지'의 '세발'이 적어도 세 개의 발을 의미하지는 않는다는 것은 분명한 언어적 사실인 셈입니다.

한편, '*뻘낙지'는 '*뻘+낙지'의 구조로 이루어진 말로서, 여기에서 사용된 '*뻘'은 '간조(干潮) 시에 드러나는 거무스름하고 미끈미끈한 개흙으로 덮인

벌판'을 가리키는바, 결과적으로 '*뻘낙지'란 '*뻘' 속에 사는 낙지를 가리킨다고 할 수 있습니다. 대부분의 낙지잡이가 바닷물이 다 빠져나간 뒤 드러난 '*뻘' 속에서 낙지가 숨은 구멍을 찾아내어 손으로 잡는 방식으로 이루어지니, '*뻘낙지'란 말의 의미를 쉽게 짐작할 수 있으리라 생각합니다.

그런데 '*뻘낙지'의 '*뻘'을 가리켜 표준어로는 '개펄' 또는 '펄'이라고 하니, 결국 우리의 '*뻘'은 표준형이 아닌 방언형에 해당합니다. 따라서 '뻘낙지'를 굳이 표준어로 바꾼다면 '펄낙지'로 써야 올바른 표준형이라고 할 것입니다.

'개펄' 혹은 '펄'은 주로 간조(干潮)와 만조(滿潮)의 차가 큰 해안 지형에 발달하는 것이 특징인데, 이와 관련이 있는 국어 단어가 바로 '갯벌'입니다. 그렇다면 '개펄'과 '갯벌'은 어떠한 차이가 있는 말일까요? 이를 이해하기 위해서는 우선 두 단어가 어떻게 쓰이는지를 살펴볼 필요가 있습니다.

(1) 발이 푹푹 빠지는 개펄에서 여인들은 온종일 낙지를 잡곤 하였다.
(2) ㄱ. 갯벌이란 일반적으로 조류(潮流)로 운반되는 모래나 점토의 미세 입자가 파도가 잔잔한 해역에 오랫동안 쌓여 생기는 평탄한 지형을 말한다.
ㄴ. 좁은 의미로 갯벌은 바닷물이 드나드는 모래톱(모래사장)을 가리키는 말이다.

이러한 용례를 토대로 할 때, 우선 '개펄'은 발이 푹푹 빠지는 미끄러운 진흙질—개흙이라고 부르는—로 이루어진 곳이라고 할 수 있습니다. 이와는 달리 '갯벌'은 두 가지 의미로 쓰이는데, (2ㄱ)에서는 '갯벌'이 모래나 점토로 이루어진 곳이라고 할 수 있으니, '갯벌'은 바닷가의 모래사장과 함께 '개펄'을 포함하는 넓은 의미로 쓰이는 것이 특징이라고 할 수 있습니다. 그러나 (2ㄴ)에서는 '갯벌'이 바닷가의 모래톱, 즉 모래사장만을 가리키는 좁은 의미로 쓰이고 있습니다. 따라서 최근 생태계 파괴의 위험성으로 인해 문제가 되고 있는 '갯벌 생태 체험'의 '갯벌'은 좁은 의미의 '갯벌'과 '개펄'을 모두 포괄하는 넓은 의미로 쓰이고 있는 말이라고 보는 것이 좋을 듯합니다.

우리말 편지 92
(2014. 3. 31.)

'목거리'와 '목걸이'

아직도 복병처럼 몸을 숨기고 어디선가 우리를 기다리고 있는지는 모르겠지만 올봄은 이렇다 할 꽃샘추위가 없이 지나가는 듯합니다. 3월이 채 지나가지 않은 시기에 벌써 25도 이상의 기온을 보이는 날도 없지 않았으니, 지구 온난화의 발걸음이 그 속도를 높이고 있는 것은 아닌지 약간은 걱정스럽기도 하지만 말이지요.

그러나 계절이 바뀔 때마다 피하기 어려운 것이 한 가지 있으니, 환절기 감기가 바로 그것일 것입니다. 더구나 미세 먼지며 황사가 봄 하늘을 흐리게 하는 날이 적지 않으니 목감기로 고생하는 분들이 적지 않을 터, '인후염'이니 '후두염'이니 하는 이름의 염증들도 모두 목감기로 인한 증상 가운데 하나라고 할 수 있겠지요. 그렇다면, '목이 붓고 아픈 병', 인후염이나 후두염에 해당하는 순수한 우리말은 무엇일까요? '목앓이' 또는 '목거리'가 그 답입니다. 이 가운데 '목거리'는 목에 거는 장신구를 의미하는 '목걸이'와 그 어원을 같이하는 데다 결과적으로 발음도 같다 보니 혼동을 겪는 국어 사용자들이 적지 않은데 다음이 그 예입니다.

(1) ㄱ. 뒤엉킨 *목거리를 풀려면 어떻게 하나요?
ㄴ. 소녀시대, 유리 "*목거리에 'UP' 눈에 확! 띄네"
ㄷ. 15일 오전 서울 중구 시청 서울광장에서 열린 2013 놀라운 토요일 서울엑스포에 참석한 박원순 서울시장이 한 학생에게 원숭이 모양의 *목거리를 선물 받고 있다.

위의 예들 가운데 (1ㄱ)의 예는 일반인들이 겪고 있는 혼동의 예라고 한다면, (1ㄴ, ㄷ)의 예는 신문 기사의 표제어이거나 기사 내용에 해당합니다. 이러한 오용 사례는 '목걸이'와 '목거리'를 구별하는 일이 뒤엉킨 '목걸이'를 푸는 일보다 어려운 일이었을 수도 있겠다는 생각이 들기도 합니다.

'목걸이'와 '목거리'의 경우처럼 어원은 동일하지만 표기를 달리하는 국어 단어의 쌍으로는 '옷걸이'와 '옷거리'를 그 예로 들 수 있습니다. 우선 두 단어의 용례를 제시하면 다음과 같습니다.

(2)ㄱ. 그는 집에 돌아오자마자 외투를 벗어 옷걸이에 걸었다.
ㄴ. 옷거리가 워낙 좋다 보니 어떤 옷을 걸쳐도 그림이 되지만, 그래도 주인공들의 옷차림은 저자의 일반적인 패션과 사뭇 다르다.

위의 용례에서 나타난 '옷걸이'와 '옷거리'는 둘 다 '옷+걸-+-이'를 그 어원으로 하는 단어입니다. 그러나 그 표기에 있어서는 차이를 보이는데, '옷을 걸어 두도록 만든 물건'을 의미하는 '옷걸이'는 형태소의 원형을 밝혀 적은 반면, '옷을 입은 모양새'를 의미하는 '옷거리'는 발음대로 적은 것이 특징이라고 할 수 있습니다.

그렇다면, '목걸이'와 '옷걸이', '목거리'와 '옷거리'의 표기를 결정하는 요소는 무엇일까요? 이는 이러한 단어들의 파생을 담당하는 접미사 '-이' 앞에 오는 어기(語基)의 의미가 변화를 겪는지의 여부에 따라 결정되는 것이 특징입니다. 즉, '목걸이'와 '옷걸이'의 경우에는 어기에 해당하는 '목+걸-'(목에 걸다), '옷+걸-'(옷을 걸다)의 의미가 그대로 유지되는 반면, '목거리'와 '옷거리'의 경우에는 그러한 의미가 없이 전혀 새로운 의미로 변화를 겪게 되었는바, 이러한 경우에는 소리대로 적는 것이 원칙인 것이지요. 요컨대, 우리의 국어사전에는 그 의미에 따라 구별을 해야 하는 단어의 수효가 적지 않으니, 이러한 표기 원칙을 잘 기억해 두시는 것이 좋을 듯합니다.

우리말 편지 93
(2014. 4. 7.)

'그렇다'와 '그러다'

<u>그렇다 해도</u> 노트북 변신의 타깃은 태블릿 PC다. <u>그러다 보니</u> '초경량화'가 대세로 자리 잡았다. 특히 가볍고 열에 잘 견디는 소재를 찾으려는 업체들이 탄소 섬유(레노버), 알루미늄(애플), 두랄루민(삼성전자), 플라스틱(LG전자) 등 노트북에 다채로운 옷을 입히고 있다. 또 무게만 가벼워서는 한계가 있기 때문에 화학 및 반도체 업체들은 배터리 성능 개선이나 대기 시간을 줄이기 위해 전원을 꺼도 데이터를 기억할 수 있는 메모리 성능 향상 등에 열심이다.

위 글은 '태블릿 닮게… 더 가볍게… 노트북 생존의 몸부림'이라는 제목으로 작성된 지난 4월 5일 자 한국일보 기사의 일부입니다. 노트북이 2011년을 정점으로 태블릿PC에 점차 그 자리를 내주고 있는 상황 속에서 초경량화, 배터리 성능 개선, 메모리 성능 향상 등의 방법으로 변신을 꾀하고 있다는 내용이었지요.

문제는 밑줄 친 표현에서처럼 우리말에서는 '그렇다'와 '그러다'를 구별해서 써야 하는 경우가 적지 않다는 것입니다. 위 기사문의 경우만 해도 '그렇다 해도'는 '(상황이) 그와 같다고 해도'의 뜻을, '그러다 보니'는 '그리하다 보니'의 의미를 갖는다고 할 수 있습니다. 두 단어의 이와 같은 의미 차이는 상당히 미묘해서 국어 화자들 가운데는 오류를 범하는 경우가 적지 않은데, 다음이 그 예입니다.

(1) ㄱ. 이곳은 신자 수에 비해 교회가 많다. *그러다 보니 교회 건물이 매물로 자주 나온다.
　　ㄴ. 그 사람은 명예에 집착이 강하다. *그러다 보니 자존심이 강하고 고집도 세다.
(2). 이 학습법으로 그는 서로 다른 모형을 새로운 상황에 적용해서 무엇이 효과가 있고 무엇이 효과가 없는지, 어떤 것이 함께 어우러지고 어떤 것이 *그렇지 못한지, 현실의 혼돈에서 벗어나 우뚝 서는 것이 어떤 기분이고 *그렇지 못할 때 어떤 기분인지 깨달을 것이다.

　이러한 오류 가운데 (1)의 '*그러다'는 '그렇다'로, (2)의 '*그렇지'는 '그러지'로 써야 올바른 표현입니다. 그렇다면 '그렇다'와 '그러다'는 어떠한 차이가 있는 단어일까요? 이러한 문제의 해결을 위해서는 우리의 『표준국어대사전』에서는 두 단어의 품사 범주와 그 의미를 어떻게 처리하고 있는지 살펴보는 것이 좋을 듯합니다.

구분	그렇다	그러다
품사	형용사	동사
의미	1) 상태, 모양, 성질 따위가 그와 같다. 예 상황이 그러니 어찌하겠나? 2) 특별한 변화가 없다. 예 요새는 그저 그렇습니다. 3) 만족스럽지 아니하다. 예 이 물건 좀 그렇지?	1) '그리하다'의 준말. 예 이젠 돌아가라니까 그러네. 2) 그렇게 말하다. 예 그가 바빠서 못 가겠다고 그러거든 내게 전화해 달라고 해라.

　여기에서 보듯 '그렇다'와 '그러다'는 '형용사'와 '동사'라는 품사 범주의 차이 이외에도 구체적인 어휘 의미 또한 상당한 차이가 있음이 특징입니다. 이

러한 사전의 정의를 토대로 할 때, (1), (2)의 오류 원인은 쉽게 설명이 가능합니다. 즉, (1)의 '*그러다'는 문맥상 형용사 '그렇다'가 '(상태)가 그와 같다'의 의미를 지니는 경우이고, (2)의 '*그렇지'는 동사 '그러다'가 '그리하다'의 준말로 쓰인 경우이니 각각 '그렇다'와 '그러다'로 바로잡아야 하는 것이지요. 기능적인 측면에서 보자면, 그 지시 대상이 문맥상 형용사와 관련되는 경우에는 '그렇다'를, 동사와 관련되는 경우에는 '그러다'를 쓴다고 보면 좀 더 이해가 쉽게 되리라 생각합니다. 그러나 '그렇다'와 '그러다'의 문법적 차이는 제법 복잡한 측면이 있어 또 다른 언어적 사실 혹은 오류와 관련이 있습니다. 이에 대해서는 다음번 편지에서 자세히 다루기로 하겠습니다.

우리말 편지 94
(2014. 4. 14.)

'그러고 나서'와 '*그리고 나서'

" '할 수 있다. 잘될 것이다.'라고 마음먹으라. 그러고 나서 방법을 찾으라." 이는 미국의 역사상 가장 위대한 대통령이라고 불리는 아브라함 링컨의 말입니다. 남북 전쟁을 승리로 이끎으로써 미국으로 하여금 엄청난 국가적 위기로부터 벗어날 수 있도록 만든 일도, 노예 제도를 종식시킴으로써 자유와 인권의 나라라는 영예를 안겨 주었던 것도 모두 긍정의 힘을 믿었던 그의 신념에서 비롯된 것이라고 할 수 있는바, 할 수 있다는 생각, 모든 일이 잘될 것이라는 믿음을 가지고 주저 없이 행동하는 것이야말로 지도자가 갖추어야 할 중요한 덕목 가운데 하나라고 할 것입니다.

문제는 밑줄 친 '그러고 나서'를 두고 '*그리고 나서'라고 적어야 하는 것은 아닐까 하는 생각으로 고개를 갸우뚱거릴 국어 화자들의 수가 적지 않을 수도 있다는 것입니다. 다음이 그 예입니다.

(1) ㄱ. 책을 읽고 나면 말이나 글로 자꾸 요약하는 연습을 해 보아야 한다. *그리고 나서 할 일은 바로 글의 뼈대를 찾는 일이다.

ㄴ. *그리고 나서 18년, 브롱스의 뒷골목에서 태어날 때는 절망과 분노의 무기였던 힙합이 이제 희망을 꿈꾸는 전 세계 젊은이의 도구로 접속에 접속을 거듭하고 있다.

위 문장에서 쓰인 '*그리고 나서'는 모두 '그러고 나서'로 적어야 올바른 표현입니다. '그러고 나서'는 지난번 편지에서 다루었던 동사 '그러다'의 어간

'그러-'에 '-고 나서'가 결합한 표현이라고 할 수 있는바, 문맥상의 의미 그대로 '그리하고 나서'의 의미를 갖는다고 할 수 있습니다.

그렇다면 왜 '*그리고 나서'는 오류라고 할 수밖에 없는 것일까요? 그 이유는 바로 '그리고' 때문입니다. '먹고 나서', '자고 나서', '하고 나서'의 사례에서처럼 '-고 나서' 앞에는 언제나 동사가 와야 한다는 문법적 제약이 있는데, 우리말 '그리고'는 동사가 아닌 접속 부사이므로 '-고 나서' 앞에 쓸 수 없는 것이지요. '*그리고 나서'와 비슷한 유형의 오류로는 '*그리고는'이 있는데, 이 역시 '그러고는'으로 적어야 올바른 표현입니다. 다음 예를 보기로 하시지요.

(2)ㄱ. "내가 지금 뭘 하고 있지?" *그리고는 혼자 피식 웃는다.
  ㄴ. 감독이 아는 게 많다 보니 하나가 아닌 다양한 캐릭터를 열거한다. *그리고는 나아가야 할 캐릭터가 무엇인가를 보여 줄 줄 안다.

위 문장들에서 쓰인 '*그리고는'은 '그리고+는'의 구조를 갖는데, 우리말에서는 '그리고'를 비롯하여 '그래서, 그러므로, 따라서' 등 같은 접속 부사 뒤에 조사가 올 수 없다는 제약이 있으므로, '*그리고는'은 그 자체로 오류인 형태입니다. 따라서 (2)의 문장들에서 쓰인 '*그리고는'은 동사 '그러다'의 활용형 '그러고'에 '-는'이 결합한 '그러고는'으로 바꿔 써야 올바른 표현이 될 수 있습니다.

한편, 지난번 편지에서 언급한 형용사 '그렇다'는 모음 어미나 종결 어미 '-네'와 결합할 경우 어간 말 자음 'ㅎ'이 탈락하게 됩니다. 결과적으로 '*그렇네요'와 같은 활용형은 쓰이지 않는 것이 특징이지요.

(3)ㄱ. 다 사정이 그런 걸 제가 유심한들 소용이 있겠어요?
  ㄴ. 정말 *그렇네요. 흰 고독의 순간을 가지면서 자신의 정체성을 고민해 보는 게 필요하지, 나를 과시하기 위해서 외제 차를 산다거나 이

런 것은 아닌 것 같다는 생각이 들어요.

위의 예 가운데 (3ㄱ)의 '그런'은 '그렇-+-은'의 구조에서 'ㅎ'이 탈락하여 만들어진 형태입니다. 이러한 'ㅎ' 탈락은 (3ㄴ)과 같은 환경에서도 적용되어야 하는바, '*그렇네요'는 '그러네요'로 적어야 올바른 활용형임을 기억하셨으면 합니다.

우리말 편지 95
(2014. 4. 21.)

'대로(大怒)'와 '*대노'

요 며칠 우리는 단 하루도 편히 잠들지 못하는 힘겨운 나날을 보내야 했습니다. 온 국민의 간절한 열망에도 불구하고 결국엔 300명이 넘는 귀한 목숨들이 다시는 돌아오지 못할 길을 떠나간 데 대한 절망감과 좌절감이 너무도 컸기 때문입니다. 더욱이 어떤 위로의 말로도 치유되기 어려운 상처를 입은 부모들과 남겨진 가족들의 아픔을 생각할 때마다 차오르던 목울음 위에 부끄럽기 짝이 없는 우리 사회의 구조적 문제들과 안전 불감증, 부실한 재난 대응 체계 등에 대한 분노감은 우리를 더더욱 힘들게 하였습니다.

'분노(忿怒)'를 넘어 전 국민의 '대로(大怒)'의 대상이 될 수밖에 없었던 우리 사회의 총체적 문제점과 관련, 이번 편지에서는 우리말에 차용되어 들어온 한자음의 '본음(本音)'이 오랜 세월이 흐르는 동안 여러 가지 언어 변화를 겪는 가운데 이른바 '속음(俗音)'으로 변화하여 굳어진 현상에 대해 살펴보고자 합니다.

한자음의 '속음'이란 어떤 이유에서건 '본음'과는 거리가 있는 음들이 일상적으로 자주 사용되다 보니 그러한 음이 그대로 하나의 표준음으로 굳어진 것을 말합니다. 가령, '성내다'는 뜻을 지닌 한자어 '怒'의 본음은 '[노]'인바, '분노(忿怒)'나 '격노(激怒)'와 같은 단어에서는 본음이 그대로 쓰이지만, '크게 화를 내다'는 뜻의 '大怒'의 경우는 '*대노'가 아니라 본음에서 거리가 멀어진 속음 '대로'로 발음해야 하는 것이 그 전형적인 사례라고 할 수 있습니다. 기쁨과 노여움을 아울러 이르는 말 '희로(喜怒)' 역시 본음 '*희노'에서 멀어진 속음이 그대로 굳어진 것으로, '희로애락(喜怒哀樂)' 같은 단어가 만들어지게 된 것도 바로 그러한 속음으로의 변화 결과임은 물론입니다.

본음이 속음으로 굳어진 한국 한자음의 사례는 그 수효가 적지 않은데, 다음은 그러한 변화의 예를 하나의 표로 정리한 것입니다.

한자	한자음		예
諾	본음	낙	승낙(承諾)
	속음	락	수락(受諾), 쾌락(快諾), 허락(許諾)
難	본음	난	만난(萬難), 간난(艱難)
	속음	란	곤란(困難), 논란(論難)
寧	본음	녕	안녕(安寧), 강녕(康寧)
	속음	령	의령(宜寧), 회령(會寧), 보령(保寧)
怒	본음	노	분노(忿怒), 격노(激怒)
	속음	로	대로(大怒), 희로애락(喜怒哀樂)
論	본음	론	토론(討論), 담론(談論)
	속음	논	의논(議論)
六	본음	륙	오륙십(五六十), 오륙일(五六日)
	속음	뉴, 유	오뉴월(五六月), 유월(六月)
十	본음	십	십일(十日)
	속음	시	시방정토(十方淨土), 시왕(十王), 시월(十月)
八	본음	팔	팔일(八日)
	속음	파	초파일(初八日)
宅	본음	택	자택(自宅), 주택(住宅)
	속음	댁	본댁(本宅), 시댁(媤宅), 댁내(宅內)
洞	본음	동	동굴(洞窟)
	속음	통	통찰(洞察)
糖	본음	당	당분(糖分), 당뇨(糖尿)
	속음	탕	사탕(砂糖), 설탕(雪糖)
布	본음	포	공포(公布), 반포(頒布)
	속음	보	보시(布施)

'대로(大怒)'와 '*대노' 251

提	본음	제	제공(提供)
	속음	리	보리(菩提)
場	본음	장	도장(道場)
	속음	량	도량(道場)

여기에서 보듯 본음에서 멀어져 속음으로 발음되는 우리말 한자어의 수는 상당히 많은 편입니다. 이러한 변화로 인하여 우리의 '분노'는 급기야 '대로'의 감정으로 자리를 잡고 있는바, 이러한 감정의 뒤끝이 다시는 이 땅에서 세월호 참사와 같은 불행한 사고는 일어나지 않도록 만드는 절호의 기회가 되었으면 하는 마음 간절합니다.

'마오(요)'와 '*말아요'

함께 울어 주기. 세월호 참사로 사랑하는 아들딸과 가족을 잃은 분들을 위해 우리가 할 수 있는 일이란 그저 그분들과 함께 가슴으로 울어 주는 일밖에 없었습니다. 그러나 언제까지나 그렇게 팽목이라는 이름의 항구에서 바다를 향한 눈길을 거두지 못한 채 눈물로 살아갈 수는 없는 일임을 잘 알기에, 이제는 나지막한 음성으로 돌아오지 못한 이들과 남겨진 이들을 위한 위로의 노래를 불러야 하는 때가 된 듯합니다. 이화여대 김효근 교수가 일찍이 번안·작곡하여 세상에 내놓았던 <내 영혼 바람 되어>나 팝페라 테너 가수 임형주 씨가 헌정한 <천 개의 바람이 되어> 같은 곡이 그러한 노래에 속하는바, 요 며칠 사이 이 노래들은 뭇 사람의 심금을 울리는 영혼의 노래로 포털 사이트 검색어에 오르내리고 있습니다.

흥미로운 것은 미국의 인디언들 사이에 구전되어 오던 <A thousand winds>를 우리말로 번역 혹은 번안하는 과정에서 두 곡은 사뭇 다른 어조와 분위기를 지니게 되었다는 것입니다. 전자가 우리말 상대 높임법 등급 가운데 예사 높임의 '하오체'를 사용하였다면, 후자의 경우는 두루 높임에 해당하는 '해요체'를 사용하고 있는 것도 그러한 차이를 가져오는 데 기여했다고 할 수 있습니다. 우선 두 곡의 가사를 제시하면 다음과 같습니다.

(1) ㄱ. 그곳에서 울지 마오./나 거기 없소./나 그곳에 잠들지 않았다오.
그곳에서 슬퍼 마오./나 거기 없소./그 자리에 잠든 게 아니라오.
나는 천의 바람이 되어/찬란히 빛나는 눈빛 되어/곡식 영그는

햇빛 되어 하늘한 가을비 되어/그대 아침 고요히 깨나면/
새가 되어 날아올라 밤이 되면 저 하늘 별빛 되어/
부드럽게 빛난다오.
그곳에서 슬퍼 마오./나 거기 없소./그 자리에 잠든 게 아니라오.

ㄴ. 나의 사진 앞에서 울지 <u>마요</u>./나는 그곳에 없어요./
나는 잠들어 있지 않아요.
제발 날 위해 울지 *<u>말아요</u>/나는 천 개의 바람/천 개의 바람이 되었죠.
가을엔 곡식을 비추는 따사로운 빛이 될게요./
겨울엔 다이아몬드처럼 반짝이는 눈이 될게요.
아침엔 종달새 되어 잠든 당신을 깨워 줄게요./
밤에는 어둠속에 별 되어 당신을 지켜 줄게요.
나의 사진 앞에 서 있는 그대/제발 눈물을 멈춰요/
나는 그곳에 있지 않아요.
죽었다 생각 *<u>말아요</u>/나는 천 개의 바람/천 개의 바람이 되었죠.
저 넓은 하늘 위를 자유롭게 날고 있죠./나는 천개의 바람/
천개의 바람이 되었죠.
저 넓은 하늘 위를 자유롭게 날고 있죠.

　세상을 떠난 사람이 천 개의 바람이 되어 자신의 죽음을 슬퍼하고 있는 이들을 위로한다는 내용의 이 노랫말을 통해 먹먹했던 가슴이 조금은 진정되는 느낌을 가지고 이번 편지에서는 우리말 '말다'의 활용에 대해 살펴보고자 합니다. '마오, 마요'를 비롯하여 '마, 마라'는 올바른 활용형이지만, '*말아'나 '*말아라', '*말아요'만큼은 그렇지 않다고 할 수 있는바, 이와 같은 언어적 사실에 대해 알아둘 필요가 있기 때문입니다.
　동사 '말다'는 어떤 일이나 행동을 하지 않거나 그만 두도록 금지하는 의미로 쓰이는 만큼 명령형으로 쓰이는 빈도가 가장 높다고 할 수 있는데, 다음이 그 전형적인 예들입니다.

(2)ㄱ. 그러니 그대 아직은 가지 마오.
ㄴ. 복도에서 시끄럽게 떠들지 좀 마요.
ㄷ. 김 군의 어머니는 "가지 마."라며 애타게 아들을 불렀다.
ㄹ. 제발 좀 문학의 위기, 소설의 위기라고 떠들지 마라.

이러한 예들은 상대 높임의 등급에서만 차이를 보일 뿐, 모두 '말다'의 명령형으로서 어간 '말-'의 'ㄹ'이 탈락하는 모습을 보인다는 공통점을 가지고 있음이 특징입니다. 따라서 '*말아, *말아라, *말아요' 등처럼 '-아, -아라, -아요' 같은 명령형 어미 앞에서 'ㄹ'이 그대로 유지되는 활용형들은 모두 올바르지 않은 형태라고 할 수 있으므로, <천 개의 바람이 되어>에 쓰인 "제발 날 위해 울지 *말아요."나 "죽었다 생각 *말아요."의 '*말아요'는 '마요'로 고쳐 써야 올바른 형태입니다. 이러한 '말다'의 활용은 이른바 'ㄹ' 탈락을 보이는 '날다'나 '살다' 등의 어휘들과도 구별되는 매우 특이한 현상에 속하는바, 세월호 참사와 함께 별도의 기억을 필요로 하는 현상임을 알아 두셨으면 합니다.

우리말 편지 97
(2014. 5. 5.)

'아니요'와 '*아니오'

　애플(Apple)과 넥스트(NeXT)의 공동 설립자로서 컴퓨터의 역사에 한 획을 그은 디지털 거인 중의 거인, 이는 미국의 기업가 스티브 잡스(Steve P. Jobs, 1955~2011)를 두고 하는 말임을 모르는 세계인이 그다지 많지 않으리라 생각합니다. 그는 필요하다는 것조차 인식하지 못하던 세상 사람들로 하여금 필요한 것을 향해 나가도록 이끌어 간 기술적 비전의 전도사로서, 애플 I, II를 비롯하여 매킨토시 컴퓨터, MP3 플레이어인 아이팟, 스마트폰의 대명사 아이폰 등 IT사에 길이 남을 산물들을 끊임없이 추구한 기술 혁신의 아이콘으로서 인류의 역사에 길이 남을 위대한 인물이라고 할 것입니다.

　스티브 잡스는 또한 뛰어난 달변가로서 기술과 혁신 그리고 우리의 삶에 대해 두고두고 기억에 남을 강렬한 메시지를 많이 남긴 것으로도 잘 알려져 있습니다. "혁신은 우리가 절대 잘못하지 않았다고 생각하는 일, 정말 많은 노력을 투입했다고 생각하는 1000 가지 일에 대해 '*아니오.'라고 말하는 데서 나온다."는 말도 그 가운데 하나입니다. 문제는 만일 잡스가 한국인이었다면, '*아니오'라는 단어의 적절성에 대해 끝까지 의심을 풀지 않았을 수도 있었으리라는 것입니다. 이러한 맥락에서 쓰일 수 있는 보다 적절한 또는 정확한 단어는 바로 '아니요'이기 때문입니다. 그렇다면 우리말 '아니요'와 '아니오'는 어떤 차이가 있을까요? 다음 예를 보도록 하시지요.

　　(1)ㄱ. 아침 독서시간에 만화책을 읽어도 되나요? '예, 아니요'로 답변해
　　　　 주세요.

ㄴ. '예'와 '아니요'로 이 시대를 분간하라.

(2) ㄱ. 그것도 잘못된 말이오. 허 황후는 인도인이 아니오.
　　ㄴ. 그것은 모두 다 우리 형님 일이니 내가 간여할 바가 아니오.

　이러한 문장을 통해 알 수 있듯이, '아니요'와 '아니오'는 그 분포나 문법적 기능에서 상당한 차이를 보이는데, 우선 '아니요'는 감탄사로서 이른바 판정의문문(yes-no question)에 대해 '예' 아니면 '아니요'로 답해야 하는 상황에서 쓰이는 것이 특징입니다. 이와 같은 상황을 영어의 경우에 대입해 본다면 다음과 같은 영어 문장에서 'No' 대신 쓸 수 있는 우리말 감탄사는 '*아니오'가 아니라 '아니요'가 맞는다는 것이지요.

(3) Now listen carefully and answer the question 'Yes or No'.

　영어의 'Yes'와 'No'에 대응되는 우리말 감탄사는 두 부류가 있는데, 이는 높임법의 등급에 따라 차이를 보이는 것이 특징입니다. 즉, 만일 청자가 화자와 사회적 신분이 같거나 낮은 경우라면, '응'과 '아니'를, 사회적 신분이 높은 경우라면 '예/네'와 '아니요'를 쓴다는 것입니다. 결과적으로 '아니요'는 '아니+요'의 구조를 가진 말로 '윗사람이 묻는 말에 부정하여 대답할 때 쓰는 말.'로 쓰인다고 할 수 있습니다.

　이러한 언어적 사실에도 불구하고, 심지어는 국가적 차원에서 기술된 전문적인 사전에서조차 '아니요'를 써야 할 자리에 '*아니오'를 쓰는 오류가 심심찮게 발견되는데, 《한국민족문화대백과》의 다음과 같은 설명 또한 예외가 아닌 듯합니다.

(4) 의문문은 우선 청자의 답변을 요구하는 직접 의문과 청자의 답변을 요구하지 않는 간접 의문으로 나눌 수 있다. 또한, 답변의 유형에 따라 판정 의문과 설명 의문으로 나누는데, 판정 의문은 '예'와 같은 긍정이나 '*아니오' 같은 부정으로 답변할 수 있는 의문문이며, 설명 의문은 의문사가 들어 있어 그것에 대한 설명을 요구하는 의문문이다.

한편, (2)에서 쓰인 '아니오'는 형용사로서 '어떤 사실을 부정하는 뜻을 나타내는 말.'인 '아니다'의 활용형 가운데 하나임이 특징입니다. 다음 예를 좀 더 보기로 하시지요.

(5) ㄱ. 그는 사실 군인이 아닙니다.
ㄴ. 나의 성미가 남달리 괴팍하여 사람을 싫어한다거나 하는 것은 아니다.

위 문장에서 쓰인 '아니다'의 활용형 '아닙니다'와 '아니다'는 둘 다 문장의 맨 끝에서 종결의 기능을 하고 있는데, 이러한 자리에 대체하여 쓰일 수 있는 것이 바로 '아니오'라고 할 수 있습니다. 다만, '아니오'는 '아니다'의 어간 '아니-'에 예사 높임의 설명법 종결 어미 '-오'가 결합하여 쓰인 말로, '아닙니다'나 '아니다'와는 높임의 등급만 차이를 보이는 말임은 물론입니다.

요컨대, '아니요'와 '아니오'는 품사도 문법적 기능도 다른 부류에 속하는 말입니다. 따라서 혁신에 대한 스티브 잡스의 메시지를 "혁신은 우리가 절대 잘못하지 않았다고 생각하는 일, 정말 많은 노력을 투입했다고 생각하는 1000 가지 일에 대해 '아니요.'라고 말하는 데서 나온다."라ㄹ는 것으로 바로잡아야 하는 것도 바로 그러한 이유에서입니다.

'예'와 '네'

지난 4월 23일 자 인터넷 신문 <머니투데이>에는 '100% 광주'라는 제목의 연극의 초연이 성황리에 끝났음을 알리는 기사가 아래의 사진과 함께 실려 있었습니다.

연극 '100% 광주'는 내년 7월 개관하는 아시아예술극장의 제작 공연으로, 광주의 인구 통계를 표본으로 선발된 100명의 시민이 '광주'를 입체적으로 구현하는 내용으로 이루어졌습니다. "다시 태어나면 지금 살고 있는 사람과 또 살고 싶습니까?"라는 질문을 비롯하여 "당신은 옆집 사람의 이름을 알고 있나요?", "5·18을 직접 경험한 분이 계신가요?", "광주는 사회적 약자를 배려하는 도시라고 생각합니까?"와 같은 질문에 따라 '예' 또는 '*아니오' 푯말이 있는 방향으로 각자 발걸음을 옮기는 식의 100% 리얼 퍼포먼스를 통해 이루어진 '100% 광주'는 독일 아티스트 그룹 리미니 프로토콜의 18번째 '100% 도시' 프로젝트의 일환으로 이루어진 것이었다고 하니, 우리가 겪고 있는 현실을 무대 위에서 보여 주려는 본래의 취지를 잘 살리고 있는 듯합니다.

문제는 지난번 편지에서 언급한 대로 이른바 'yes-no question', 곧 판정 의문문에 대한 답으로 쓰이는 우리말 감탄사는 '예, *아니오'가 아니라 '예, 아니요'로 써야 한다는 것입니다. 그러니 위 그림의 푯말에 쓰인 '*아니오'는 '아니요'로 적어야 올바른 표기라고 할 수 있겠지요.

'예, 아니요'로 적는 우리말 감탄사의 쓰임과 관련하여 또 한 가지 주목할 만한 언어적 사실은 긍정의 답에 쓰이는 '예'를 대신하여 '네'도 쓰일 수 있다는 것입니다. 결과적으로 '예'와 '네'는 일종의 복수 표준어에 해당하는바, 이번 편지에서는 복수 표준어의 범주에 드는 우리말 어휘의 양상에 대해 살펴보고자 합니다. 일단 다음 표를 보시지요.

품사	표준어1	표준어2	비고
명사	쇠고기	소고기	'-가죽, -고기, -기름, -머리, -뼈'도 동일.
	멍게	우렁쉥이	
	물방개	선두리	
	애순	어린순	
	꽃도미	붉돔	
	옥수수	강냉이	
	봉선화	봉숭아	
	천둥	우레	'우뢰'는 북한에서만 쓰는 말임.
	고까	꼬까	
	고린내	코린내	'구린내/쿠린내'도 동일.
	가뭄	가물	
	보조개	볼우물	
	넝쿨	덩굴	
	돼지감자	뚱딴지	
	눈대중	눈어림	'눈짐작'도 함께 쓰임.
	벌레	버러지	
	알은척	알은체	
	만날	맨날	2011년 8월 31일부로 추가로 인정.
	허섭스레기	허접쓰레기	〃
	자장면	짜장면	〃
	태껸	택견	〃
	복사뼈	복숭아뼈	〃
	목물	등물	〃

명사	묏자리	못자리	〃
	고운대	토란대	〃
동사 (형용사 포함.)	서럽다	섧다	
	가엾다	가엽다	
	-(이)에요	-(이)어요	예 저는 초보이에요(초보예요)/초보이어요 (초보여요). 예 그건 아니에요./그건 아니어요.
	-세요	-셔요	예 어서 오세요/어서 오셔요.
	여쭈다	여쭙다	예 제가 한 말씀 여쭤 보겠습니다. 예 부모님께 여쭤 보고 결정하겠습니다.
	성글다	성기다	
	거슴츠레하다	게슴츠레하다	
	꺼림하다	께름하다	
	추어올리다	추어주다	'추켜올리다'는 비표준어임.
	간질이다	간지럽히다	2011년 8월 31일부로 추가로 인정.
	남우세스럽다	남사스럽다	
	쌉싸래하다	쌉사름하다	

이와 같은 복수 표준어들은 표준어의 사정을 지나치게 엄격하게 함으로써 일상생활에서 자연스럽게 쓰이는 어휘들을 비표준어의 지위에 머물게 하는 것이 바람직하지 않다는 인식을 바탕으로 한 것들입니다. 지면상의 제약으로 인하여 여기에 일일이 제시하지 못한 복수 표준어 목록도 적지 않은바, 혹여 이 단어가 복수 표준어로 쓰이는 것은 아닌지 확인해 가며 쓰는 것도 나쁘지 않으리라 생각합니다.

우리말 편지 99
(2014. 5. 19.)

'우렛소리'와 '*뇌성소리'

평양에서 23층 아파트가 붕괴되었다는 소식은 또 한 번 가슴을 철렁하게 하는 안타까운 소식이었습니다. 수백 명의 아까운 목숨들을 순식간에 앗아간 23층 아파트의 붕괴 사고였으니 그 소리도 엄청났을 터, 모르긴 해도 주민들은 고막을 울리는 굉음에 정신을 수습하기조차 힘들었으리라 생각됩니다.

문제는 몹시도 요란하게 울리는 큰 소리를 두고 사용할 수 있는 비유적인 표현으로 우리말에서는 '우레와 같은 소리'가 가능한데, 북한에서라면 '우뢰와 같은 소리'로 표현했으리라는 것입니다. 남북한의 이와 같은 언어 차이는 '천둥'과 비슷한 의미를 지니는 유의어(類義語)로 남한에서는 고유어 '우레'를, 북한에서는 한자어 '우뢰(雨雷)'를 표준어로 삼고 있는 데서 비롯된 것입니다.

'우레'는 '울- + -에'라는 어원을 가지고 있는데, 어기(語基) '울-'은 '울다(鳴)'의 어간 '울-'에서 나온 말입니다. 15세기 문헌에서는 '우레'가 '울에'로 표기되고 있는바, 따라서 '우레'는 '울에>우레'의 변화를 겪은 단어라고 할 수 있습니다.

그렇다면 '우레'의 뜻을 지닌 한자어는 원래 무엇이었을까요? 그것은 다름 아닌 '雷(뢰)'였습니다. 이러한 언어적 사실에서 후대 사람들은 '우레'의 어원을 '울- + -에'가 아닌 '우뢰(雨雷)'라고 보는 언어적 유추를 수행하게 되었던 것으로 보입니다. 그러나 현대 국어 시기에 이르러 이루어진 표준어 사정 과정에서 남한에서는 한자어 '우뢰' 대신 고유어 '우레'를 선택하게 된 결과, 오늘날 우리는 '우레와 같은 소리' 또는 '우렛소리'와 같은 언어 표현을 사용하고 있다고 할 수 있지요.

그런데 '우렛소리'라는 단어를 보는 순간 '뇌성(雷聲)'이라는 한자어 단어를 떠올리거나, 여기서 한걸음 더 나아가 '*뇌성소리'를 떠올리는 경우도 없지 않았으리라고 생각합니다. 다음과 같은 용례는 그러한 언어적 사실을 잘 보여 주는 것들입니다.

(1) ㄱ. 비가 오려는 전주곡인지 번개의 섬광과 *뇌성소리가 마치 비를 위한 협주곡처럼 들린다.
ㄴ. 당시 그의 나이 26세, 그의 목이 떨어지자 형장에는 큰 *뇌성소리와 함께 비가 억수같이 쏟아졌다고 전해진다.

이러한 문장에서 쓰인 '*뇌성소리'는 '뇌성'에 이미 담겨 있는 '소리'가 중첩되었다는 점에서 적절한 언어 표현이라고 보기 어렵습니다. '*뇌성소리'의 '소리'는 불필요한 사족이라고 할 수 있으므로, '뇌성'으로 바로잡는 것이 더 적절하다는 것이지요.

'*뇌성소리'의 경우처럼 우리가 사용하는 말 가운데는 뱀의 발, 곧 사족(蛇足)을 달고 있는 표현들이 적지 않은데 다음이 그 전형적인 사례들입니다.

(2) ㄱ. 과반수(이상)/(노래)가사/옥상(위)/(전기)누전/연구진(들)/현안(문제)/LPG(가스)/ 청첩(장)/고래로(부터)/전선(줄)/해안(가)
ㄴ. (가장) 최근/(가까운) 측근/(같은) 동포/ (거의) 대부분/(각) 부서별/(그때) 당시/(넓은) 광장/(날조된) 조작극/(남은) 여생/(들리는) 소문/(뜨거운) 열기/(맡은 바) 임무/(매) 분기마다/(쓰이는) 용도/(아름다운) 미모/(어려운) 난관/(오랜) 숙원/(좋은) 호평/(중요한) 요건/(푸른) 창공
ㄷ. (가까이) 접근하다/(공사에) 착공하다/(미리) 예약하다/(병원에)

입원하다/(생명이) 위독하다/(분명히) 명시하다/(서로) 상의하다/
(먼저) 선수를 치다/(스스로) 자각하다/(간단히) 요약하다/(너무) 과
하다/(다시) 재론하다/(둘로) 양분하다/(시험에) 응시하다/(집에) 귀
가하다/(회사에) 입사하다/(만나서) 면담하다/(다시) 부활하다

ㄹ. 면학에 힘쓰다→학업에 힘쓰다/범죄를 저지르다→죄를 저지르다/
부상을 입다→ 부상하다/문전성시를 이루다→문전성시다/허송세
월을 보내다→허송세월하다/인수를 받다→인수하다/판이하게 다
르다→판이하다/공감을 느끼다→공감하다/계약을 맺다→계약하
다/구속시키다→구속하다/구체화시키다→구체화하다

  여기에서 보듯이, (2ㄱ)의 한 단어 안에서는 물론이거니와, (2ㄴ)의 명사구나 (2ㄷ, ㄹ)의 동사구에서 같은 의미를 지닌 언어 표현이 중첩되는 현상이 적지 않습니다. 이러한 언어 표현들은 (2ㄱ~ㄷ)에서처럼 괄호 안의 단어들을 삭제하거나 (2ㄹ)처럼 다시 쓰는 방식을 통해 불필요한 중첩을 피하는 것이 바람직하다고 할 것입니다. 불필요한 사족이라면 어디까지나 군더더기에 지나지 않는다고 할 수 있으므로, 가능한 한 필요한 말을 필요한 만큼만 쓰려는 노력이 요구된다고 할 수 있기 때문입니다.

우리말 편지 100
(2014. 5. 26.)

'앙케트'와 '*앙케이트'

벌써 10년이 다 되어가는 이야기이지만, 한때 우리는 <파리의 연인>이라는 이름의 드라마에 온통 마음을 빼앗긴 적이 있었습니다. '로코물', 곧 '로맨틱 코미디'의 원조이자 시청률 50%의 드라마였으니 우리 국민의 절반이 주말 밤 10시면 어김없이 TV 앞에 앉아 "이 안에 너 있다."나 "애기야, 가자!"라는 대사에 가슴이 설레기도 하다가 마침내는 박신양과 김정은 신드롬까지 견뎌 내야만 했던 것이지요.

지금도 기억에 선명한 대사들 가운데 하나인 "이 안에 너 있다."를 빌려 "우리 안에 프랑스 어 있다."는 문장에 잠시 주목해 보면, 어떤 말들을 찾아낼 수 있을까요? 어쩌면 '날마다(뚜레주르, tous les jours)' '친구들(모나미, mon ami)'과 '사랑하는 아저씨(몽쉘통통, mon cher tonton)'와 함께 '눈(라네즈, la neige)' 내리는 '세상(마몽드, ma monde)'을 '연출(미장센, mis en scéne)' 하며, 멋진 '만남(랑데부, rendez-vous)'을 꿈꾸고 있는 말들을 떠올릴 수 있으리라 생각합니다.

문제는 프랑스 어에서 차용되어 일상적으로 사용되는 외래어들 가운데는 표기의 오류가 심심찮게 나타나고 있다는 것입니다. 다음이 그 예들입니다.

(1) 넥센 구단의 기대주 강지광(24)이 1군 *데뷰 하루 만에 부상으로 시즌 아웃됐다.

(2) 이문세는 지난 17일 잠실종합운동장 내 야외공연장에서 전국 투어 서울 *앵콜 콘서트 '대한민국 이문세-Thank You'를 열었다.

(3) 리 웨이 친은 차이콥스키 국제 *콩쿨에서 2위에 입상하며 유명세를 탔다.
(4) 우리나라의 관대한 술 문화에 대한 *앙케이트 결과는 24일 토요일 저녁 7시 30분에 방송된다.
(5) 이 가운데 '불새의 비상'은 타악기와 관악기들을 위한 *팡파레로 위촉된 곡으로 다양한 리듬변화로 강한 인상을 준다.
(6) 배우 한채아가 발리 해변의 *팜므파탈로 변신한 화보를 공개했다.
(7) 이공계 장학 사업과 독거노인 돕기 사업 등에서 일회성이 아닌 지속적인 협력과 지원의 모범을 보이면서 대를 이어 *노블레스 오블리제를 실천하고 있다.

현행《외래어 표기법》규정을 토대로 살펴볼 때, 이러한 단어들은 모두 잘못된 표기라는 점에서 바로잡을 필요가 있습니다. 그렇다면 (1)~(7)에 제시한 단어들의 어원과 올바른 표기는 무엇일까요? 다음이 그 답입니다.

어원	×	○	비고
début	데뷰	데뷔	
encore	앵콜	앙코르	
concours	콩쿨	콩쿠르	
fanfare	팡파레	팡파르	
enquête	앙케이트	앙케트	설문 조사
femme fatal	팜프파탈	팜파탈	
noblesse oblige	노블레스 오블리제	노블리스 오블리주	

이러한 단어들 가운데 '높은 사회적 신분에 상응하는 도덕적 책무'를 의미하는 '노블리스 오블리주(nobless oblige)'의 경우, 마지막 음절이 '-ge'로 끝나며, 이는 '주'로 표기하는 것이 올바른 표기입니다. 프랑스 어 기원 외래어들

중에는 '-ge'가 포함되어 있는 단어들이 여럿 있는데, 그러한 단어들의 표기에서도 다양한 유형의 오류가 발견되고 있는바, 다음은 그러한 오류를 바로잡은 것입니다.

어원	×	○	비고
rouge	루즈	루주	립스틱
montage	몽타지	몽타주	
sabotage	사보타지	사보타주	태업(怠業)
corsage	코사아지	코르사주	
bourgeois	부르조아	부르주아	
camouflage	캄푸라치	카무플라주	거짓 꾸밈, 위장

요컨대, 우리말 안에 있는 프랑스 어 기원 외래어들 가운데는 올바른 표준형과는 거리가 먼 비표준형들이 도리어 친숙한 외래어로 자리를 잡고 있는 경우가 적지 않은 듯합니다. 이번을 기회로 이러한 유형의 외래어 표기에 대해서도 관심의 눈길을 주시는 게 어떨까 합니다.

우리말 편지 101
(2014. 6. 2.)

'비즈니스'와 '*비지니스'

    살아가는 동안 우리는 수많은 사람들과 교유를 하는 가운데 가까이 하는 사람들의 생각과 가치관을 공유하기도 하고, 심지어는 걸음걸이며 외모까지도 비슷해지는 경우가 적지 않은 듯합니다. 마중지봉(麻中之蓬)이라든지 근묵자흑(近墨者黑) 같은 사자성어가 생겨난 것도 그러한 경우를 두고 하는 말이겠지요.

    일정한 의사소통 과정에서 생성해 내는 말소리도 사람살이와 별반 차이가 없어서 가까이 있는 음들끼리는 어떤 식으로든 서로 영향을 주는 경우가 적지 않은데, 이러한 현상을 일컬어 음성 동화(sound assimilation)라고 합니다. 언어학적으로 음성 동화란 일정한 말소리가 가지고 있는 음성적 자질이 주변의 음으로 확산되는 것을 뜻하는데, 대부분의 경우 그러한 동화의 결과는 조음(調音, articulation)을 좀 더 쉽고 편하게 만드는 역할을 합니다.

    문제는 조음상의 편이(ease of articulation)라는 이점이 있음에도 불구하고, 표준어를 사정하는 과정에서 동화의 결과가 부정적으로 인식되는 경우가 적지 않다는 것입니다. '*애기, *에미, *애비' 같은 움라우트형들이 표준어에서 제외되어 각각 '아기, 어미, 아비'로 써야 올바른 표준어라고 할 수 있다든지 '*질, *지름, *지다리다'와 같은 구개음화형 대신 '길, 기름, 기다리다' 등의 비구개음화형이 표준어의 지위를 가지고 있는 것이 그러한 사례입니다.

    움라우트나 구개음화와 마찬가지로 음성 동화의 결과가 표준어의 지위를 갖지 못하는 또 다른 사례로는 전설 모음화 현상을 들 수 있습니다. 우선 다음 예들을 보기로 하시지요.

(1) 배우 이범수가 MBC TV 새 주말드라마 <닥터 진>에서 *괴상망칙한 캐릭터로 또 한 번의 연기 변신을 시도한다.
(2) 모시 메리 세트는 대나무에서 추출한 죽 섬유를 이용했다. 촉감이 *까실까실하고 통풍성과 흡수력이 뛰어나 여름철 위생에도 좋다.
(3) *부시시한 몰골을 한 *시라소니 형님이 앞에 딱 버티고 서 있으니 분위기가 어째 *으시시합니다."
(4) 노벨상 수상자 같은 큰 학자를 키우려면 초등학교 3학년 때부터 사전을 활용한 교육법이 *직효라고 생각한다.
(5) 삼성화재는 지난 7일 출시한 신상품 재물 보험 '*수퍼비지니스(BOP)'가 손해보험협회 신상품 심의위원회로부터 3개월의 배타적 사용권을 획득했다고 22일 밝혔다.

위 문장들 가운데 밑줄 친 단어들은 이른바 전설 모음화라는 자연스러운 음성 동화를 수행한 형태들임에도 불구하고, 모두 표준어가 아닌 비표준어의 신분을 가지고 있다는 점에서 주의를 필요로 하는 것들입니다. 말하자면 위의 형태들은 다음과 같이 바로잡아야 올바른 표준어가 된다는 것이지요.

✗	○	비고
괴상망칙하다	괴상망측하다	'흉칙하다>흉측하다'도 마찬가지임.
까실까실하다	까슬까슬하다	
부시시하다	부스스하다	
시라소니	스라소니	
으시시하다	으스스하다	
직효	즉효	한자어는 '卽效'임.
수퍼비지니스	슈퍼비즈니스	영어는 'super-business'임.

여기에서 말하는 전설 모음화(fronting)라 함은 /ㅅ, ㅈ, ㅊ, ㅉ/ 등의 자음들

이 가지고 있는 [+전설성] 자질 때문에 후설 모음에 속하는 /ㅡ/가 전설 모음 [ㅣ]로 발음되는 것을 말합니다. 이러한 전설 모음화는 고유어뿐만 아니라 한자어나 영어 기원 외래어까지도 광범위하게 적용되어 '비즈니스'가 '*비지니스'로 발음되는 경우도 생겨나게 되었지요. 물론 '(부부간의) 금실'의 경우처럼 전설 모음화를 수행한 형태[금슬(琴瑟)>금실]가 표준어가 된 사례도 있어서 예외가 없는 것은 아니지만, 전설 모음화에 관한 한 우리의 표준어 정책은 상당히 보수적인 입장을 취하고 있음을 기억하시는 것이 좋을 듯합니다.

우리말 편지 102
(2014. 6. 9.)

'대통령 ○○○'와 '○○○ 대통령'

 늘 마음속에 새겨 두고 있으면서도 정작은 제대로 실천하지 못하고 있는 일 가운데 하나가 하루를 빛나게 하는 즐거운 말을 때에 맞게 잘하는 일이라고 할 수 있을 것입니다. 오늘날 많은 이들에게 잠언(箴言)이 되고 있는 시 <말 한마디>가 언제나 의미심장하게 다가오는 것도 말 한마디를 때에 맞게 잘하기가 쉬운 일만은 아니기 때문이라고 할 수 있겠지요.

> 부주의한 말 한마디가 싸움의 불씨가 되고
> 잔인한 말 한마디가 삶을 파괴합니다
> 쓰디쓴 말 한마디가 증오의 씨를 뿌리고
> 무례한 말 한마디가 사랑의 불을 끕니다
>
> 은혜스런 말 한마디가 길을 평탄하게 하고
> 즐거운 말 한마디가 하루를 빛나게 합니다
> 때에 맞는 말 한마디가 긴장을 풀어주고
> 사랑의 말 한마디가 축복을 가져다 줍니다

 이러한 시가 전하여 주듯, 살아가는 동안 오롯이 은혜로운 말, 즐거운 말, 때에 맞는 말, 사랑을 담은 말의 씨앗만을 뿌릴 수 있다면 얼마나 좋을까 하는 기대를 늘 하지만, 우리의 말이란 본디 부주의하거나 무례하기가 훨씬 쉬운 법이어서 어디서건 말실수가 있기 마련이라고 할 것입니다.

문제는 우리가 마치 밥을 먹듯 자주 하는 말의 실수 가운데는 어떻게 말하는 것이 적절한지 몰라서 하는 실수도 있다는 것인데, 자신을 소개하면서 이름 석 자 뒤에 직함을 붙이는 것도 바로 그러한 종류의 실수에 속하는 것입니다. 한 국가의 최고 통치권자인 대통령이라고 하더라도 스스로를 가리켜 "저는 ○○○ 대통령입니다."라고 한다면 매우 우스꽝스러운 일이 되고 마는 것처럼 말이지요. 따라서 만일 기자 회견장이나 공개적인 토론의 장에서 다음과 같은 표현이 사용되었다면 적절한 표현이 아니라는 점을 주목할 필요가 있습니다.

(1) ㄱ. 저는 YTN 정치부 * ○○○ 기자입니다.
　　ㄴ. 광주 고등 법원 * ○○○ 검사입니다.
　　ㄷ. ○○대학교 * ○○○ 교수입니다.
　　ㄹ. ○○대학 * ○○○ 팀장입니다.

위의 사례들은 모두 이름 뒤에 '기자, 검사, 교수, 팀장' 등의 직함을 사용했다는 공통점을 지니는데, 이러한 소개 방식은 스스로를 높이는 결과가 되어 듣는 이들의 마음을 편치 않게 만들 수가 있습니다. 따라서 어떠한 대화 장면에서 자신을 소개할 때, '이름+직함' 순서가 아니라 '직함+이름' 순서로 말하는 것이 듣는 이들의 마음에 불편함이 없도록 하는 적절한 표현이라고 할 수 있습니다. 중요한 것은 이러한 자기소개 방식은 입말[口語]에서뿐만 아니라 글말[文語]에도 동일하게 적용된다는 것입니다. 따라서 바람직한 자기소개의 글은 다음과 같이 되어야 하는 것이지요.

(2) ㄱ. 저는 YTN 정치부 기자 ○○○입니다.
　　ㄴ. 광주 고등법원 검사 ○○○입니다.
　　ㄷ. ○○대학교 교수 ○○○입니다.

ㄹ. ○○대학 팀장 ○○○입니다.

물론 상황에 따라서는 굳이 직함을 드러내지 않아도 되는 경우가 있을 수 있습니다. 그러한 상황에서라면 (2)의 표현은 다음과 같이 수정했을 때 좀 더 정중한 자기소개 표현이 될 수 있습니다.

(3) ㄱ. 저는 YTN 정치부 ○○○입니다.
ㄴ. 광주 고등법원 ○○○입니다.
ㄷ. ○○대학교 ○○○입니다.
ㄹ. ○○대학 ○○○입니다.

다만, 자신을 다른 사람에게 소개하는 장면이 아니라 다른 사람을 누군가에게 소개하는 자리라고 한다면, '직함+이름'의 순서가 아니라 '이름+직함'의 순서로 말하는 것이 더 적절한 표현입니다. 그리하여 대통령이라고 하더라도 자신을 소개할 때는 "대통령 ○○○입니다."를 쓰는 것이 적절하지만 만일 대통령을 소개해야 하는 상황이라면 "○○○ 대통령이십니다."라고 하는 것이 때에 맞는 표현이라고 할 수 있습니다.

우리말 편지 103
(2014. 6. 16.)

'뵈어'와 '*뵈워'

"담임이 나한테 오라고 해서 갔더니 그렇게 말하셨어요."

약간의 과장이 섞이긴 했지만, 이러한 문장은 입학 사정관 전형 같은 면접 상황에서 얼마든지 들을 수 있는 학생들의 답변 가운데 하나입니다. 면접관으로서 기대했던 것은 당연히 "담임 선생님께서 저에게 오라고 하셔서 갔더니 그렇게 말씀하셨어요."였지만, 높임말, 낮춤말을 제대로 구별하여 말할 줄 아는 젊은이를 만나기란 쉽지 않은 일이었으니 씁쓸한 기분을 감추기 어려웠지요.

주지하는 대로 우리말의 어휘 체계는 의미는 같으면서 높임의 등급에서만 차이를 보이는 단어 쌍들이 적지 않습니다. 다음과 같은 예들이 그러한 언어적 사실을 뒷받침해 주는 것들이라고 하겠지요.

(1) ㄱ. 나이:연세, 말:말씀, 밥:진지, 생일:생신, 이름:성함, 저 사람:저분, 집:댁, 이, 가:께서

ㄴ. 말하다:말씀하시다, 있다:계시다, 자다:주무시다, 죽다:돌아가시다, 골내다:화내시다,

(2) ㄱ. 나:저, 우리:저희, 말:말씀

ㄴ. 주다:드리다, 데리다:모시다

위의 예들 가운데 (1)은 '예사말:높임말'의 대립을, (2)는 '예사말:낮춤말'의

대립을 보여 주는 것으로, 일정한 대화 상황에서 상대에게는 높임말, 곧 존대어를, 자기 자신과 관련해서는 낮춤말, 곧 겸양어를 쓰는 것이 한국어 공동체 구성원들이 기대하는 바람직한 언어 예절이라고 할 것입니다.

흥미로운 것은 우리말 어휘 가운데는 (1), (2)의 예들처럼 높임의 정도가 2항적 대립이 아닌 3항적 대립을 보이는 경우도 적지 않다는 것입니다. '만나다:뵈다:뵙다'나 '묻다:여쭈다:여쭙다'의 경우가 바로 그러한 예들입니다. 물론 '먹다'의 경우 '먹다:들다:자시다:잡수다:잡수시다(잡숫다)'와 같은 5항적 대립을 보이기도 하니 높임법의 등급에 관한 한 한국어는 전 세계에 유례가 없을 만큼 복잡한 어휘 체계를 가지고 있다고 해도 틀린 말이 아니라고 할 수 있습니다.

문제는 3항적 대립을 보이는 '만나다:뵈다:뵙다', '묻다:여쭈다:여쭙다'의 용법과 관련해서는 몇 가지 특기할 만한 언어적 사실이 없지 않다는 것입니다. 우선, 이러한 어휘들은 (2)의 예들과 동일한 부류에 속하는 것들로서 '만나다'나 '묻다'가 예사말이라고 한다면, '뵈다', '여쭈다'는 낮춤말인데, 여기에서 한 걸음 더 나아가 낮춤의 정도가 더 큰 말이 '뵙다'와 '여쭙다'라는 것입니다.

다음으로, '뵙다'와 '여쭙다'에는 '뵈다'나 '여쭈다'에는 없는 'ㅂ'이 있는데, 이는 중세 한국어에서 낮춤의 기능을 가지고 있던 형태소 '-숩-, -줍-'의 흔적입니다. 즉, '뵙다'는 '뵈숩다'를, '여쭙다'는 '엳줍다'를 어원으로 하여 현대 한국어로 오는 동안 변화를 거듭한 끝에 오늘날에는 '-숩-, -줍-'의 흔적으로서 'ㅂ'만을 유지하고 있는 것입니다.

'여쭙다'의 어간 '여쭙-'은 이른바 'ㅂ-불규칙 활용'을 한다는 점 또한 주목할 만한 언어적 사실입니다. 먼저 다음 예를 보기로 하시지요.

(3) ㄱ. 예정에 없는 질문을 하나 <u>여쭙고</u> 싶습니다.
　　ㄴ. 제가 한 말씀 <u>여쭈어</u> 보겠습니다.

(4)ㄱ. 자세한 말씀은 차차로 여쭙겠습니다.
　　ㄴ. 부모님께 여쭈워 보고 결정하겠습니다.

　이러한 예 가운데 (3)은 '여쭈다'의, (4)는 '여쭙다'의 활용형인데 (4ㄴ)의 경우, '여쭙+-어'의 구조에서 활용형 '여쭈워'가 만들어지게 됨으로써 (3ㄴ)의 '여쭈어'와는 겸양의 정도에서 차이를 보이는 활용형이 쓰이고 있습니다.
　끝으로, '뵈다'와 '뵙다'는 겸양의 정도는 물론 활용에서도 차이를 보입니다. 즉, '뵈다'와 달리 '뵙다'는 자음 어미 앞에서만 쓰이고 모음 어미 앞에서는 쓰이지 않는다는 것이지요. 따라서 아래 (6ㄴ, ㄷ)처럼 '*뵈워'나 '*뵈워야', '*뵈웠습니다'는 쓰이지 못하고, (5ㄴ, ㄷ)의 경우처럼 '뵈어'나 '뵈어야'만 쓸 수 있습니다. 결과적으로 '뵈다'와 '뵙다'의 차이는 (5ㄱ)과 (6ㄱ)의 경우처럼 자음 어미 앞에서만 유지될 수 있는바, '*뵈워'를 비롯하여 '*뵈워야', '*뵈웠습니다' 같은 형태는 올바른 활용형이 아니라는 것을 기억하셨으면 합니다.

(5)ㄱ. 그분을 뵈면 돌아가신 아버님이 생각난다.
　　ㄴ. 오랫동안 못 뵈어 몹시도 서운하였습니다.
　　ㄷ. 언제쯤 선생님을 찾아뵈어야 할까요?.

(6)ㄱ. 말씀으로만 듣던 분을 뵙게 되어 영광입니다.
　　ㄴ. 오늘도 만나 *뵈워 반가웠습니다.
　　ㄷ. 가끔씩 *뵈워야 하는데 오랫동안 못 *뵈웠습니다.

우리말 편지 104
(2014. 6. 23.)

'오지랖'과 '*오지랍'

　우리가 사용하는 단어 가운데는 단어가 가지고 있는 원래의 지시적 의미보다 2차적으로 형성된 관습적 의미가 더 일반화되어 사용되는 단어의 수가 적지 않습니다. '시치미'의 경우만 하더라도 길들인 매를 이용하여 사냥을 즐기던 시절, 잘 훈련된 매가 남의 집 매와 뒤섞이거나, 누군가 매를 훔쳐가는 일이 발생하지 않도록 매의 꽁지에 달았던 일종의 이름표를 의미하는 말로 쓰였던 것이 오늘날에 이르러서는 '시치미를 떼다'라는 관용 표현으로만 쓰이고 있는 것이지요.

　시치미와 비슷한 사례로 들 수 있는 단어로는 '오지랖'이 있는데, 이는 원래 '웃옷이나 윗도리에 입는 겉옷의 앞자락'을 의미하는 말이었습니다. 박경리 선생의 소설 《토지》에서만 하더라도 "서희는 오지랖을 걷고 아이에게 젖을 물린다."라는 대목이 있는 것을 보면, '오지랖'이 원 의미로 쓰인 것이 까마득하게 오래된 일은 아닐 듯한데, 오늘날에 이르러서는 '오지랖이 넓다'라는 관용구로 쓰이는 것이 거의 전부라고 할 것입니다.

　문제는 '오지랖이 넓다'라는 표현의 발음입니다. 사실 이러한 표현의 가장 이상적인 표준 발음은 [오지라피 널따]인데, 모르긴 해도 이와 같은 발음을 하고 있는 한국인은 거의 없는 것으로 보입니다. 짐작건대 [오지라비 널따] 정도로 발음하고 있는 것이 실제 언어 현실이라고 할 수 있을 듯한데, 이러한 오류는 발음 차원으로 끝나지 않고 표기에도 영향을 미침으로써 '오지랖'을 '오지랍'으로 적는 국어 사용자들이 적지 않습니다. 다음이 그 예입니다.

(1) ㄱ. 이날 방송에서 김구라는 "긍정적인 *오지랍 덩어리"라고 평가했고 조우종 아나운서 역시 "얘기를 들어 볼수록 무슨 사람인지 모르겠다."고 혀를 내둘렀다.
   ㄴ. 패션과 유통을 종횡무진 한 이런 다양한 경험 덕분에 그의 '*오지랍(?)'은 다분히 '멀티플레이어'로 발휘되곤 한다.

이러한 문장들이 뉴스 보도문이라는 사실에 비추어 보면, '오지랖'을 '*오지랍'으로 적는 오류는 비단 일반인들만의 무의식만은 아니라는 것을 보여 준다고 할 수 있는데, 발음의 오류가 표기에도 영향을 미치는 사례는 그 밖에도 적지 않습니다.

(2) ㄱ. 이른 *새벽녁의 신선함이여!
   ㄴ. 황량한 너른 들은 *황혼녁의 재색으로 침침하게 가라앉아 있었다.
   ㄷ. 오늘은 쪽빛 *서녁 하늘을 한없이 바라본다.
   ㄹ. *들녁은 온통 가을 모습뿐입니다.
   ㅁ. 그렇게 한 식경이나 보내다가 옥녀가 옷을 대강 걸치고 *부억을 나왔을 때에 밖에는 아무도 없었다.

(3) ㄱ. 프란치스코 교황이 일반 사제 앞에서 *무릅을 꿇고 있습니다.
   ㄴ. 지난 13일 오후 1시 45분쯤 제주시 내도동의 한 보리밭에서 *보릿집소각 중 바람에 불이 번져 화재가 발생하였다.

이러한 예들 가운데 (2)는 '새벽녘, 황혼녘, 서녘, 들녘, 부엌' 등 단어의 끝 음이 'ㅋ'인 단어들을 'ㄱ'으로 적은 데서, (3)은 '무릎, 짚' 등 끝 음이 'ㅍ'인 단어들을 'ㅂ'으로 적은 데서 오류가 생겨난 것들입니다.

그렇다면, (1)~(3)에서 나타나는 오류에는 어떠한 공통점이 있을까요? 이러한 오류에 작용하는 것이 바로 이러한 형태들이 단독형이나 다른 자음 앞에서 사용되는 경우의 발음입니다. 이를 좀 더 쉽게 이해하기 위해 '오지랖'의 발음을 한번 살펴보도록 하겠습니다.

(4)ㄱ. 오지랖이 → [오지라피]
ㄴ. 오지랖을 → [오지라플]

(5)ㄱ. 오지랖 → [오지랍]
ㄴ. 오지랖도 → [오지랍또]

이러한 사례를 보면 (4)에서는 이른바 연음 법칙에 의해서 모음으로 시작하는 조사 앞에서 '오지랖'의 끝 음 'ㅍ'이 그대로 실현되는 반면, (5)에서는 '오지랖'이 단독형으로 쓰이거나(5ㄱ) 자음으로 시작하는 조사 앞에서(5ㄴ) 쓰이는 경우, 'ㅍ'이 'ㅂ'으로 실현되고 있음을 알 수 있습니다. 오류의 원인은 바로 여기에 있습니다. (5)와 같은 방식의 발음이 (4)와 같은 환경에도 확대 적용됨으로써 우리의 기억 속에서 '오지랖'이 지워지고 그 자리를 '*오지랍'이 차지하게 된 데서 (1)과 같은 오류가 생겨나게 된 것이라는 것이지요. 그러나 이제는 우리의 기억을 새로이 해야 하는 상황이라고 할 수 있는바, '*오지랍'을 '오지랖'으로, (2), (3)의 예들을 원래의 형태로 돌려놓는 일에 좀 더 많은 관심을 두시는 것이 좋을 듯합니다.

우리말 편지 105
(2014. 6. 30.)

'첫째'와 '첫 번째'

한국인의 밥상에서 빼놓을 수 없는 것 가운데 한 가지는 바로 된장이라고 할 것입니다. 구수한 된장국은 기본이요, 나물의 간을 맞추고 맛을 내는 데나 고기를 싸먹는 데 된장이 빠져서는 안 된다는 데 이의를 제기할 한국인은 없다고 해도 틀린 말은 아니겠지요. 이러한 된장의 맛을 매우 잘 드러낸 글이 한 편 있으니, <된장의 오덕(五德)>이라는 제목의 글이 바로 그것입니다.

첫째, 단심(丹心)
된장은 다른 음식과 섞여도 결코 자기 맛을 잃지 않는다. 단심은 바로 다른 것과 섞여도 제 맛을 잃지 않는 덕을 말한다. 이것이 된장의 *첫 번째 좋은 점이다.

둘째, 항심(恒心)
세월이 흘러도 변치 않는 것이다. 된장은 세월이 흘러도 변치 않는다. 오히려 더욱 깊은 맛을 낸다. 항심은 세월이 흘러도 변하지 않는 덕을 말한다.

셋째, 무심(無心)
된장은 각종 병을 유발시키는 기름기를 없애 준다. 좋지 않은 기름기를 없애 주는 덕을 된장의 무심이라 한다.

넷째, 선심(善心)
된장은 매운 맛을 부드럽게 만들어 주는 역할을 한다. 맵고 독한 맛을 부드럽게 만들어 주는 된장의 덕을 선심이라 한다.

다섯째, 화심(和心)

된장은 어떤 음식과도 조화를 이룰 줄 안다. 어떤 것과 어울려도 조화를 이루어 낼 줄 아는 덕을 화심이라 한다.

여기에서 보듯 된장은 '단심(丹心), 항심(恒心), 무심(無心), 선심(善心), 화심(和心)' 등 모두 다섯 가지 덕을 가졌다고 할 수 있으니, 이러한 된장의 덕은 우리에게 어떻게 사는 것이 가치 있는 삶인지 시사하는 바가 적지 않다고도 할 것입니다. 중요한 것은 '첫째, 둘째, 셋째, 넷째, 다섯째' 등등 사물의 차례나 등급을 나타내는 경우에 쓰이는 우리말 '첫째'와 '된장의 *첫 번째 좋은 점'에서 쓰인 '첫 번째'의 쓰임이 서로 달라서 이 두 가지 표현을 엄밀하게 구별해서 쓰지 않으면 안 된다는 것입니다.

문제는 '첫째'와 '첫 번째'의 쓰임이 단순하지 않아서 이에 대한 오류가 적지 않다는 것입니다. 다음이 그 예입니다.

(1) ㄱ. 저기 왼쪽에서 *첫 번째 사람, 크게 한번 웃어 보시겠어요?
ㄴ. 이 책의 *첫 번째 장은 전체의 내용을 아우르는 서론에 해당한다.
ㄷ. *첫 번째 줄에 앉아 있는 저 학생이 바로 제 동생이에요.
ㄹ. 만수르의 *첫 번째 부인은 두바이 공주, *두 번째 부인은 두바이 총리의 딸입니다.

위의 예들은 모두 '첫째' 혹은 '둘째'로 적어야 하는 상황에서 '*첫 번째'와 '*두 번째'를 씀으로써 오류를 범한 사례입니다. 물론 <된장의 五德>에서 쓰인 '된장의 *첫 번째 좋은 점'에서의 '*첫 번째'도 오류인 것은 마찬가지입니다. 그렇다면 두 가지 언어 표현은 정확히 어떻게 구별하는 것이 좋을까요? 우선 두 언어 표현의 의미 기능을 정리해 보면 다음과 같습니다.

(2) ㄱ. 첫째: 태어난 형제나 일의 순서, 반에서의 석차, 책의 차례 등. '둘째,

셋째, 넷째' 등도 동일.
　　ㄴ. 첫 번째: 계속해서 반복되는 일의 횟수. '두 번째, 세 번째, 네 번째' 등도 동일.

여기에서 보듯, '첫째'는 사물의 순서나 등급을 나타내는 데 주로 쓰인다면, '첫 번째'는 계속해서 반복되는 일의 횟수를 나타내는 데 쓰이는 것이 주된 기능입니다. 이러한 의미 기능을 좀 더 분명히 이해할 수 있도록 몇 가지 예를 보충하면 다음과 같습니다.

(3) ㄱ. 그는 집안의 첫째 아들인 만큼 어깨가 가볍지 않은 편이다.
　　ㄴ. 살다 보면 첫째가 꼴찌 되고, 꼴찌가 첫째 되는 경우도 없지 않다.

(4) ㄱ. 16강 첫 번째 경기는 브라질-칠레전으로 오는 29일(한국 시간) 오전 1시에 펼쳐진다.
　　ㄴ. 경기 중 선두 카누의 평균 속도는 2.5노트 이상이어야 하며, 첫 번째 계시점 통과 시간이 제한 시간을 초과한 경우에 해당 경기는 무효가 된다.

여기서 한 가지 주의해야 할 사항이 있습니다. 현행 《표준어 규정》에 따르면 십 단위 이상의 서수사일 때는 '둘째'를 '두째'로 한다는 규정이 있기 때문입니다. '서수사'는 '순서'나 '차례'를 나타내는 말을 의미하므로 순서나 차례를 나타낼 때는 '열두째, 스물두째'로 써야 한다는 것이 바로 그것입니다.